東方妖怪全收錄

林品文——著

【編輯序】關於妖怪的三個問題

對有些人而言，一提到「妖怪」，就會覺得離現實太遙遠，虛無縹緲，似有若無，即使有一絲絲恐怖，也無足輕重；而有的人則不然，他們是提妖「語」變，滔滔不絕，五花八門的妖怪事蹟一個接著一個，有時自己還會被嚇得不敢照鏡子，甚至不敢一個人夜裡去廁所。

那麼，妖怪真的存在嗎？所有的妖怪都會害人嗎？妖怪到底是一種怎樣的存在呢？

下面，筆者將針對這幾個問題來簡單說明一下。

首先，妖怪真的存在嗎？對於這個問題，無神論者會堅定地說：「還用問嗎？肯定不存在！」深諳中庸之道的人會意味深長地說：「信則有，不信則無。」而有些人則會神神祕祕地說：「妖怪確確實實存在，我就見過一次……」而且他會講得有聲有色，但他是不是真的見過，就只有他自己知道了。

對於這個問題，筆者也無從給出一個明確的答覆，我沒有任何證據告訴你妖怪是真真實實存在的。但我也不希望就此否定妖怪的存在，就像我們一開始不知道地球是圓的，就錯誤地認為地球是扁的，這樣判斷事情和「吃不到葡萄就說葡萄酸」的道理是一樣的。

即使對妖怪的真實形態我們誰也不能真切地看到，但牠卻深深地存在於人類的想像世界中，也正因為此，在關於「妖怪」的文學作品中才會有各具情態的妖怪形象，才會有各種離奇的故事。

如果哪一天，我們說妖怪真的不存在，那無異於我們想像的思維被折了一隻翅膀。

既然我們不能否認妖怪的存在，那麼妖怪到底是一種怎樣的存在呢？

從中國古代最早出現「妖怪」的《搜神記》，到日本人井上圓了將「妖怪」做為一門系統科學來研究的《妖怪學講義》；從商務印書館的《現代漢語詞典》到大家最常使用的維基百科，對「妖怪」的定義可謂是異彩紛呈，但歸納起來都有這樣的共性：其一，妖怪，主要在其「怪」上，要嘛是形態的異乎尋常，要嘛是行為的超乎常理，總之就是讓人覺得不可思議；其二，妖怪和人一樣，都是有生命氣息的，東方將這種氣息稱為「氣」或「精氣」，西方稱之為「靈」或「靈異」；其三，妖怪出現的場所是人類可以接觸到的，不像天堂和地獄那麼虛幻。

那麼，為什麼有的人一提到妖怪就會毛骨悚然，甚至連鏡子都不敢照了呢？

說到底，這源於對妖怪的一種錯誤的認知。

一般人提到妖怪都會想到惡的一面，要嘛長得奇形怪狀，看到就讓人心驚膽顫，要嘛長得美若天仙，實際上是喝人血、吃人肉的惡魔。而實際上，「妖怪都會害人嗎？」的答案和「人都是壞蛋嗎？」的答案是一樣的。當然，很多妖怪都是害人的，但是我們應該知道妖怪害人是有一定的原因的，或許是為了復仇；或許是誰侵佔了牠們的領地；亦或是阻止某些人去做壞事；也有的確實是為了自己的修練或轉生或填飽肚子，但人類不也常有這種損人利己的事發生嗎？

舉個簡單的例子，在中國的妖怪世界裡，有不惜水漫金山的白娘子，有人鬼情未了的倩娘，有勤勞、質樸、善良的田螺女，有靈巧、純真、可愛的人參娃娃，有輕盈、靈動被稱為祥瑞之兆的九尾狐……這些足見妖怪世界的豐富多彩，而非一個「惡」字能概括得了的。

其實，妖怪並不可怕，只要你對妖怪有更深入的瞭解，能以平和的心態去看待妖怪，自然也就見怪不「怪」了，甚至還會發現妖怪的可愛之處。

【自序】我寫的妖怪故事為什麼與眾不同

說到東方妖怪，就不可避免地談到充滿詭異和神奇色彩的「妖怪列島」——日本。

在這個境內有六百多種妖怪的國度裡，不僅口耳相傳著數不清的怪談，還出現了一大批研究妖怪的名家。其中，妖怪畫的開山祖師土佐光信所創作的《百鬼夜行繪卷》，讓千奇百怪的妖怪形象一一定格。時至今日，這些妖怪們的身影開始大量浮現於影視、動漫和遊戲之中，《陰陽師》、《大夜叉》和《幽遊白書》等都是典型的代表，甚至在大學裡還開設有專門研究妖怪的「妖怪學」。

有趣的是，在這樣一個「百鬼夜行」的國家，妖怪傳說的起源，大部分竟然都是「舶來品」。中國神怪小說《山海經》、《淮南子》、《搜神記》等經典作品中的鬼怪軼事，在日本廣為傳誦，豐富了日本妖怪的種類。比較有代表性的便是中國的九尾狐遠渡重洋成為日本的大妖，河伯也變成了著名的河童。就連「妖怪」一詞都是在江戶時代由中國傳入的，而在這之前是以「化物」或「物怪」稱之。

據統計，日本百分之七十的妖怪原型來自中國，百分之二十來自印度佛教文化，只有百分之十源於日本本土。

看來，東方妖怪的真正「母國」應該是中國。

事實也是如此。據說，黃帝曾向「白澤」詢問妖怪的數量，當時得到的答案是一千五百二十二個物種，遠遠多於日本妖怪的數量。但遺憾的是，雖然中國自古以來神鬼怪談一類的書籍數不勝數，但很少有人對妖怪文化進行搜集整理。誠然，我們有一本《山海經》傳世，可是其中對妖怪的形體所做的描述稱不上很成功。

基於此，我在本書內容的安排上，以中國上古演義和志怪、傳奇小說中的故事為主體，對中國洪荒時代的天魔怪獸，志怪和傳奇小說中的魑魅魍魎，進行了藝術創作與加工，使其變得更加具有可讀性。特別是在驚悚恐怖這一點上，中國以往的妖怪故事，雖專講狐鬼，卻沒有狐味鬼氣，除了忽地出現，忽地隱身，行藏不夠詭異，遠不及日本怪談那樣讀來有真切的毛骨悚然感。

為了扭轉這一劣勢，我在情景設置和氣氛營造上下了很大的工夫，使書中出現的妖怪，怨氣陰森，淒冷莫測，更厲、更凶、更恐怖。

與之相反的是，書中那些日本、印度等國的妖怪故事則是反其道而行之，所選取的那些經典妖怪故事，在很大程度上展現了教化的功能。那些妖怪也是善良的居多，真正凶惡的很少，而且大多冤有頭債有主。

這種風格完全顛覆的閱讀體驗，相信讀者朋友會喜歡。

通常，讀志怪鬼書也要講氛圍，風雨之夜、密室之中、昏黃的燈下，都會帶來別樣的刺激。換句話說，讀「妖」講究的是感官享受，要讓空氣中陡然平添詭異之氣，如厲鬼森森然欲來勾魂，才算是有趣、過癮。

如此，請在午夜翻開本書……

目錄

第一章　洪荒時代的天魔和怪獸

第二章　中國志怪和傳奇小說中的魑魅魍魎

第三章　東瀛列島的群妖百態

第四章　印度、中東和東南亞各國的妖怪傳說

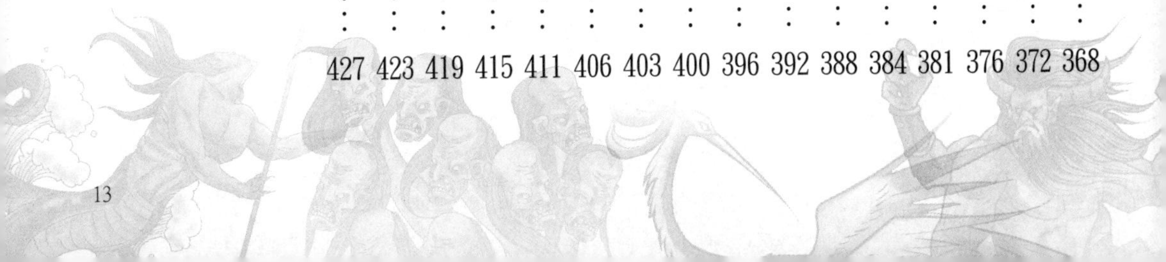

第一章

洪荒時代的天魔和怪獸

I 共工

撞斷天柱的惡魔

在盤古開天闢地和女媧創造人類之後，洪荒世界爆發了一場「水火不容」的大戰。

先來說說交戰雙方的首領：惡魔共工，生得銅頭鐵額，紅髮蛇身，騎著避水金睛獸，手持長戟，性情十分暴躁，經常在心血來潮時施展神力，呼風喚雨，將大地變成一片汪洋；火神祝融，人面獸身，頭生兩角，腳踏兩龍，手持一柄火龍刀，龍刀一劃，烈焰飛騰，所過之處寸土皆枯，萬物不留。

二人原本相安無事，可是壞就壞在了共工的屬下身上。牠的屬下都是一些殘暴貪婪的傢伙，其中最壞的兩個幫凶當屬相柳和浮游。

相柳是人面蛇身的怪物，全身青色，長著九顆腦袋，性情殘酷貪婪，吐出的毒液會形成沼澤，發出的臭味甚至能殺死路過的飛禽走獸；浮游也是一副凶神惡煞的模樣，專以殺戮為樂。

相柳和浮游滿腦子都是壞主意，想盡各種辦法來討共工的歡心。這兩個怪物見人們非常崇拜火神祝融，就對共工說：「世人真可惡，水與火都是生活必需品，為什麼光敬火神不敬水神呢？」

共工聽後，由嫉妒轉為憤怒，就帶領著水族，向火神祝融居住的光明宮發起了進攻。

相柳和浮游率先闖入光明宮，把這裡長年不熄的神火給弄滅了，大地頓時一片漆黑。

這下惹怒了祝融，牠駕著兩條火龍出來迎戰。只見兩條火龍周身是火，天地間頓時被照得通明，光明宮裡的神火再次被點燃。

共工見狀，命令相柳和浮游調來了五湖四海的水，漫到山上，直往祝融和牠騎的火龍身上潑去。

可是，水往低處流，大水一退，神火又燃燒起來。

祝融揮舞著火龍刀向共工撲去，所騎的火龍嘴裡噴出的長長火舌，把共工燒得焦頭爛額。

這個時候，風神前來助戰，風助火威，火乘風勢，將共工手下的蝦兵蟹將燒得死傷無數。

共工率領屬下且戰且退，逃回大海。牠滿以為祝融遇到大水，肯定會知難而退，不料祝融絲毫不放棄追擊，火龍所到之處，海水自動讓開了一條大路。

共工只好硬著頭皮出來迎戰，在戰鬥的過程中，相柳逃離了戰場，浮游被活活氣死，死後變成了怨靈。

眼看大勢已去，被失敗和憤怒沖昏了頭的共工，居然一頭撞向了不周山。

不周山，在大地荒原的角落，由三座山峰組成，西面是濕山，東面是幕山，中間的叫國山。

共工用頭撞的就是中間這座最高的國山，剎那之間，天地動搖，日月星辰搖搖欲墜。

守護不周山的是兩隻黃色的神龜，牠們拼盡全力扶住濕山和幕山，但不周山最後還是整體斷了。

不周山是一根撐天的柱子，柱子一斷，半邊天空就坍塌下來，拴繫在北方天頂的太陽、月亮和星星，朝向低斜的西天滑去，成就了我們今天所看見的日月星辰的運行路線。地面也裂開一條條的深坑裂縫，湧出的水和天河裡流下的水交匯在一起，將整個大地變成了澤國。

女媧看到自己創造出來的人類受到這樣的苦難，痛心疾首，開始用五色石來修補殘破的蒼天。

Tips

戰國時期，晉平公在屏風前夢見了一隻紅色的熊，從此臥床不起。鄭國的子產聽說了此事，就對晉平公說：「上古時，共工的臣子浮游死後化為紅熊禍害人間。如果浮游出現在宮殿裡，王政就會崩亂；出現在門口，臣子就會作亂。您在屏風前看到浮游，不會有大事發生，只要祭祀顓頊和共工就可禳除。」晉平公照子產說的做，病很快痊癒了。

2 蚩尤

妖魔中的最強者

阪泉一戰，黃帝打敗了炎帝，但戰爭並沒有到此結束。生活在長江流域的九黎族，在首領蚩尤的帶領下，向黃帝的權威發起了挑戰。

蚩尤是妖魔中的最強者，有八十個兄弟，每個都是銅頭鐵額，牛腿人身。牠們頭長雙角，耳旁鬢髮倒豎，勝過鐵槍銅戟，一頭抵來，神鬼莫當；走起路來地動山搖，一日三餐以鐵錠、石塊為食，發起脾氣來駭人無比。

更令人恐怖的是，蚩尤還是一個兵器大師，造出的長矛可以刺破天空，造出的斧鉞可以劈開山嶽，造出的弓弩可以射中萬里之外的目標。

當初，蚩尤在炎帝手下擔任大將，戰事失利，不幸被俘做了黃帝臣僕，受盡了屈辱。

後來，蚩尤在新交的好友風伯、雨師的幫助下，尋機潛回南方，晉見炎帝，勸說牠重整旗鼓，收復失地。此時的炎帝早已鬥志全無，牠沉思了良久，緩緩說道：「阪泉一戰，十萬生靈皆因我而死，我怎忍心再讓天下蒼生遭受刀兵之苦？」說罷，閉上雙眼，不復言語。

蚩尤費盡唇舌，無奈炎帝不為所動，只得返回家鄉。

牠召集自己的八十個兄弟和巨人夸父，收編了山林水澤的魑魅魍魎，又聯合了驍勇善戰的三苗之民，假借炎帝名號，向黃帝在下界的統治中心崑崙山殺去。

剛開始交戰，蚩尤張開大口，噴出滾滾濃霧，佈下了瀰漫數百里的雲霧大陣。

隨後，先鋒夸父帶領巨人族明火執仗，衝了上去，或近距離搏殺，或暗箭傷人。

茫茫雲霧，無窮無盡，把整個天地都包裹住了。

黃帝手下的將士們陷在迷霧之中，一個個暈頭轉向，辨不清南北東西，四處衝殺了好久，卻又回到了原處。

見此情形，黃帝的大臣風后急中生智，利用天上北斗星永遠指向北方這一特點，造了一輛「指南車」，指引兵士衝出迷霧。

此戰過後，黃帝的軍隊折損了大半。

在首戰不利的情況下，黃帝將平時馴養的一大群熊、羆、貔、貅、貙、虎，放出來參戰。

蚩尤手下的人雖然凶猛，但遇到猛虎凶獸也抵擋不住，紛紛敗逃。

黃帝率軍乘勝追殺，剛追了一會兒，忽然狂風大作，雷電交加，下起了傾盆大雨，無法繼續追趕。

原來，這是風伯和雨神在施法阻敵。

黃帝不甘示弱，命令女魃上陣迎敵。

女魃是黃帝的四女兒，曾經在崑崙山採集日月的靈氣，練就了一身趕雨驅風之術。她施展神通，從身上放射出滾滾熱浪，所過之處，風停雨消，烈日當頭。

風伯和雨師無計可施，敗下陣去。

此戰過後，雙方陷入了僵持階段。

黃帝稍作喘息，急忙派人去召應龍，同時下令天上、人間、幽冥的各路諸侯速來增援。

一日，黃帝在軍帳中思考破敵之策，想著想著就沉沉睡去了。在夢中，牠看見一位人面燕形的女子含笑走進軍帳，說：「我乃九天玄女，特來教你兵法。」說完，交給了黃帝一本兵書。

黃帝醒來後，發現床頭果真有一本《陽符經》，就按照書中的指示，發明了「天一遁甲」陣。

在學會了兵法之後，黃帝又因緣巧合般得到了一柄用昆吾山赤銅鑄造的寶劍。

為了振奮軍威，黃帝還決定造軍鼓來鼓舞士氣。

牠聽說在東海中的流波山上，住著一頭名叫「夔」的怪獸，吼叫的聲音就像打雷一樣，便決定用夔的皮來做鼓面。

夔的形貌似牛，體色蒼灰、獨腿、頭上無角，原本與世無爭，沒想到卻因為洪亮的嗓音給自己帶來了殺身之禍。

黃帝派人將夔捕來，剝下皮晾乾，製成了一面戰鼓。

好鼓要用好槌來配，黃帝隨即又打起了怪獸雷神的主意。

雷神人面龍身，常在雷澤拍打自己的大肚子嬉戲，每拍一下肚子，便放出一個響雷。

這下雷神也遭難了，黃帝派人將其抓來殺掉，抽出兩根大腿骨當鼓槌。

一切準備就緒，黃帝命大將力牧主動出擊。

力牧遵照密旨率部挑戰蚩尤，剛一交戰便望風而逃，引誘蚩尤大軍進入到事先佈下的「天一遁甲」陣中。

黃帝見蚩尤的軍隊悉數進入包圍圈，立刻命人擂起戰鼓。

夔皮鼓一響，聲音響徹雲霄，五百里以內震耳欲聾。

蚩尤手下的巨人族和三苗之民被嚇得面無血色，魑魅魍魎被驚得魂飛魄散，牠的八十個兄弟也一個個手顫足麻，無法跳躍飛騰。黃帝手下的將士們聽到鼓聲卻勇氣倍增。

黃帝揮舞昆吾劍衝入戰陣，斬落蚩尤八十個兄弟的腦袋，輕巧得如同切菜砍瓜。

應龍展開一對金色翅膀翱翔空中，和女魃一起降服了風伯和雨師。

耳朵穿著兩條黃蛇，手中握著兩條黃蛇的巨人夸父，不忍心看到全族覆亡，立刻組織突圍，並自行斷後，不幸被應龍所殺。

到了最後，蚩尤孤身一人突圍而出，向南逃去。

在路上，遇到應龍攔截，蚩尤奮力一躍，用頭將應龍撞落塵埃。

應龍負了重傷，無力振翅高飛。

蚩尤同樣元氣大傷，勉強逃至黎山之丘，被隨後趕來的應龍扯成數段，汙血染紅了山前的湖水。

在蚩尤被肢解的地方，黃帝命百工建城以鎮邪氣，取名為「解」。

蚩尤，妖魔中的最強者，就這樣在世間消失了。

Tips

蚩尤死後，身上的枷鎖被摘下來拋擲在大荒之中的宋山上。後來，枷鎖長成一大片楓林，上面的斑斑血跡也化作了鮮紅如血的楓葉。

3 刑天

掉了腦袋也不服輸的巨人

蚩尤被黃帝殺死的噩耗傳到南方天庭，炎帝頓感兔死狐悲，對自己的處境開始擔憂起來。

當初，在蚩尤舉兵反抗黃帝的時候，炎帝的手下大將刑天就躍躍欲試，因為炎帝的堅決阻止才沒有成行。這次，牠聽到蚩尤的死訊，看到主人的愁容，不由得激起了萬丈雄心，請求舉兵對抗黃帝。

年邁的炎帝早已沒有了鬥志，只求自保，拒絕出兵。

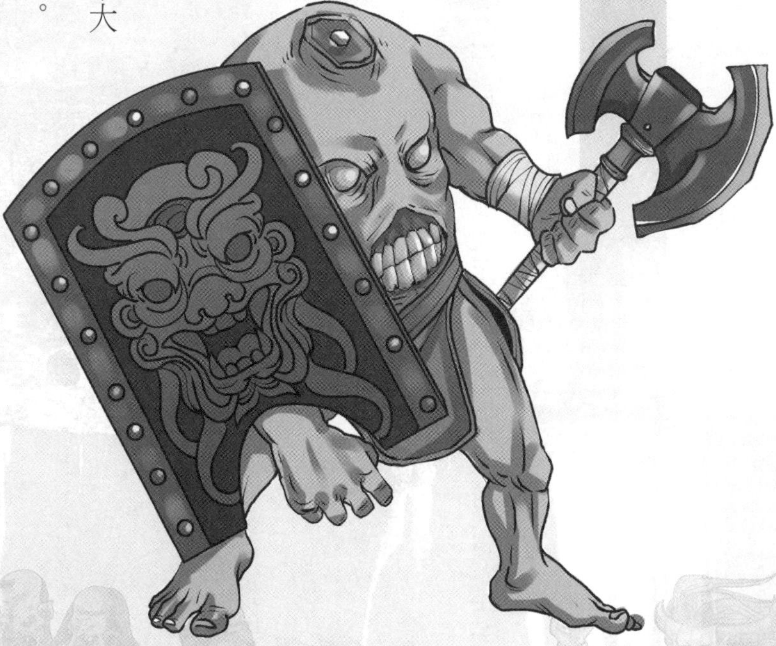

沒有辦法，刑天只好去尋找夸父族人，希望牠們東山再起。

夸父族，又稱巨人族，是大神后土的子孫，一個個長得身材高大，勇猛無比，曾經幫助蚩尤對抗黃帝，後來被打敗。

當刑天來到夸父族居住的「成都載天」時，連一個人影都沒有見到。

失望之下，刑天更是激憤難平，牠左手持盾牌，右手提戰斧，獨自一人奔向崑崙山，去找黃帝爭個高下。

當牠途經西泰山時，遇到了黃帝的兩個手下——風伯和雨師。

風伯，名叫飛廉，相貌奇特，長著鹿一樣的身體，上面佈滿了豹子一樣的花紋，在孔雀一樣的頭上長著一對堅硬的角，身後拖著一條蛇一樣的尾巴。

雨師，名叫萍號，是一個蠶頭人身虎尾的怪物。

牠們原本是蚩尤的部下，後來歸順了黃帝。

見刑天到來，風伯手持一把芭蕉扇，在空中搖來擺去，頓時狂風大作，飛沙走石；雨師張開巨口，對著天空吹出一股黑氣，頃刻間烏雲翻滾，電閃雷鳴，大雨傾盆而下。

沒想到刑天像座山一樣屹立在風雨中，絲毫不受影響。

風伯、雨師見狀，只好硬著頭皮移步上前，群起攻之，無奈本領實在太弱，慌亂抵擋一陣，就落荒而逃了。

刑天也不追趕，收了斧盾，繼續前行。

來到崑崙山下，牠迎面碰到了負責管理黃帝宮殿的陸吾。

陸吾體態怪異，人面虎身虎爪，長有九條尾巴，見刑天一臉殺氣，連忙上前詢問。

刑天沒時間搭理牠，怒喝道：「與你無關，快叫你家主人出來受死！」

陸吾這才知道刑天是來尋仇的，諂笑著想勸說幾句，卻被刑天一巴掌打翻在地，只好忍痛爬了起來，跌跌撞撞地跑去報信。

此時的黃帝，正帶領眾大臣在宮中觀賞仙女們的輕歌曼舞，聽到刑天前來叫陣的消息，頓時大怒，拿起昆吾劍，親自出馬來鬥刑天。

刑天和黃帝在雲端裡各自施展平生本事，一個斧落似流星墜毀，一個劍起如閃電破空，你來我往，風雲為之變色。

二人從宮內殺到宮外，又從天庭殺到凡間，一直殺到常羊山旁。

常羊山是炎帝降生的地方，往北不遠，就是黃帝的誕生地——軒轅國。

軒轅國的人一個個人臉蛇身，尾巴纏繞在頭頂上。

刑天心想：「常羊山本是炎帝的，現在被黃帝竊取了，一定要奪回來，不僅如此，我還要滅掉軒轅國！」

想到此處，牠渾身充滿了力量，將手中的大斧舞的呼呼生風，恨不得一下將黃帝劈死。

黃帝久經沙場，又有九天玄女傳授的兵法，打鬥了幾百個回合之後，尋了一個破綻，揮劍向刑天的脖子砍去。

刑天一個不留神，只聽「咔嚓」一聲，牠的那顆像小山一樣的巨大頭顱，從脖子上滾落了下來。

緊接著，黃帝揮劍將常羊山一劈為二，將刑天的頭顱踢進山內，隨後將大山合而為一。

刑天沒有了腦袋，頓時驚慌起來，急忙放下盾牌和戰斧，彎腰伸手在地上亂摸，牠的巨手所到之處，大樹折斷，岩石崩裂。

周圍的大小山谷被刑天模了個遍，牠也沒有找到自己的頭顱。

失去頭顱的刑天並沒有因此死去，而是重新站了起來，把胸前的兩個乳頭當作眼睛，把肚臍當作嘴巴，左手握盾，右手拿斧，向著天空揮舞。

黃帝見狀，不由得害怕起來，牠不敢再對刑天下毒手，悄悄地溜回崑崙山。

據說，那斷頭的刑天，至今還在常羊山的附近，揮舞著手裡的盾牌和戰斧與看不見的敵人廝殺呢！

Tips

東晉詩人陶淵明在《讀山海經》中讚頌說：「刑天舞干戚，猛志固常在。」即詠此事，借寓抱負。詩中的「干」就是盾，「戚」就是斧的意思。

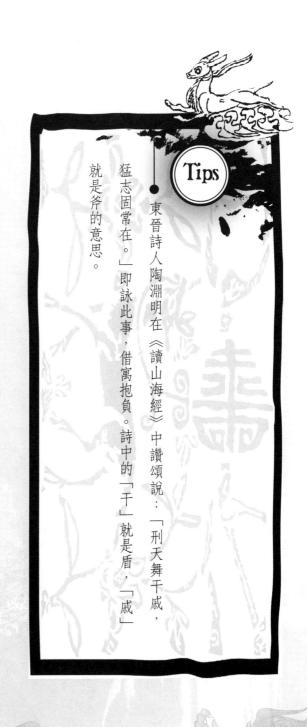

4 女魃和旱魃

能引起旱災的怪物

話說蚩尤攻打黃帝，被熊、羆、貔、貅、貙、虎六種猛獸打得慘敗，一連數月都不敢出戰。

這天，夸父進言說：「大王的好友風伯、雨師能呼風喚雨，何不請來助一臂之力？」

蚩尤聽聞大喜，立刻派夸父到東泰山前去相請。

夸父有追日的本領，涿鹿與東泰山雖然有千里之遙，牠不到一日，就將風伯、雨師請到。

隨後，兩軍就在涿鹿之野再次展開廝殺，雀頭人身蛇尾的風伯，在空中揮動芭蕉扇，引來狂風，一時間樹倒屋塌；蠶頭人身虎尾的雨師，張開黑洞似的大嘴，對著黃帝軍隊吹氣，剎那間烏雲翻滾，電閃雷鳴，瓢潑大雨從天而降。

黃帝的士兵有的被大風捲走，有的被大水沖走，剩下的急忙抱頭逃竄。說來也怪，牠們跑到哪裡，風雨就追到哪裡，被弄得狼狽至極。

黃帝被風伯、雨師所敗，就命祝融去請應龍助戰。

應龍是一條長著兩隻金色翅膀的神龍，擅長蓄水行雨術。

來到兩軍陣前，應龍張開大口，將傾盆暴雨全都吸入口中。

風伯、雨師見一條巨龍將那大水吸去，又加大妖術，狂風將應龍颳得搖搖晃晃，驟雨似江河決口，使應龍難以盡收。

應龍漸漸支持不住，敗下陣去。

黃帝見應龍被雨師、風伯打敗，急忙揮旗撤兵。

正在這時，突然從遠處傳來呼叫聲：「爹爹莫慌，我來破敵妖術！」黃帝抬頭循聲望去，只見從西北天空飛來一位頭似金雞、身似青蛇的女子。

這位女子名叫女魃，是黃帝的四女兒，身懷絕技，可以趕雨驅風，所到之處赤地千里，滴水全無。

由於女魃可以引起亢旱，黃帝本不想叫她前來，但是除了她，沒有人可以破得蚩尤之雨，只好讓她前來破敵。

女魃渾身上下全是火，火氣威力無比，她在狂風暴雨裡滾動，雷聲隆隆，熱氣蒸騰，沒多久，風停雨住，萬里晴空。

風伯和雨師狼狽而逃，魑魅魍魎不知所措，巨人族和三苗之民呆如木雞，黃帝率軍乘機反撲，蚩尤敗回陣營。

女魃幫助父親反敗為勝，但是也耗盡了身上的功力，再也飛不上天空，只好留在人間。由於她火氣太盛，所居住的冀州之地無一滴雨水，百姓怨聲載道，黃帝只好將她驅逐到赤水以北，方才能夠得雨。

旱魃，是和女魃一樣可以引起旱災的怪物。

旱魃的「形象」各不相同，有的把旱魃說成是身長不過三尺，頭上、頸上、手上、腳上都是白毛，眼睛生在頭頂，用一隻腳行走的怪獸。只有將其捉住投入廁所，旱災才會消除。有的說旱魃是由殭屍演變而來的，變為旱魃的死人屍體不腐爛，墳上不長草，墳頭滲水，而且旱魃會在深夜往家裡挑水。只有抓住旱魃燒掉，天才會下雨。

在中國浙江省臨安深山中，有一個幽深的池塘，水面上有一股雲氣往上升騰，如飛龍般蜿蜒，被村民們稱之為「龍秋」，並視之為神聖之地。

乾隆五十年（西元一七八五年），浙江發生了大旱災，久不下雨，田裡的莊稼都枯萎了，村民們相約來到「龍秋」祈雨。

很快，就看見天空烏雲密佈，可是隨即雲氣卻散開了，一滴雨也沒有落下。

村民們不死心，仍然每天來「龍秋」求雨。

這天，山中一家獵戶的兩兄弟，帶著弓箭到山中打老虎。突然看見天上烏雲翻滾，趕緊躲到岩石後面。

這時，在他們頭頂上的石洞中蹦出了一個妖怪，身材不高，通體發紅，只有一隻腳，眼睛長在額頭上，嘴很大，一直裂到耳邊，頭髮很長，從頭頂垂到地面。只見牠張開大嘴，向空中吹了一口氣，烏雲立刻散去。片刻，烏雲再次聚攏起來，妖怪接著向空中吹氣，又將烏雲吹散了。

兄弟二人看到這個情形，終於知道了遲遲未能降雨的原因。

哥哥彎弓搭箭，一箭射中了妖怪的腿，妖怪痛得跳起來，掙扎了一會兒後倒在了地上，痛苦地翻滾。弟弟從岩石後面衝了出來，拔出刀來，砍下了妖怪的腦袋。

隨後，兩兄弟急忙下山通知大家。村中的一位長者說，這可能是旱魃，將其屍體燒掉，就會下雨。

人們依言而行，果然，期盼已久的雨水終於降下來了。

Tips

清朝文人紀曉嵐在《閱微草堂筆記》中說：「古時候，人們會把旱魃等同於女魃。而近代所說的旱魃，則都是殭屍，從墳裡挖出來燒掉，往往能夠招來雨。」

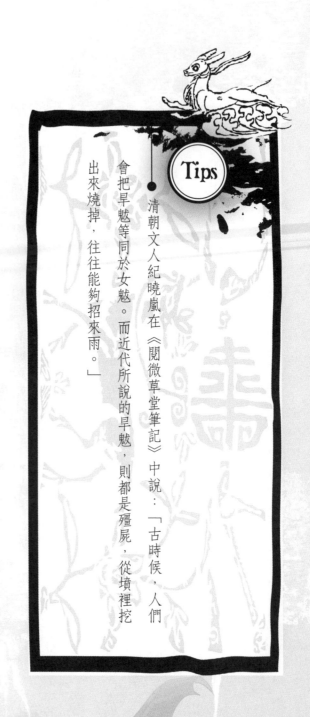

5 應龍

長有四爪兩翼的水族之王

當初，黃帝和蚩尤會戰於冀州之野，由於應龍擅長蓄水行雨術，黃帝就派牠擔任先鋒，吸取附近湖澤裡的水來淹蚩尤的軍隊。

應龍是一條生有四爪兩翼的魔龍，牠拍了拍翅膀，飛臨兩軍陣前，可是還沒等將湖澤裡的水吸乾，就遇到了蚩尤的手下風伯和雨師。

風伯和雨師是兩個能夠呼風喚雨的妖怪，本領更勝應龍一籌，施展法術，引來狂風暴雨，使湖澤裡的水瞬間暴漲。

應龍的肚子被灌得鼓鼓的，也無法將湖澤裡的水吸乾，不僅如此，牠還被狂風颳得頭昏目眩，

只好敗下陣來。

好在女魃及時趕到，幫忙止住了風雨。

在後來的決戰中，應龍立下了汗馬功勞，殺死了蚩尤和巨人族的首領夸父。但是，由於作戰時消耗的功力過大，牠再也無力振翅飛回天庭，就悄然來到南方，蟄居在山澤裡。

斗轉星移，轉眼就到了大禹時代。

當時，有十二條蛟龍在巫峽上空追逐嬉戲，引起了颶風。西王母的小女兒瑤姬途經此地，用巨雷劈死了這些作孽的蛟龍。不料，這些蛟龍死後，屍體化為巨石，將水道堵死了，黃河流域自此年年洪水氾濫，老百姓苦不堪言。

鯀治理洪水九年沒有成功，在他死後，大禹擔負起了這個重任。

大禹治水有兩個最得力的助手：一個是神龜，把息石和息壤投到低窪的地方；另一個是應龍，用尾巴劃地來指引人們開鑿河道，疏導洪水。不過，應龍在匆忙中開錯了一條河道，至今還留在長江南岸，被稱為「錯開峽」。

說起應龍最強勁的對手，既不是風伯、雨師，也不是蚩尤、夸父，而是河伯。

河伯是一條古老高貴的龍，由崑崙山上的冰雪孕育而成，牠有個冷颼颼的名字，叫做冰夷。

平日裡，河伯通常會變身為一個英俊小生，但是在水裡巡游的時候，牠的下半身會變成長著銀色鱗片的魚尾。當牠騰空而起時，會化為通體雪亮的大龍。

真正見過河伯真面目的人很少，只是一些開國的帝王。

在大禹治水時候，河伯曾經從水中現身，但只是露了半截身子，很不情願地交給了大禹一張河圖。

當時，應龍也在場，只是沒有細看這個日後置自己於死地的對手。

河伯生性貪婪，經常向人間索取祭品，一旦得不到滿足，就會發一場洪水。不僅如此，牠還是一個色魔，每年都要派出使者到人間選美，所有生出好姑娘的人家都提心吊膽，生怕自己的女兒被選中。

做為水族中的正義者，應龍對河伯的所作所為充滿了憤恨，只是苦於找不到牠。因為河伯行蹤詭祕，混跡於五湖四海之中，而大江大河的源頭和支流千頭萬緒，沒有指引，誰也找不到牠。

後來，應龍聽說河伯為了取一個祭品將在嵩山附近出現，就對人們說：「以後再也不用祭祀河伯了，因為我正要去剷除牠！」

當天夜裡，嵩山這個地方狂風肆虐，大雨如注，應龍與河伯在水裡殺得天昏地暗，難分難解。

兩天後，一些漁民在大河岸邊發現了一條被剜去了一隻眼睛，幾乎被凍成冰塊的應龍。

三天三夜之後，應龍甦醒了過來，抖抖身上的鱗甲，站了起來。

從這以後，應龍就一直留在了人間。

Tips

《述異記》卷上：「水虺五百年化為蛟，蛟千年化為龍，龍五百年為角龍，千年為應龍。」

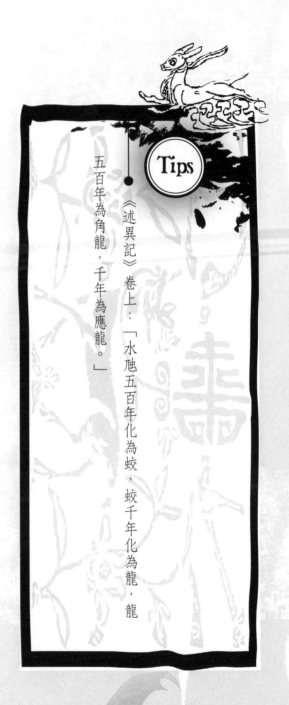

6 畢方

火焰的魂魄

黃帝用了七年的時間兼併了東方諸國，隨後又在眾多天神和魔怪的協助下消滅了南方最強悍的對手——蚩尤，將統治的版圖擴張到前所未有的程度。

這個時候，黃帝有些飄飄然了，牠在華美的宮殿裡日夜尋歡作樂，絲毫也沒有感覺到自己這個新興的王國暗藏的危機。

然而，首席大臣風后卻「不識時務」地向黃帝呈送了新的戰報。

牠說，蚩尤雖然已經身首異處，但是從牠頸部流出的鮮血裡面所滋生的那些碩大無比的甲蟲，正在啃食著大地。靈媒們日夜趕製招魂的法器，準備聚集蚩尤的魂魄，使其復活。夸父的族人，也

一個個摩拳擦掌，叫囂著要復仇。就連事不關己的九頭蛇相柳也在暗中招集毒蛇猛獸，準備伺機奪取黃帝的寶座。

黃帝聽到這樣的消息，內心充滿了恐懼，頓時感到天旋地轉，雙腳再也無法站穩，直直地向後傾倒。幸虧被侍女在後面抱住，才不至於摔在地上。

風后對黃帝說：「只要將蚩尤的亡魂驅散，那些甲蟲、夸父的族人、蛇妖相柳就很難掀起大的風浪。當務之急，就是趕緊率領軍隊趕往泰山。」

泰山是天下諸山中最有靈性的一座山，以此為階梯，可以進入眾神的世界。亡魂回到塵世，也必定經過泰山才能最終完成。而對付那些被召集起來的亡魂，必須用天火來焚燒。

黃帝聽到後，立刻整頓兵馬，乘坐戰車向泰山奔去。這輛巨大的戰車由六頭大象拉動，六條象徵雷神的紅龍分別站在黃帝的兩邊，三條駕馭那六頭大象，三條充當護衛。在戰車後面，緊緊跟隨著鳳凰、金烏等眾多能夠發動火攻的神鳥。

行到半路，黃帝忽然發現戰車前閃過一團黑霧，模樣越來越清晰，漸漸分辨出了頭頸與眉眼。

「蚩尤！」黃帝大驚失色，癱倒在戰車中。

這時，那團黑霧的一部分逐漸凝結成手臂伸向黃帝的脖子，黃帝大叫一聲，急忙抬起手，用袖子遮住臉，試圖阻止蚩尤的襲擊。

而那些負責護衛的紅龍，能夠發動火攻的神鳥，還有手下成千上萬的將士，彷彿木雕泥塑一般，渾然不覺。

見此情形，黃帝完全絕望了。

就在這時，一陣尖銳的聲音傳來，黃帝只覺得眼前紅光閃過，那團黑色的濃霧頓時煙消雲散。

抬眼望去，一隻古怪的大鳥飛走了。

這隻外形像丹頂鶴，只有一條腿，藍色羽毛上佈滿紅色斑點，喙為白色的鳥，名字叫畢方。

畢方是火焰的魂魄，只要一出現，就預示著大火降臨。

可是從那以後，一共過了四千六百年，畢方都沒有再次來到中原王國。

Tips

畢方是火神，同時也是木神，居住在樹木中，名字來自竹子和木頭燃燒時發出的劈啪聲響。

7 相柳

中國版的九頭蛇

在古希臘神話中，大英雄赫拉克勒斯完成了十二項被譽為「不可能完成」的豐功偉績，其中就包括殺死九頭蛇許德拉。

無獨有偶，在中國的上古神話中，也有一個長有九顆腦袋的怪物，牠就是前文所說的相柳。相柳人面蛇身，喜歡吃土，九顆腦袋一次就能吃下九座小山，吐出的毒液會形成散發惡臭氣味的沼澤，飛禽走獸都無法在附近停留。

牠曾經和惡魔共工一起與火神祝融作戰，失敗後偷偷地躲了起來。這個一天不做壞事就難受的妖怪，在大禹治水的時候，終於按捺不住，跑出來繼續為害人間。

當初，大禹記取父親鯀治水失敗的教訓，採用了新的治水策略：順著水性和地勢，以疏導為主，以攔堵為輔。為此，他把整個治水工作進行了詳細的分工：應龍負責導引江河幹流的洪水；群龍負責導引江河支流的洪水；玄龜馱著息壤，來填平深溝，加固堤壩；伯益負責驅散猛獸毒蛇；庚辰負責斬妖除魔。由於分工明確，方法得當，治水工作順利地開展起來。

一天，大禹帶著屬下勘察地形，來到白手山這個地方，發現了一件奇異的事情，但見山林之中有很多房屋，卻空蕩蕩不見人影，只有幾處白骨堆在地上。

他們繼續往前走，來到一座山邊，發現山洞中躺著幾個人，尚有氣息，卻一個個餓得皮包骨。

大禹命人拿出乾糧給這些人吃，問他們怎麼餓成了這個樣子。其中的一個老者說：「我們本住在那邊山上，以耕種為業。去年，從西方來了一個妖怪，長著好幾個頭，每個頭上都張著血盆大口，伸著漆黑的舌頭，舌頭一捲，許多人都被牠吃進了嘴裡。當時，我們幾個正在田裡勞作，幸虧離得遠，就拼命地逃到這裡。每日藏在山洞中，吃些草根樹皮，誰也不敢出去。」說完，痛哭起來。

大禹身邊一個名叫庚辰的天將說：「這個妖怪一定是共工的臣子相柳，我曾經聽雲華夫人說起過，相柳是一個蛇身九頭的怪物，十分厲害。」

大禹聽後，就打定主意除掉相柳。

誰知，還沒等他動手，相柳就先下手為強了。

這個妖怪早前聽說大禹將孟門和壺口兩山開通，就提高了警惕，擔心大禹會溯流而上來和自己作對。這次，牠得知大禹來到了白于山，離自己居住的地方越來越近，就主動發起了進攻。牠張開九張大嘴，到處吃江河堤壩上的土，使河道中的洪水不斷溢出，泛溢成災，將大禹的前期工作破壞得不成樣子。

大禹見自己苦心經營的工程遭到了毀壞，當即大怒，親自帶領庚辰、大羿等八人前去捉拿相柳。

相柳不甘示弱，如同泰山壓頂一般將巨大的身軀壓下，接著又甩動尾巴，盡力向地上連擊，頓時地陷數丈，一旦碰上，非死即傷。大禹等人閃轉騰挪，用兵器向牠尾巴上亂刺亂砍，哪知相柳毫髮無損。

庚辰見狀，急忙拿出法寶二珪，朝相柳頭上照去，只見兩道光芒，如霞如火、如雪如銀，將相柳的十八隻大眼照的模糊不清。神箭手大羿抓住時機，將相柳的十八隻大眼一一射瞎。

相柳痛不可忍，大聲呼嚎，將長長的身軀扭來扭去，恨不得找個地縫鑽進去，並且不停地豎起尾巴，向地上亂擊。

眾人見狀，攀上相柳巨大的身軀，分別對付牠的九顆腦袋。

大禹手持大斧，率先將相柳中間的那顆腦袋砍了下來。接著一道白光閃過，相柳又是一聲大叫，身子扭曲得更加厲害，原來九顆腦袋之中，又少了一顆，被庚辰用避水劍砍落。其他人抖擻精神，將相柳另外七顆腦袋，依次砍落。

然而那相柳真是厲害，巨大的身軀在地上滾來滾去，折騰了好久，才漸漸動彈不得。

相柳死後，大禹仔細觀看牠的屍體，只見這個人面蛇身的怪物足有千丈之長，九顆小山一樣的腦袋散落在各處，面目猙獰可怖。周圍百里之內的沼澤地，積儲的全都是牠的血水。這些血水腥臭無比，所流經的地方，不生五穀，卻生了許多大竹。大禹吩咐眾人先將相柳的屍體分解數百段，再掘地兩丈四尺深，將屍體的碎塊連同九顆腦袋一起埋下去。然後，又命人將沼澤地用土填平。

可是，填了三次土，都陷了下去。沒有辦法，禹只好把這裡挖成一個大池塘，用淤泥在池塘邊修建了幾座高臺，做為祭祀諸神的地方。

Tips

據《山海經》等古籍載，庚辰是上界天神，在西王母的女兒雲華夫人身邊做侍衛。為了讓大禹順利治理水患，雲華夫人派庚辰等七位天將下凡相助。在追隨大禹的十三年間，庚辰先後參與搏殺防風氏，逐共工並剿除其孽臣相柳，還降服了「千古第一奇妖」的無支祁。

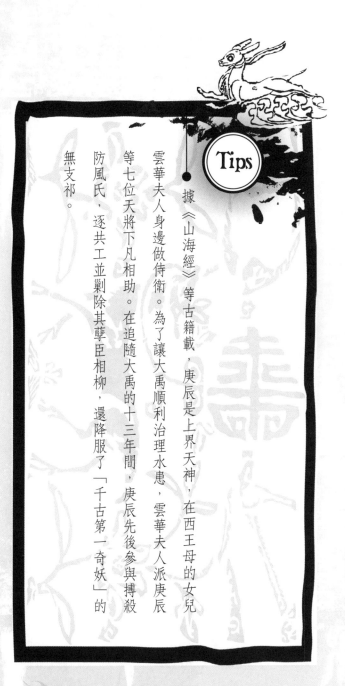

8 精衛

以填海為己任的精靈鳥

在中國的上古時代，有很多部落，其中姜姓部落的首領叫炎帝。

炎帝的長相十分特別，傳說是牛身人面，頭上還長有犄角，但牠的小女兒女娃卻是一個粉雕玉琢般的美麗女孩。

炎帝視女娃為珍寶，捧在手中怕摔了，含在嘴裡怕化了。

女娃很喜歡大海，常纏著父親帶她去海邊玩耍。

對於女兒的要求，炎帝往往是有求必應，可是這次公務繁忙，就沒能滿足女兒的願望。

女娃按捺不住，選了一個風平浪靜的日子獨自一人駕船出海了。

到了東海邊，她玩得很開心，在這個太陽升起的地方，堆沙堡、游泳嬉戲的。

看著美麗的大海，女娃心血來潮想看看大海的最深處都有些什麼，就駕著船往更遠的地方駛去。

誰知天色突然就變了，海上翻騰起巨浪，瞬間吞噬了小船，女娃就這樣喪失了生命。

炎帝得知噩耗，痛哭著來到海邊。

這時，一隻形狀似烏鴉的小鳥棲息在炎帝的肩頭，順從地用自己的小腦袋摩挲著牠的臉頰。

「女娃？」炎帝試探地叫道。

小鳥沒走，繼續在牠肩膀上停留，那樣子像極了自己的小女兒。

炎帝一下子就明白了，這就是女娃的精魂所化成的鳥兒。

「女娃，跟爹爹回家去吧！」

鳥兒聽到這話，一下子從炎帝肩頭飛走了，盤旋在海灘上空，口裡聲聲叫著「精衛、精衛」。

「女娃，妳要去哪裡？」炎帝追著鳥兒跑。那鳥兒也不理會牠，逕自飛到海邊一座落滿枯木的山上，用紅色的小嘴叼了一根枯枝，飛到大海上空，將枯枝丟入大海，如此反覆。

炎帝終於看明白了，這女娃是仇恨大海奪取了她的生命，想將海填平。

「女娃，不要費力了，海這麼大，妳是填不平的。」炎帝叫道。

大海也發出嘲弄的吼聲：「女娃，別癡心妄想了，再給妳幾億年的時間，妳也沒有希望！」

可是女娃不聽，依舊重複著先前的動作，銜枝填海，像是沒有疲倦的時候。

由於她飛翔的時候發出「精衛」的叫聲，人們就把這種由女娃精魂變成的鳥兒叫做精衛鳥。

後來，為了壯大自己的力量，精衛和海鷗結了親，生下的雌鳥像精衛，雄鳥像海鷗，牠們都繼承了精衛的遺願——把大海填平。

這些小生靈們白天投，晚上也投，大海偶爾也會捉弄牠們，掀起巨浪朝牠們傾覆而來，偶爾有幾個小小的身軀被吞噬，但剩下的，依舊如常。

Tips

精衛填海的事蹟被共工知道了，牠很欽佩精衛的勇氣，就把高原上的黃沙用水沖到海裡，海水一瞬間就變黃了。

這時大海開始驚慌了，用力將黃沙推到岸邊，後來形成了海塗，海塗漸大，人們開始在上面圍湖造田。

9

無支祁

被大禹鎮壓在海底的「千古第一奇妖」

在中國的唐朝，隴西人李公佐在去湘江和蒼梧山的路上，偶然遇見弘農人楊衡。

兩個人相談甚歡，就結伴到山上的佛寺裡盡情遊覽。到了晚上，明月當空，他們在船上互相講起了奇聞怪談。

楊衡對李公佐說：「永泰年間，李湯擔任楚州刺史。有一個漁夫夜裡在龜山腳下釣魚，魚鉤不知被什麼東西掛住了，怎麼拉也拉不出水面，他就潛到水下去查看。

漁夫是游泳高手，他下潛至水下五十丈深的地方，看見一條大鐵鍊，盤繞在山根下，四處搜尋

也找不見鐵鍊的端點，就浮出水面，跑去報告刺史李湯。

李湯命令漁夫帶著幾十個善於游泳的人，到龜山腳下去打撈那條鐵鍊。誰知，這些人拼盡了全力，鐵鍊卻紋絲不動。後來，又加上五十頭牛，才將鐵鍊緩緩拉動。當鐵鍊被全部提到岸上時，原本風平浪靜的水面突然翻滾起驚濤駭浪，只見鐵鍊的末端拴著一個像猿猴一樣的怪獸。牠頭髮雪白，脊背上的毛很長，身高有五丈多，口中流出的涎水腥臭難聞，閉著眼睛蹲坐在岸邊，似乎沒有知覺地呆坐在那裡一動也不動。過了很久，怪獸伸了伸脖子，挺直身軀，突然睜開血紅的雙眼，目光像閃電一樣掃過圍觀的人。眾人見狀，立刻向後退去，躲得遠遠地，誰也不敢上前。只見怪獸慢慢地拖著鐵鍊，連同那五十頭牛一起拉進了水裡，再也不出來了。」

貞元九年（西元七九三年）的春天，李公佐到東吳訪古采風，在包山上的石洞中，發現了《古嶽瀆經》第八卷，文字奇古，編次蠹毀，很難辨認。

後來，他在一位道士的幫助下，才弄明白書上記載的是大禹降服淮水之怪無支祁的故事。其內容如下：

「上古時期，大禹為了治理洪水，三次到過桐柏山。可是，每次到了這裡都是狂風大作，電閃雷鳴，總有一股看不見的暴虐力量，阻止他動工治水。

大禹知道遇到妖怪了，就召集眾神和各部落首領開會，商量如何剷除妖怪。鴻蒙氏、商章氏、兜盧氏、犂婁氏等部落首領不願出戰，大禹一怒之下將他們全都囚禁了起來。

隨後，大禹帶領天神烏木由、庚辰出戰，最終擒獲了阻撓治水的妖怪——無支祁。

無支祁長得形似猿猴，小鼻子，高額頭，青色的身軀，白色的頭髮，眼露金光，牙齒雪白，能言善辯，知道江水、淮水各處的深淺，以及地勢的高低遠近。

牠的脖子伸出來有一百多尺長，力氣超過九頭大象，攻擊、搏鬥、騰躍、奔跑，迅速敏捷，常常在眨眼之間就消失不見了，最大的弱點是不能長久地聽聲音、看東西。

在庚辰擒獲無支祁的時候，鴟脾、桓胡、木魅、水靈、山妖、石怪等數以千計的妖怪，都叫喊著衝了上來，想搶走無支祁。

庚辰揮舞方天戟，和眾神一起沒費吹灰之力就殺散了這群烏合之眾。

戰鬥結束後，大禹命人用大鐵鍊鎖住無支祁的頸子，又在牠的鼻孔穿上銅鈴鐺，然後把牠鎮壓在淮河南邊的龜山腳下……」

李公佐讀到這裡，發現楊衡所說的怪物，與《古嶽瀆經》上記載的無支祁是相符合的。

Tips

宋元以後，無支祁的故事廣泛流傳於民間。魯迅認為，吳承恩在《西遊記》中所寫的孫悟空神變奮迅之狀，亦曾受其影響。

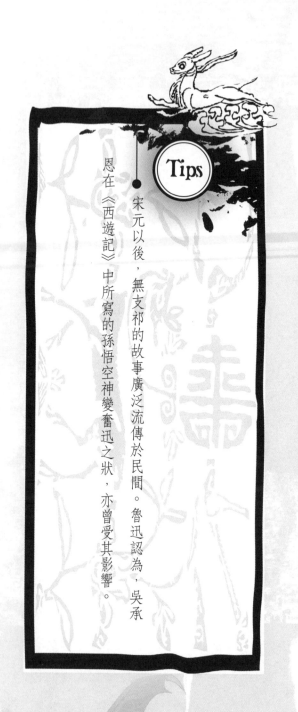

10 九鳳

腦袋滴血的不祥之鳥

大禹經過十三年的艱苦努力，疏通了九條水道，分隔了九座大山，終於平了水患，將天下劃分為九州。

一日，他帶領群臣巡行北方，來到一個地方，天色漸晚，正要準備安營紮寨，忽然兩道光芒射遍大千世界，如同白晝一般。

眾人都覺得非常詫異，細細觀看，發現光是從北面射來，閃爍不定，絕不是太陽。過了一會兒，光芒忽然收斂，依舊是黑夜。

在準備就寢的時候，光芒再次出現，大禹就命童律、狂章循著光芒，前去探聽。

時間不長，兩人回來報告說：「這是燭陰所顯的神通。這個怪物人面龍身，只有一條腿，身長有千里，蟠屈起來，高過山嶽。光芒是從燭陰兩眼中發出來的，牠眼睛一睜，如同白晝，眼睛一閉，便是深夜。平日裡，燭陰不飲、不食、不息，倘若牠一吹氣，能使氣寒而為冬，一呼氣，能使氣暖而為夏。」

大禹聽後，就叫伯益將此情形記上。

次日起來，大禹帶著人繼續前行，一路上看到了幾個有趣的國家：跂踵國的人，腳是反著長的，如果南行，足跡一定向北；無腸國的人，肚子裡大小腸一概沒有，吃起食物來，從喉間嚥入，通過腹中，並未消化，就從下面排泄了出來；拘纓國的人，走起路來，必用一手把住帽子上的纓，不知道是何用意。

經過這些國家之後，再往北，遠遠地就見前面有一座大山擋住去路。

大禹正要派人去探問是何山名，哪知山上忽然飛來一隻怪鳥，生有九個頭，個個都是人面，直接向大禹撲了過來。童律、狂章見狀，急忙上前攔阻。沒想到這隻怪鳥非常凶猛，將巨大的翅膀扇動了幾下，發出了五色光芒，晃得兩人難以睜開眼睛。庚辰衝上前來，舉起避水劍，向怪鳥刺去。怪鳥霍地轉身，飛回了高山。

三個人在後面一起追趕，追著追著，被一個虎首人身、四蹄長肘的怪物攔住了去路，只見牠口中銜著一條蛇，四個蹄子上各纏繞著一條蛇。看見三個人來到近前，就將蛇一放，五條蛇的身軀暴長數百倍，如長龍一般飛舞空中，直向他們猛撲。那怪鳥也回轉身來，扇著翅膀，前來夾攻。那五條蛇刀槍不入，怪鳥翅膀發出的光使人頭昏目眩，庚辰見無法取勝，只得帶領童律、狂章敗退而回。

大禹見手下的得力大將無法取勝，一時間束手無策。

正在這時，就見鴻蒙氏懷抱一隻形狀像狐狸的白頭小獸趕了過來。他對大禹說道：「我曾經遇到過一位神仙，說面前這座上名叫北極天櫃，山上盤踞著兩個妖怪，怪鳥模樣的叫九鳳，虎首人身的那個叫強梁，十分凶猛，只有天狗才能將其制服。今天我將天狗抱來，就是為了降服九鳳和強梁的。」

大禹聽後轉憂為喜，命令庚辰等人抱著天狗前去北極天櫃山降妖。

強梁一見，又把五條蛇一起放出來，九鳳扇動雙翅，從空中猛撲過來。

庚辰叫手下人盡力抵禦五蛇，自己帶著天狗迎戰九鳳。

天狗雖小，但一物降一物，看見九鳳，立刻騰空而起，撲到九鳳的九個頭上，一陣亂咬，將其中的一個頭被咬去了半個，叼到山後大口吞食。

九鳳拼死掙脫後，向南方逃去，可是被咬剩的半個頭，傷口始終無法癒合，膿血滴在人家房屋上，其家必遇不祥的事情。

強梁的五條大蛇沒有九鳳五色光的幫忙，變化不靈，全部被殺死。

庚辰擒獲了強梁，正要揮劍將其斬殺，忽見空中降下一位仙女，高喊住手。

這位仙女是鴻蒙氏所遇到的神仙，名叫北方玄光玉女，她請求釋放強梁，並責令牠以後為天下百姓驅除瘟疫凶邪。

大禹點頭同意。

隨後，玄光玉女辭別眾人，抱著天狗，領著強梁，凌空而去了。

Tips

九鳳原名「鬼車」，對其形象的說法有很多種：有的傳說認為九鳳長有十個脖子、九個頭，第十個頭是被周公旦命令獵師射掉的；有的傳說認為九鳳的每一個頭上都長有一對翅膀，結果十八隻翅膀互相掣肘，全都派不上用場。

II 白澤

無所不知的「萬事通」

上古時期，有熊國的國君少典，娶了一個叫附寶的女子。

一天晚上，附寶在皇宮露臺納涼歇息，但見湛清的天空上，北斗樞星格外明亮。突然，一道電光將北斗樞星環繞，電光隱退後，北斗樞星從天上滑落下來。當天夜裡，附寶就懷孕了。二十四個月後，生下了小兒，取名黃帝。

黃帝降生不久，就能開口說話，顯現出異於常人的稟賦。十五歲的時候，上到天文，下到地理，無所不知，無所不曉。後來，黃帝繼承了有熊國的君位。

即位後，黃帝打敗炎帝，擒殺蚩尤，最後平定天下，帶領人們過著穩定、文明的生活。

天下安定之後，黃帝開始到全國各地巡視，瞭解自己所轄國土的真實面貌。一天，黃帝帶領手下來到了東海邊，碰到了一個渾身雪白的怪獸。

這個怪獸的的名字叫白澤，博學多聞，不但能說人言，對世間萬物也瞭若指掌。牠向黃帝介紹說：「有一種怪獸叫浮光，長有八個閃爍著微弱火光的頭顱，身體漂浮在半空，總是在夜晚出現，看到牠就意味著國家要鬧瘟疫；有一種怪獸叫綢，只有雌性沒有雄性，經常掠奪人類中的男性，來交合生子；還有一種怪獸名叫木產，形體嬌小，狀如兔子，尾巴是青綠色的，只要一出現，就會發生饑荒……」

白澤侃侃而談，前後前後一共談到一千五百二十二個物種。

黃帝一面問，一面命人按照白澤的提示，繪製了各種怪獸的圖樣，取名為《白澤圖》。

白澤還警告黃帝，這些物種中的大部分，因為世道混亂而現身，請務必管理好自己的國家，免得撞見這些怪物。

臨分別時，黃帝還向白澤問了一些鬼神之事，白澤也一一回答出來，並告訴黃帝，只有到崆峒山找到仙人廣成子才能悟道成仙。

黃帝回到國都後，命人將白澤當作驅鬼的神和祥瑞來供奉。然後將《白澤圖》廣為刊發，書中記有各種神怪的名字、相貌和驅除的方法，配有神怪的圖畫，人們一旦遇到怪物，就會按圖索驥加以查找。

做完了這些，黃帝放棄了王位，獨自一人前往崆峒山尋師問道。

他在路上遇一個白髮老者，就恭立道旁給老者讓路，

老者讚許說道：「尊老謙讓，很好很好。」

黃帝詢問上山的路，老者說：「仙人和凡人之間，原本沒有區別。只要誠心，何愁沒有上山的路呢？」說罷就不見了。

原來，這個老人就是赤松子，受廣成子之託，前來點化。

黃帝乃是上古第一智者，當然明白老者所說的一番話，就歷盡艱難爬上了崆峒山。

來到山上，黃帝見到了廣成子。

廣成子向黃帝傳授了很多修道祕法，黃帝悉心領會後，辭別廣成子下了山。

下山回來後，黃帝按照廣成子教授的方法認真修練。

在黃帝一百二十歲這一年，他命人從首山採銅，在荊山鑄造寶鼎。寶鼎鑄成的那一天，群臣盛宴歡慶。這時候一條黃龍，鬚髯長垂，凌空而下。

黃帝說：「諸位不必驚慌，這是天帝派來接我的。」說罷，乘龍而去。

Tips

白澤長什麼樣子，後人不得而知，只能根據自己的想像描摹牠的形象。春秋時，秦襄公在一首詩中，將白澤描摹成鹿獐一類的食草動物。《新唐書．五行志》記載，唐朝貴族睡覺時用「白澤枕」，可以祛除夢魘。這個白澤枕，模仿的卻是熊的形態。而三藏法師在西行路上碰到的諸多妖孽中，有一隻獅子也大言不慚地自稱「白澤」。

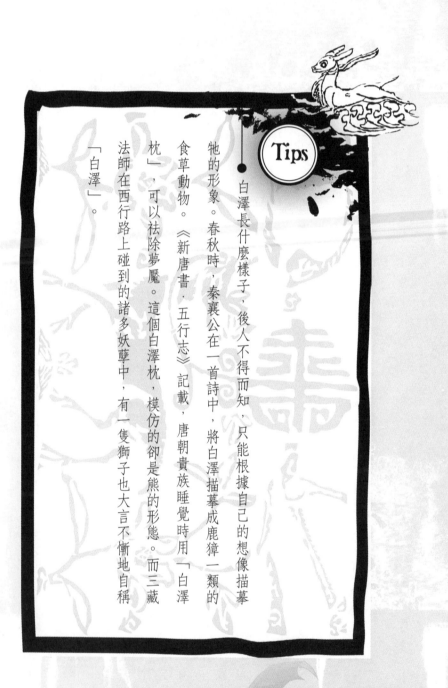

12 怨鬼、窮鬼和檮杌

顓頊的鬼兒子和獸兒子

黃帝到了晚年，拜仙人廣成子、容成公為師，一心修道不問世事。

他派人開採首山銅礦，運到荊山下鑄造寶鼎。

在寶鼎鑄成的那天，空中飛來一條巨龍，垂著鬍鬚來迎接黃帝。

黃帝將寶座傳給自己的曾孫顓頊，就騎著龍飛上了九天。他手下的大臣們也想跟從，就抓住龍鬚和黃帝的大弓拼命往龍背上爬，結果龍鬚被扯斷，大弓也掉了下來，這些人紛紛跌落下來。

他們在地上望著遠去的黃帝哭了七天七夜，流下的眼淚淹沒了寶鼎，匯成了大湖，後人稱此湖為鼎湖。

做為黃帝的接班人，顓頊的模樣實在是有失威嚴：細長脖，小耳朵，人臉、豬嘴、麒麟身，長著一對豬蹄。

顓頊即位後，所做的第一件大事就是將原本不停運轉的太陽、月亮和星星都牢牢地固定在北方上空。這樣一來，顓頊所在的國都永遠都是光輝燦爛，其他諸侯國則是永遠漆黑一團，伸手不見五指。接著，牠命令大力神重和黎把天與地的通路截斷，讓人上不了天，神下不了地。在此之前，天地之間是有路可通的，人們可以借助天梯上達天庭，向天帝申訴困苦；天神也可以透過天梯降臨世間，體察下情或遊歷。

可是自從截斷了天和地的交通，神與人之間的距離一下子就被拉得很遠，顓頊可以隨意地胡作非為，不用擔心百姓去天上告狀了。

顓頊不但自己作威作福，還生出了許多鬼兒子和獸兒子來危害人類：

牠有三個兒子是感染疫病而死的，死後怨氣不散，一個變為瘧鬼潛伏在長江，傳播瘧疾；一個變為魍魎隱匿在若水，引誘行人失足墜河；一個變為小兒鬼躲藏在人家的屋角，暗中驚嚇小孩。

牠還有一個兒子窮困潦倒，最後餓死在陋巷，成了窮鬼。人們只要遇上牠，就會喪失財物，這有些類似日本的貧乏神。

有了四個鬼兒子還不算，牠還有一個名叫檮杌的獸兒子。這個怪獸生得非常凶惡，形如猛虎，渾身犬毛，長有二尺，而且人面虎足豬牙，尾長一丈八尺，生活在西方荒山之中，過路人一提起來就驚慌失色。

顓頊和牠的鬼兒子、獸兒子們，再加上一大批山精水怪，把好端端的太平盛世攪得亂七八糟。

顓頊死後，與自己的九名嬪妃合葬在北方大荒中的附禺山上。

在這裡，當山泉湧出時，有一條蛇就會變成半枯的魚，顓頊的魂魄就趁此機會附在魚的身上復活。

復活的顓頊半邊是人，半邊是魚，人稱魚婦。

Tips

顓頊所居玄宮為北方之宮，北方色黑，五行屬水，因此古人說牠是以水德為帝，又稱玄帝。

13 鳳凰

落在梧桐樹上的百鳥之王

一天，帝嚳正在處理政務，手下人報告說，殿外有一個自稱是赤松子的人求見。

帝嚳早就聽說過赤松子這個人，他曾在炎帝的手下擔任過雨師，後來得道成仙。相傳，赤松子善於吐納導引之術，辟穀不食，還能抵擋烈火侵襲，是一個極其厲害的人物。

聽說赤松子來求見，帝嚳非常高興，慌忙將他迎入殿內。

兩人分賓主落座，交談甚歡，帝嚳就請求赤松子留下來擔任國師。

赤松子說：「我在炎帝的時候曾經擔任過雨師，陛下既然想賜我一個官職，不如仍舊擔任雨師吧！」

帝嚳大喜，當即拜赤松子為雨師，還特意建造了一所軒爽靜僻的房屋，請他住下。

赤松子不食人間煙火，每日除了服用雲母粉和鳳葵草之外，一切山珍海味，都不需要。

帝嚳政務之暇，經常到他這裡來請教，學習服食導引的方法。

過了數月，赤松子受邀來到宮外的高臺上欣賞音樂和歌舞。

帝嚳叫樂師咸黑製作了九招、六列、六英等歌曲，又命樂垂作鼙鼓、鐘、磬等樂器，讓六十四名舞女，穿著五彩衣裳，隨歌跳舞。

音樂響起後，就聽下面一陣喧嘩，百姓們都仰著頭叫道：「好美麗的鳥兒！好美麗的鳥兒！」

帝嚳和群臣聽後，也仰面向上望去，只見有兩隻極美麗的大鳥正在空中盤旋，四面環繞著無數奇奇怪怪的鳥兒。

過了一會兒，這兩隻美麗大鳥落在了梧桐樹上，其餘的那些鳥也停止了飛翔，落在別的樹上。這些鳥兒都是眾人見所未見的，一個個都看得呆了，音樂和舞蹈也都停止了。

赤松子笑著對帝嚳說道：「落在梧桐樹上的兩隻大鳥，就是傳說中的鳳凰。牠的頭像雞、頷像燕、頸像蛇、胸像鴻、尾像魚、身像龜，諸位看看，是不是很像？」

眾人仔細看了看，說道：「果然很像！」

赤松子接著說：「還有一說，說鳳凰頭圓像天，目明像日，背偃像月，翼舒像風，足方像地，尾五色具全像緯。」

帝嚳聽後笑著說：「據我看來，這個說法有些勉強，也許是因為鳳凰是靈鳥，人們特地附會出來的。」

赤松子說：「鳳凰戴德、擁順、背義、抱信、履仁，是五德具備的神鳥。當初，黃帝想親眼看看傳說中的鳳凰，就去請教天老。天老說，鳳凰是祥瑞的預兆，只有在太平盛世才會出現。黃帝聽後很不高興地說，我即位以來，天下太平，為什麼連鳳凰的影子都沒有看見？天老說，東有蚩尤、西有少昊、南有炎帝、北有顓頊，四方強敵虎視眈眈，何來太平？黃帝聽後便率兵討伐，最終統一了天下，果然看到了一隻帶有五彩翎毛的大鳥在天空翱翔……」

正說著，只聽見那兩隻鳳凰「即足即足」地叫起來了，旁邊的那些鳥立刻回應，彷彿兩隻在那裡問話，其餘在那裡應答似的。

赤松子又指著說道：「這個叫起來聲音『即即即』的，是雄鳥，就是鳳；那個叫起來聲音『足足足』的，是雌鳥，就是凰。」

帝嚳問：「我聽說鳳凰是百鳥之長，群鳥都跟著牠，彷彿臣子的跟著君主一般，這個說法可信嗎？」

赤松子回答道：「這句話可信。不過，世界上的神鳥五方各有一種。在東方的叫做發明，在南方的叫做焦明，在西方的叫做鸝鷞，在北方的叫做幽昌。因為鳳凰是中央的神鳥，所以人們只知道牠是百鳥之長了。」

帝嚳說：「我的德行並不好，鳳凰居然翔集，實在是慚愧。」

赤松子道：「陛下不必過謙，不過你應該向鳳凰致敬才是。」

帝嚳聽了，立刻整理衣冠，從東階走下去，朝著西面再拜稽首說道：「皇天降祉，不敢不承命。」

自此之後，鳳凰和群鳥就止宿在這些樹上，不再飛去了。

Tips

赤松子，又名赤誦子，號左聖。他是前承炎黃，後啟堯舜，奠定華夏萬世基業的中華帝師。

14 獬豸

法律公正的代言者

這一天，女修像往常一樣，早早地來到家門口的一棵黃連木下，開始了一天的工作——紡線織布。

突然，從東方飛來了一隻黑色的大鳥，落在樹上。女修剛一抬頭望去，就見這隻黑色的大鳥下了一顆鳥蛋，不偏不倚落到了她的嘴裡。

吞食了這顆鳥蛋之後，女修竟然有了身孕，在兩百八十天之後，生下了一個男孩。

這個男孩相貌奇特，臉色泛青，嘴巴突起，像鳥喙一般，家中人都以為他是個怪物，但女修心中有數。她為孩子取名為皋陶，精心地教養，希望他日後成為一個學識淵博、能辨是非的人。

長大後，皋陶被舜任命為掌管刑法的「理官」，以鐵面無私聞名於世。

神奇的是，皋陶手下有一隻神獸叫獬豸，可以決斷是非曲直。

獬豸類似麒麟，全身長著濃密黝黑的毛，雙目明亮有神，額頭上長有一角，俗稱獨角獸。這個神獸擁有很高的智慧，懂人言知人性，能辨是非曲直，能識善惡忠奸。當發現奸邪的官員，獬豸就用銳利的犄角把他觸倒，然後吃下肚子；當普通百姓發生衝突或糾紛的時候，獬豸就用角指向無理的一方，甚至會將罪該萬死的人用角抵死，令犯法者不寒而慄。

有一次，一個姓姜的人拉著鄰居，來到皋陶面前。

他指著鄰居對皋陶說：「大人，我的牛丟了。他家的院子和我家後院只隔了一道矮矮的牆，只要趁天黑的時候偷偷翻牆過來，就能把我的牛牽走。」

鄰居大叫冤枉：「請大人明鑑！如果我真的翻牆到他家院子裡去了，我為什麼不拿別的東西而非要牽走一頭牛呢？牛見到生人，不免會發出動靜，難道他們一家人都不會聽到嗎？」

皋陶點點頭：「你說得有道理。」轉而問原告：「你憑什麼說鄰居牽走了你的牛？」

姓姜的人說：「大人，我在他家的垃圾中看到了我家牛的牛角。」

鄰居反駁道：「牛角都是相似的，你有什麼證據來證明我家垃圾中的牛角就是你家牛的？」

姓姜的人說：「你家沒有牛，怎麼會在垃圾中出現牛角？」

「牛角可能是別人丟在我家垃圾裡的，也有可能是真正偷你牛的人丟的。」

……

雙方爭執不下，皋陶只好命人牽來獬豸。

獬豸被請出來，用角頂了姓姜的人一下，將他頂得一屁股坐在了地上。

原來，姓姜的人最近和鄰居發生過一次口角，憤憤不平的他就誣告鄰居偷牛，沒想到被獬豸識破了。

還有一次，皋陶帶著獬豸到市集上巡視，看到一個無賴在調戲一位姑娘，立刻疾步走上前去。

無賴見理官來了，嚇得眼都直了，他早就聽說這個相貌奇特的理官和獬豸的厲害，立刻跪在了地上請求饒命。

皋陶拍了拍身後同樣怒目圓睜的獬豸，說：「你來決定該如何懲罰他。」只見獬豸圍著那個無賴，用蹄子在地上踏出一個圓圈。

皋陶看後，朗聲笑道：「罰你在這圓圈內跪三天三夜，這就是監獄！」

從此，「獬豸斷案，畫地為牢」做為一段司法佳話，流傳了下來。

Tips

女修，顓頊高陽氏的女兒（或孫女）。她吞玄鳥之卵，生下兒子大業。大業就是皋陶，是伯益的父親。還有一些史料說，秦國、趙國的祖先就是女修。

15 金烏

命喪神射手箭下的太陽鳥

相傳，在堯統治天下的時候，十隻長有三足的金烏一起飛離扶桑，在廣袤無垠的天空任意嬉戲，給人類帶來了嚴重的旱災。灼熱的陽光曬枯了禾苗，烤焦了土石，甚至連金銀銅鐵都熔化了。人們熱得喘不過氣來，紛紛詛咒說：「毒太陽啊，你什麼時候才能毀滅呢？我們願意與你同歸於盡！」

災禍還不限於此，窫窳、鑿齒、九嬰、大風、修蛇、封稀六種怪獸，紛紛從火焰般的森林、沸湯般的湖泊裡跑出來四處吞食人類。

帝嚳見人間變成了地獄，就命令麾下最勇敢神射手羿，到下界去剿滅橫行的六怪，順便把金烏帶回扶桑。

羿挾弓策馬，在原野上飛馳，目之所及，千里焦土、遍地枯骨，他強壓怒火，勸說十隻金烏回到扶桑。

可是羿好話說盡，那些金烏根本不聽，依舊在天上打打鬧鬧。

到了最後，羿實在忍無可忍，說：「既然你們不思悔改，就別怪我翻臉無情了！」

說完，他對準天上的一隻金烏射了一箭，只見天空中流火亂飛，一隻碩大無比、顏色金黃的三足烏鴉墜落在地面上。

金烏少了一隻，空氣似乎涼爽了一些，人們齊聲喝彩。

羿大受鼓舞，使出連環箭法，颼颼颼一連八箭破空裂風而去，只見啪啪啪一陣亂響，又有八隻極大的三足烏鴉墜地。剩下那隻金烏早就嚇得臉色昏黃，天氣也明顯轉涼了。

羿還想射掉最後一隻金烏，堯急忙制止：「萬物生長離不開太陽，還是留下最後一隻金烏吧！」

就這樣，總算將唯一的太陽保留了下來。

解除了十個太陽併出的災難，羿馬不停蹄，日夜兼程，去捕獵肆虐人間的六隻怪獸。

中原地區，以窒窳、封豨爲害最烈。

窒窳是一條龍首虎爪，叫聲像嬰兒啼哭的吃人怪獸，羿僅發一箭，就將其射死了；封豨是一頭獠牙如戟、力勝百牛、鐵骨銅皮的大野豬，羿左右開弓，射瞎封豨的雙眼，將牠生擒活捉。

誅殺窒窳、捕獲封豨之後，羿轉戰南方，在壽華的曠野上找到了鑿齒。鑿齒人身獸臉，殺人利器是突出嘴外的兩根五六尺長、形似鑿子的牙齒，手裡還拿著一面巨大而堅固的盾牌。鑿齒到死也沒有弄明白，羿的神箭是如何穿透盾牌，射入自己心窩的。

修蛇在洞庭湖裡為非作歹，風聞神射手羿已經到了南方，就潛入了湖底，做起了縮頭烏龜。羿手持寶劍，躍入深不可測的湖泊，與修蛇大戰了三天三夜，最後割下了這個蛇妖的腦袋。

在東方，巨鳥大風在青丘之澤為害一方。羿在箭尾繫上青絲繩，一箭射中了大風，像拉風箏一樣將這隻巨鳥擒獲。

最後，羿來到了北方，與九嬰狹路相逢。

九嬰是長有九顆腦袋、擁有九條命的怪物，絲毫不懼怕羿，九口齊張，噴吐出一道道毒焰、一股股濁流，企圖將羿困死。

羿使出連環箭法，九支箭幾乎同時射在了九嬰的九顆頭上，九嬰的九條性命一條也沒留下。

羿上射九日、下除六害，贏得了人們的尊敬，然而他的一生卻非常悲慘，最後被自己的徒弟逢蒙害死了。

Tips

上古時射日的英雄羿，也稱為大羿，常常被後人誤為「后羿」。其實，后羿是夏朝有窮氏國的國君，也是一名神射手，妻子是嫦娥。

16 「四凶」

上古時代四大惡人的化身

帝摯是一個善良卻沒有才能的君主，在他統治時期，重用驩兜、孔壬、鯀，將朝政弄得烏煙瘴氣。

驩兜，是帝鴻氏的子孫，秉性凶惡，喜歡做一些偷竊和殺人的事情，手下都是一些窮凶極惡的人。

人們給他取一個綽號，叫做渾敦。

渾敦也叫渾沌，有兩個意思：一個是中央之神，無知無識，沒有七竅，是不開通的意思。一個

是惡獸的名字，這惡獸出在崑崙之西，相傳牠形狀肥圓、像火一樣通紅，長有四隻翅膀、六條腿，雖然沒有五官，卻能夠通曉歌舞曲樂。還有一種說法稱渾沌是像狗或熊一樣的動物，人類無法看見牠、也無法聽見牠，牠經常咬自己的尾巴並且傻笑；如果遇到高尚的人，渾沌便會大肆施暴；如果遇到惡人，渾沌便會聽從他的指揮。

孔王，是少吳氏的子孫。他這個人外表非常恭順，內心卻非常刻毒。

人們給他取一個綽號，叫做窮奇。

窮奇是惡獸的名字，生在蜪犬國之北，大小如牛、外形像虎、披有刺蝟的毛皮、長有翅膀，叫聲像狗，靠吃人維生。據說，窮奇經常飛到打架的現場，將有理的一方鼻子咬掉；如果有人犯下惡行，窮奇會捕捉野獸送給他，鼓勵他多做壞事。

鯀，是顓頊帝的兒子，為人剛愎自用，聽不進別人一點意見。

人們給他取了一個綽號，叫做檮杌。

檮杌也是惡獸的名字，長得非常凶惡，形如猛虎，渾身犬毛，長有二尺，而且人面、虎足、豬牙，尾長一丈八尺，生在西方荒山之中，最喜歡攪亂一切。

帝摯自幼就和這三個不良的人做朋友，當然被他們引壞。自從做了君主之後，那三人更是得意，越發教導帝摯做不道德之事，不是飲酒作樂，就是打獵巡遊。

後來，「三凶」裡又多了一「凶」，此人名叫做三苗，是縉雲氏的兒子，貪婪而且凶狠，在長江、淮河、荊州一帶為非作歹，幹盡了喪盡天良的事情。

人們也給他取一個綽號，叫做饕餮。

饕餮還是一個惡獸的名字，但是有兩種，一種出在鉤玉之山，羊身而人面，眼睛長在腋下，叫聲像嬰兒啼哭，以人為食；一種出在西南荒中，坐起來很像人的模樣，但是下面很大，彷彿如承著一個盤子似的，有翅膀卻不能飛，古時候的器具上往往刻著牠的圖案。

這四個壞人對人民危害極大，舜當政後，立刻採取了果斷措施，派兵將他們捉住。別看這四個人平時很凶，一看到官兵來了，頓時嚇得屁滾尿流，乖乖地認罪。

舜並沒有殺了他們，而是派他們到邊疆去看守國門，將功補過。他將孔壬發配到幽陵，去抵禦北方的夷狄之族；將驩兜發配到崇山，去對付南蠻之人；將鯀充軍到羽山，讓他去同化東夷；將三苗放逐到三危，讓他去抵禦西戎。

從此，國家再也沒有凶殘的人來搗亂了。

Tips

與上古四大凶獸對應的是四大神獸，分別是青龍、白虎、朱雀、玄武，也稱「四護衛神」。青龍為東方之神，白虎為西方之神，朱雀為南方之神，玄武為北方之神。

17 騶虞

太平盛世才會出現的異獸

周文王姬昌即位後，為了報父仇，表面上臣服於紂王，暗地裡卻積極進行滅商的準備，他大行仁政，將境內治理得一片清明。

這樣一來，諸侯和百姓都稱讚姬昌功德無量。

商朝的大臣崇侯虎洞察出了姬昌的野心，就向紂王告密說：「西伯（姬昌）累積善行和美德，諸侯都歸向他，這將對您不利呀！」

紂王認為有道理，就命人將姬昌囚禁在羑里。

在獄中，姬昌對紂王這一倒行逆施的做法並沒有表露出任何不滿情緒，而是潛心研究周易，發明了「文王六十四卦」。

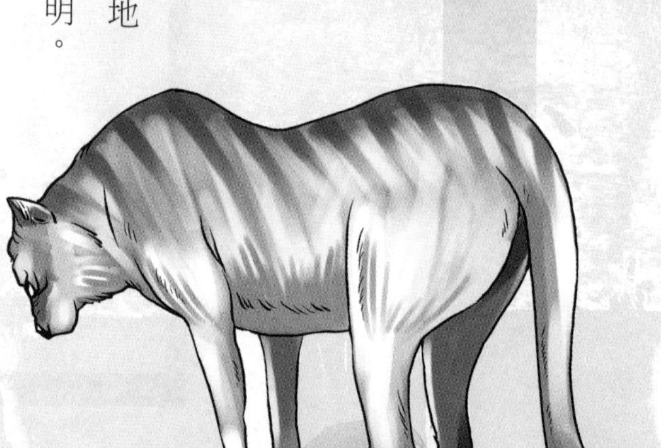

紂王不放心，命人把姬昌的大兒子殺死，煮成肉湯給姬昌吃。

姬昌吃完後，不住地誇此湯味道鮮美。

紂王見狀，高興地說：「人人都說姬昌會占卜，可是他卻連吃了自己兒子的肉都不知道，我看他簡直就是個笨蛋！」

姬昌被紂王囚禁在羑里的消息傳開後，他的臣子們立刻想辦法前去營救。

紂王喜愛美色，貪圖享樂早已是眾所周知的事情。姬昌的大臣散宜生、閎夭等人便投其所好，先找到一位有莘氏的美女，然後又找到了一種紅鬃白身、目如黃金、頗具靈性的駿馬，連同一些奇珍異寶，透過寵臣費仲進獻給了紂王。

然而，在紂王的宮廷裡，美女、名駒、寶物數不勝數，這些禮物並未讓他心動。

馬屁沒有拍成，姬昌手下的大臣們只好繼續商量對策。

閎夭學識淵博，見多識廣，他對眾人說：「在世上所有的珍奇異獸當中，象徵著盛世即將到來的騶虞最為名貴。據說，這種祥瑞之獸產自崑崙山下的林氏國，如果我們將騶虞找到獻給紂王，就會極大滿足這位暴君的虛榮心，他一高興，就會將我們的主公放出來。」

周王國的大臣聽後，覺得此計可行，就讓閎夭帶領使團前去林氏國購買騶虞。

誰知，閎夭好不容易來到林氏國，國王卻告訴他，自己從來沒聽說過騶虞這種動物。

不過，林氏國的確有一種祥瑞動物，名字叫做「酋耳」。這種動物虎軀獅首，身上長有白毛，帶有黑色的條紋，尾巴是身長的三倍，行走的時候總是高高地豎在身後。牠不殺生，只吃剛死去動物的屍體，因為嘴裡的牙齒連成一片，又被稱為「通牙獸」。

閎夭相信，自己要找的就是這種動物，請求林氏王下令搜尋一隻酋耳以賄賂紂王。

林氏王說，這種祥瑞的動物可遇不可求，如果你家主公真的是天命所繫，那請你耐心等待吧！

就這樣，閎夭在林氏國一住就是七年，每天沐浴吃齋，向天神祈禱。終於，他的誠意感動了天帝，將一隻騶虞放入林氏王的園林裡。

林氏王見到騶虞後大喜，回絕了閎夭想要把這種祥瑞動物帶走的請求。

他說：「騶虞的出現正是天帝對我勤政愛民的獎賞，我怎麼可以輕易給人呢？」

閎夭眼看自己營救主公的行動功敗垂成，勃然大怒，立刻通知將軍南宮適帶著隊伍前來攻打林氏國。

很快，周王國的軍隊就消滅了這個國家，掠走了騶虞。

當騶虞被牽進紂王的宮殿時，這個暴君異常興奮。因為這樣的祥瑞出現，天命必將繼續為商朝所掌握。

為了表彰閎夭等人尋找騶虞的功績，紂王釋放了姬昌。

幾年之後，姬昌的兒子姬發率軍攻佔了朝歌，紂王自焚而死，騶虞也不知所蹤了。

Tips

騶虞，又名騶吾、騶牙，一種說法認為，騶虞就是白虎；另一種說法認為，「騶虞」在《詩經》中指幫助諸侯管理莊園的獵官，「騶」釋為天子之囿，「虞」釋為司獸之官；還有說法認為，騶虞就是今天的大貓熊。

18 西王母

周穆王浪漫之旅的女主角

西王母，是中國上古神話中的一個傳奇人物。在神話流傳的過程中，她逐漸女性化與溫和化，最後成為了慈祥的女神。

相傳，她住在崑崙仙島，有瑤池和蟠桃園，園裡的蟠桃，吃了可以長生不老。

可是在《山海經》中，西王母卻被描繪成半人半獸的妖怪，長有豹尾虎牙，披頭散髮，面目可憎，掌管災害和刑罰，會讓人死於非命。

做為神仙，西王母高高在上，讓人覺得遙不可及；做為妖怪，西王母殘忍血腥，讓人唯恐避之不及。而真正讓西王母有了「女人」味的，則是她與周穆王的一段曠世愛戀。

周穆王是周朝第五代君主，姓姬名滿，繼位後四處征戰，比他老爹還能打，向南一直打到九江，

然後西征犬戎，擒獲了犬戎五王。

可是具有諷刺意味的是，讓周穆王名留青史的，不是戰功卓著，而是他浪漫的「西遊記」。

話說周穆王完成了征戰，就開始實施自己的遠行計畫。

想要遠行，就要有交通工具。

於是，歷史上又一位大名鼎鼎的人物出現了，此人名叫造父，是馴馬兼駕車高手。

造父不負穆王所望，從夸父山上覓得八匹野馬，經過馴化，這八匹馬奔跑起來足不踐土，比鳥飛得還快，有的能夜行千里，有的背上還生出翅膀。

在某個選定的日子裡，造父駕馭著八匹駿馬拉的車，出現在王宮前。

周穆王歡歡喜喜地登上馬車，身邊跟隨一群大臣和侍從。

這一行人離開都城鎬京後，先是向北，繼而向西。在陽紆山，周穆王遇見了水神河伯；在休與山，他遇見了性情溫和的帝台。當車子駛到連羽毛都浮不起來的弱水時，河裡的魚、龜、鱷魚等自動搭起了橋讓車子通過。

一路上，周穆王喝的是靈山石縫中的甘泉，吃的是素蓮、黑棗、碧藕、白桔等仙果。

這些東西不僅味道鮮美，而且延年益壽。

在西方盡頭，周穆王見到了渴慕已久的西王母，獻上隨身帶來的白圭和黑璧。

西王母是當地一位女性統治者，長得婀娜多姿，風情萬種，見遠方客人到來，就設下宴席隆重款待。周穆王長得高大帥氣，加上多年的征戰和遊歷，身上散發著不可抗拒的成熟魅力，自然是迷得西王母神魂顛倒。

席間，西王母唱道：「天上飄著白雲，道路無窮無盡。無數的高山大河把我們阻隔，從此一別將難通音信。然而你將長生不老，相信以後還能重逢。」表達了「祝君長壽，願君再來」的依戀之情。

可惜的，西王母最終還是沒能留住心上人，雖然周穆王也說出「三年之後，再次前往」的誓言，最後還是竹籃打水一場空。

這段頗為浪漫的跨國戀情被後世傳為佳話，更多的是被當成「魔幻文學」來閱讀。

從這之後，西王母也開始由人變為了神。

Tips

《列仙全傳》所載：西王母是西華至妙之氣化生而成，與東王公分掌天下三界十方之男女仙籍，配位西方，其神格僅次於三清，十分崇高。

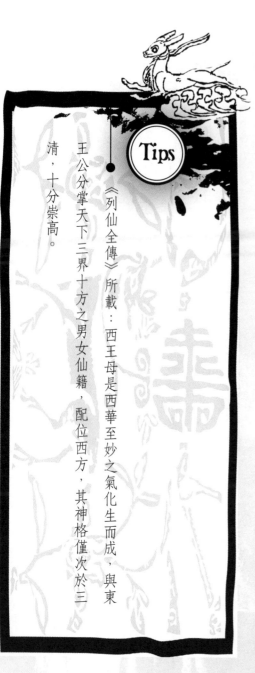

19 商羊和麒麟

孔聖人眼中的凶禽瑞獸

商羊是神話傳說中的一種怪鳥，俗名叫「一足鳥」或者「獨足鳥」，具有奇異的本領，能預知下雨，每逢大雨將來時，牠便蹦跳起舞。

春秋時期，有一隻商羊飛到齊國，落在宮殿前，舒展著翅膀蹦跳。此時，齊景公正在和大臣們商量國事，就見外面亂哄哄的，有人前來稟報，說殿前不知道從哪裡飛來了一隻獨腳的怪鳥，舒展著的翅膀跳來跳去，眾人想把牠趕走，可是怎麼也趕不走，心中十分害怕。

齊景公心生疑惑，急忙召來齊國最有智慧的人前來觀看。

這個人也不知這是什麼鳥，只是說，魯國博學的孔夫子或許知道這隻鳥的來歷，不如派人將他請來，問個究竟。

齊景公十分著急，立刻派人到魯國去請孔子。

使者到達了魯國，向孔子說明了來意。

孔子說：「我不必跟你前去，你把那隻鳥的樣子向我說明一下即可。」

使者聽後，便將鳥的樣子大致描述了一下。

孔子思索了片刻，說道：「這隻鳥的名字叫商羊，是主管人間雨水的神鳥。我曾經見到鄉村中的小孩子們做過這樣一種遊戲：把一條腿盤上抬起來，豎起兩條眉毛做出向天詢問的樣子，用另一隻腳在地上跳來跳去，一邊跳一邊唱道：『老天快要下雨了，商羊開始跳起舞了！老天快要下雨了，商羊開始跳起舞了！』現在齊國出現了這種鳥，說明大雨就要來了，應該告訴老百姓趕緊整修溝渠，修築堤壩，否則大雨將會造成災害。」

齊國的使者一聽孔子的解說，連夜快馬加鞭趕回國向齊景公做了彙報。

齊景公半信半疑，但還是按照孔子說的疏通了溝渠，築好了堤壩。

果然，不久便大雨傾盆而下，百年未見的洪水淹沒了許多田地和村莊，由於事先做了準備，齊國受災的程度遠比之前料想的要小得多。

齊景公為此準備了許多謝禮派人送給孔子，由此，孔聖人的博學之名傳遍了各個諸侯國。

孔子雖然博學，但在政治上卻十分不得志，到了晚年，他開始深居簡出，專心著書立說。

有一天，魯哀公去打獵，遇見一頭怪獸，長得像鹿，但個頭比鹿大得多，頭上長著一隻奇異而又銳利的長角，就命手下人將其獵殺了。

他想知道這個怪獸是什麼名字，於是派人請來了孔子。

當孔子看到怪獸時，一下子就坐在了席上，連聲叫道：「這是麒麟啊！這是麒麟啊！」

麒麟是一種瑞獸，雄的為麒，雌的為麟。牠身像麋，腳像馬，尾像牛，顏色正黃，蹄是圓的，頭上生一隻角，角端有肉。壽命非常長，最少一千歲，多則三千歲。

見麒麟死了，孔子叫了幾聲之後，便暈了過去。

等睜開眼睛，他第一句話又問麒麟，弟子們不理解這是為什麼。

孔子說：「麒麟只有在太平盛世才會出現，我聽說，堯時麒麟遊於野，周興麒麟現於郊。如今禮崩樂壞，怎麼在這個時候出現了呢？」說完，失聲痛哭，不再編《春秋》了。

不久，孔子就逝世了。

Tips

據說孔子降生的當天晚上，有麒麟降臨孔府闕裡，並吐玉書，上有「水精之子孫，衰周而素王，征在賢明」的字樣。意思是告訴人們，孔子非凡人乃自然造化之子孫，雖未居帝王之位，卻有帝王之德，堪稱「素王」。

20 風生和患獸

不爲人知的靈異動物

漢武帝時的東方朔，博覽群書，見多識廣，天文地理無不通曉，而且為人幽默風趣，行為放蕩不羈。

一次，他給漢武帝介紹了一種奇怪的動物：「在南海炎洲上，有一種奇怪的生靈，皮毛是青色的，樣子像豹，只有狸那麼大。曾經有人拿網網住過一隻，但是接下來的事情讓這個人傷透了腦筋，這隻小動物十分凶猛，一伸手去抓牠，就被咬得鮮血淋漓。這個人一氣之下，用大火來燒牠，誰知十車的木柴都燒盡了，連牠的一小塊皮毛也沒有燒壞。小動物吱吱亂叫地四處橫衝直撞，這個人拿木棒敲牠，卻好像敲在了棉花上，接連打了幾十下，牠依舊生龍活虎。

這人的鄰居是個鐵匠，看到他狼狽的樣子，就拿著鐵錘出來朝小動物一錘砸下去，但牠依舊蹦

來跳去。鐵匠偏不信邪，舉起鐵錘連砸了幾千下，這小動物才歪頭倒在了地上，一動也不動。此時，鐵匠已是手腳痠軟，癱坐在一旁歇息。一陣風吹來，鐵匠愜意地瞇了瞇眼，接著驚訝地張大了眼睛，只見剛才已經死掉的小動物動了動，嘴巴迎著風的方向張開，然後歪倒的身體又站立起來，抬頭向鐵匠看了一眼後，一溜煙就跑走了。」

漢武帝聽後大奇，急忙問這種動物叫什麼名字。

東方朔答道：「牠是上古的一種神獸，生命力極強，水火不侵，刀槍不入，只有連砸幾千鐵錘，才能死掉，但只要迎風張嘴，便又可復活，爬起來便能跑掉，因此得名『風生獸』」。想要制伏這種動物只有一個辦法，就是用長在石頭上的菖蒲塞住牠的鼻子，讓牠窒息而死。如果把牠的腦子連同菊花瓣一起吃下去，能活到五百歲。

漢武帝聽後，嘆息不已。

身為大漢朝的天子，漢武帝常常去各地巡視情況。

有一次，他去函谷關的路上，遇見了一個怪獸。

這怪獸身高數丈，樣子長得有點像牛，但是沒有角，眼睛是青色的，黑夜中閃著鬼火樣的光亮，四條腿都埋在土裡，嘶吼著全身都在用力抖動，可是就是邁不開步子。

怪獸立在道路正中央，把路封得死死的，文武百官都十分害怕，因為沒人知道牠的來歷。

無奈之下，漢武帝只好命人請東方朔前來，看看他是否認得這怪獸。

東方朔來到後，先讓士兵們去附近買大量的酒，眾人都摸不著頭緒，但只能按照他說的去做。當上百壇酒運到後，東方朔讓士兵們將這些酒潑到怪獸的身上，只見酒立刻不見了蹤影，好似被吸收了一般。幾十壇酒下去，怪獸便不再嘶吼，只是掙扎。接著再幾十壇酒下去，怪獸像貓一般溫順地趴在了原地。隨著最後十餘壇酒澆灌下去，那怪獸就像被融化了一樣，慢慢地消失在空氣中。

漢武帝嘖嘖稱奇，詢問東方朔為什麼要用酒澆怪獸。

東方朔笑答：「這隻怪獸的名字叫患，是人世間的憂傷之氣凝結而成的。想必此處是罪犯聚集之地，所以患才會出現。酒能使人忘憂，可以化解這種憂傷之氣，讓牠徹底消失。」

漢武帝便命人找到當地的長者詢問，這地方果然是舊時的監獄。

Tips

文化視野中的東方朔，機智詼諧，博覽群書，是當時最博學、最聰慧的人。同時，他還是一個典型的大隱隱於市的智者。道教與起後，將東方朔列為西王母的侍臣，成了道教信奉的神仙之一。

第二章

中國志怪和傳奇小說中的魑魅魍魎

21 牛頭馬面

勾魂捉人的地獄鬼卒

牛頭馬面，一個牛頭人身，一個馬面人身，是冥府中有名的勾魂使者，負責捉拿、帶領陽壽終了的亡魂到地府，並在通過奈何橋的時候，將生前犯罪的鬼魂推落橋下，讓橋下的毒蛇、怪獸吞噬。

這對鬼兄鬼弟原本是冥府裡掌有實權的大人物，之所以成了閻王手下的鬼卒，源於一個徇私枉法的事件。

相傳，在很久以前，豐都城裡有一個劉員外，家大業大，富甲一方。

照理說，有錢人的日子應該過得順心，但有一件事情卻讓劉員外很不順心，那就是他年過六旬，

連妻帶妾一共娶了十一房，才生下獨子劉耀祖。

古人講究多子多福，劉員外十分憂慮，萬一兒子有個什麼意外，就斷了劉家香火，萬貫家產也無人繼承了。

這天，他用過早飯，正準備出門，就聽見牆外有人大聲吆喝：「算命囉，算命！」

劉員外聽見喊聲，心中一動，疾步走出院門，叫住了算命先生。

一盞茶後，劉員外報上兒子的生辰八字，懇請算命先生算一算。

算命先生掐指一算，不禁大驚失色，脫口而出道：「哎呀，糟糕！」

劉員外心裡一驚，連忙問：「怎麼了？」

算命先生搖了搖頭，嘆息一聲，怎麼都不肯開口。

劉員外見狀，心中越發慌亂，急忙央求算命先生：「請先生免慮，但說無妨，但說無妨！」

算命先生遲疑良久，才開口說道：「少爺生來榮華富貴，只可惜陽壽太短！」

「他陽壽多少？」劉員外顫抖著問。

「十五歲。」

這一說不得了，劉員外聽後「撲通」一聲栽倒在地，原來明天就是兒子的十五歲生日。

管家和僕人們急忙走上前來，抱起劉員外，掐人中、撫後背，折騰了好半天，劉員外才甦醒過來。他緩緩睜開雙眼，忍不住放聲痛哭，想不到明天竟成了兒子的死期。

劉員外的大夫人還算鎮定，她抽泣著對算命先生說：「求求您想個法子，救救我那可憐的兒子！」

算命先生說：「有一個方法可以增加少爺的陽壽，不知員外肯不肯破費？」

劉員外聽說還有辦法，猶如落水的人抓住了一根救命稻草，忙不迭地說：「肯！肯！傾家蕩產也在所不惜！」

算命先生這才悄悄告訴他：「明晚子時，在『鬼門關』前的十二級臺階上，會有兩個人在那裡下棋。你做一桌最豐盛的酒菜，用食盒裝好，請這兩個下棋的人吃。不過，一定要耐心等待，切莫急躁。」

劉員外連連稱是，暗暗記在心上。

第二天子時，他按照算命先生的指點來到「鬼門關」，果然看見有兩個人正在那裡專心地下棋。

這兩個人是誰？正是牛頭馬面。

劉員外不敢打擾，悄悄地跪在一旁，把食盒頂在頭上默默地等著。

牛頭馬面下完了一局棋後，劉員外小心翼翼地說：「兩位神仙，請簡單吃點再繼續吧！」

那兩人也不知道有沒有聽見，並不回答，又下起第二局棋來。

劉員外恭敬地等到第二局結束，還是不見動靜。這時，他的鼻尖開始冒汗了，但又不敢莽撞，只好繼續跪在那裡靜候。

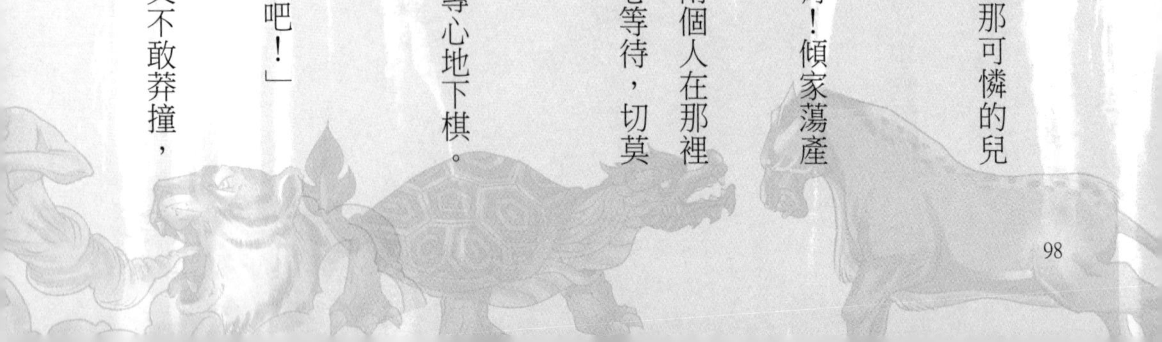

第三局接著開始，過了好長時間，兩人放下棋子，收拾好棋盤，起身準備下山。

劉員外見狀，擔心錯過機會，救不了兒子性命，急忙大聲喊道：「兩位神仙，請吃了飯再走吧！」

二人回過頭來，劉員外大著膽子，討好地說：「小人見兩位神仙辛苦，略備酒菜以表敬意。」

牛頭馬面此時已是飢腸轆轆，聞到食盒中美味佳餚散發出的陣陣香味，不禁垂涎三尺，便坐下來大快朵頤。

臨走時，牛頭馬面見問劉員外還跪在那裡不走，就問他有何事相求。

劉員外連連叩頭，說道：「小人確實有為難之事，求兩位神仙相助！」說著，還燒了一大串紙錢。

俗話說，吃人家的嘴短，拿人家的手短，牛頭馬面過意不去，只好說：「有事快講，別耽誤我們辦公事！」

劉員外哭道：「我只有一個兒子，陽壽將盡，求兩位神仙在閻王面前美言幾句，放過他吧！」

「叫什麼名字？」

「劉耀祖。」

牛頭馬面將劉員外兒子的名字和生辰八字記下，許諾一定幫忙，就返回了冥府。

回來後，他們偷偷來到崔判官的府邸，打開「生死簿」，在劉員外兒子的名下加了五十年的陽壽。

但是這事很快就被閻王知道了，派黑白無常親自調查，發現確實有此事。閻王火冒三丈，命人把牛頭馬面押上殿來，當著群臣的面，打了四十大板，接著又吹了兩口陰風，讓牛頭馬面現出了原形，留在冥府當了鬼卒。

Tips

牛頭又叫阿傍，《五苦章句經》說：「獄卒名阿傍，牛頭人手，兩腳牛蹄，力壯排山，持鋼鐵叉。」馬面又叫馬頭羅剎，「羅剎」為惡鬼，馬頭羅剎即馬頭鬼，形象為馬頭人身，與牛頭是搭檔。

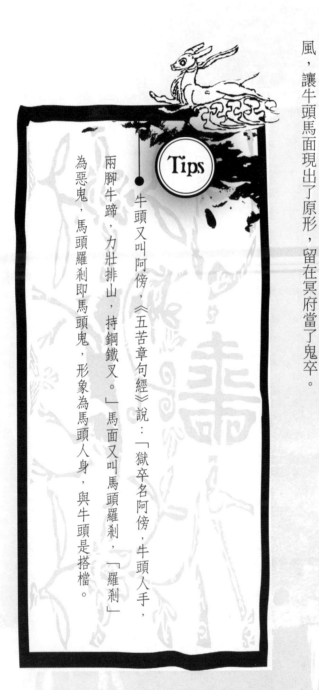

22 黑白無常

城隍爺座下的兩個善鬼

人死後，需要嚮導來牽引著靈魂走向它的歸宿，這個嚮導就是黑白無常。

相傳，黑無常叫做范無救，白無常叫做謝必安，兩人是從小玩到大的好兄弟。

有一年夏天，兩人結伴出去遊玩，來到了一條小河邊。由於走久了很累，他們就坐在河邊休息，順便吃些乾糧、喝點水。

在他們準備繼續前行的時候，天空突然飄過一片黑雲，看來是要下雨了。

謝必安回去拿雨傘，讓范無救在河邊等自己。他剛走沒多遠，就下起了瓢潑大雨，河水頓時暴漲起來。

站在河邊的范無救本來可以找個地方避雨的，但是他擔心謝必安回來找不到自己，於是站在原

地等待。

河水不斷上漲，剛開始時，溢出的河水淹過了范無救的腳，過了一會兒就到了膝蓋，後來就到了腰間。

過了一個時辰後，河水漫過了范無救的頭頂，將其整個人淹沒了。

回家拿傘的謝必安返回之後看不到范無救，再看了看暴漲的河水就明白是怎麼回事了，他覺得是自己害了范無救，於是把腰帶繫在獨木橋上，上吊死了。

由於謝必安是吊死的，所以舌頭變得很長。

閻王見兩人兄弟情深，就讓他們做了勾魂鬼和索命鬼，在城隍爺前捉拿不法之徒。

有人說，謝必安，就是酬謝神明則必安；范無救，就是犯法的人無救。

有一年清明時節，白無常變成凡人的樣子巡視人間，見一婦女帶著孩子在一座新墳前哭拜，很傷心。

見此情形，白無常就向路邊的行人打聽原因。

原來，這個女人是當地首富陳員外家的三女兒，由於臉上長有雀斑，一直沒有人願意娶她。

陳員外家裡有一個叫敖大的人，整日動歪腦筋想著如何佔有主人家的財產。他見主人家的小姐因為長得難看而愁嫁，便在心裡暗想：「如果我當了主人的上門女婿，主人死後，財產不全是我的了嗎？到時候我再休掉這個醜女人，娶個漂亮的回來。」主意打定之後，敖大就開始勾引三小姐，三小姐情竇初開，很快就背著父母和敖大吃了禁果。
沒過多久，三小姐懷孕了，眼看著肚子一天天大起來，就去求自己的父親。
陳員外一看生米已煮成熟飯，便只好同意了這門親事。
誰知敖大成了上門女婿後，逐漸暴露出了豺狼本性，經常在外面花天酒地，還欠下了一屁股的賭債。
有一天，賭徒上門收取賭債，把陳員外活活給氣死了。
岳父死後，敖大更是肆無忌憚，一連好幾天都不回家，還揚言將三小姐母子掃地出門。
三小姐把父親埋葬之後覺得沒有活路了，回到家就找根繩子準備自殺。這時，白無常和他的搭檔黑無常現身了，勸誡三小姐說：「妳還有孩子，不能就這樣死去，如果妳不想受氣，不如收拾一下屋裡的金銀細軟遠走他鄉，獨自把孩子撫養成人。」
三小姐覺得有理，把家裡值錢的東西收拾好，就帶著孩子走了。
等陳三小姐走後，陳家四間店鋪同時起火燒了起來。
當天晚上，敖大正在妓院裡風流快活，等回來的時候，發現一切都化為了灰燼。

Tips

黑無常和白無常並稱無常二爺，黑無常一臉凶相，帽子上寫有「正在捉你」四字；白無常則笑顏常開，帽子上有「你也來了」四字。

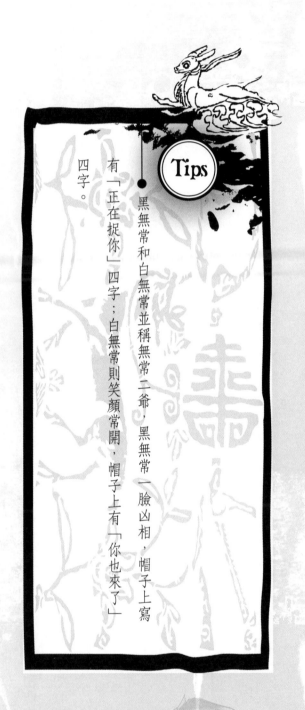

23 貓鬼

讓兩朝皇后都聞之膽寒的蠱毒

隋開皇十八年（西元五九九年）初春的一天夜裡，獨孤皇后突然全身刺痛，病倒在床。長安城中的名醫們輪番前來診治，全都束手無策。後來，一位法術高超的道士毛遂自薦，查看完獨孤皇后的病情說：「這不是自然之病，而是貓鬼之疾。」

隋文帝楊堅一聽「貓鬼」二字，立刻想到了一個人，這個人就是獨孤皇后的同父異母弟弟獨孤陀。

據傳，獨孤陀的外婆家世代蓄養貓鬼，他的一個舅舅就是不慎被貓鬼害死的。

恰巧這時，宰相楊素的妻子鄭氏也得貓鬼之疾。

「獨孤陀的妻子是楊素的異母妹妹，難道是獨孤陀夫妻二人搞的鬼？」楊堅是一個多疑的皇帝，

一旦對人起了疑心，就越想越是，他命令左僕射高熲、納言蘇威、大理丞楊遠共同查案。

這些人都是查案的行家裡手，很快就抓住了涉及此案的關鍵人物——獨孤陀家婢女徐阿尼。

徐阿尼禁不起拷打，招認說：「我是受主人的命令放貓鬼去害人的，這樣被害人家裡的財物就會轉移到我這裡來。前幾天，他對我說，家裡缺少錢花，向皇后和宰相夫人要來一些。我就照他的話向貓鬼祈禱，貓鬼果然從皇后和宰相夫人那裡取來了大量的財物。」

審案的這些人聽了，一個個面面相覷，很難相信世上竟有如此詭異的事情，就命徐阿尼呼叫貓鬼出來，一探真假。

子夜時分，徐阿尼端著一碗香粥來到宮門外，她將粥放在桌子上，一邊拿湯匙輕敲碗邊，一邊在口中喃喃叫道：「貓小姐，快來吃粥，但是你不能住在宮裡。」說了幾遍之後，便不住地叩頭祈禱。

很快，徐阿尼就變得目光呆滯、兩眼發直、臉色發青，整個人像被什麼東西拉扯著向外移動似的，令人不由得驚呼道：「貓鬼附體了！貓鬼附體了！」

案情真相大白後，徐阿尼被處死，獨孤陀被貶為庶民，不久鬱鬱而死。

但這件事並沒有結束，楊堅十分震怒，下詔將蓄養貓鬼以及教導其他人蓄養貓鬼的人處以絞刑，知道家人在蓄養貓鬼而不上報的人，都要被流放三千里。

沒想到大理丞楊遠居然來了一個斬草除根，本著「寧可錯殺一千，也不放過一個」的原則，把京都所有家有老貓的人都抓了起來，被誅殺、流放的人家達幾千戶之多，這就是歷史著名的「貓鬼事件」。

隋朝的獨孤皇后是貓鬼的受害者，唐朝的女皇武則天對貓鬼也是唯恐避之不及。

話說武則天在當上皇后不久，命人將自己在後宮裡的競爭對手王皇后和將蕭淑妃的手腳全部剁掉，放在酒甕中醃泡。幾天後，裝在酒甕中的兩個人仍然沒死，武則天便逼著高宗下詔賜死。在行刑官宣讀詔書時，王皇后哽咽不語，蕭淑妃則大聲痛罵：「如果有來世，我要做貓，阿武為鼠，我要吃了妳的肉，嚼碎妳的骨頭！」

蕭淑妃的話給武則天留下了巨大的陰影，她雖然下令將宮中所有的貓都殺掉，但她還是夜夜驚醒。一閉上眼，就彷彿看見蕭淑妃化身的貓鬼迎面撲來，為此，武則天特地請了巫師為她避邪，並移居蓬萊宮。

在登基為帝之後，武則天久居洛陽，再也沒有回過長安。

Tips

相傳，蓄養貓鬼的人經過一套儀式和唸一番咒語後，就把事先準備好的貓（年歲越長越好）殺掉以獲得貓鬼。此後，每當子夜時分，蓄養的人必須祭祀貓鬼，否則被蓄養的貓鬼就會反害蓄養的人。養到一定的時候，蓄養的人認為可操縱貓鬼了，就會放貓鬼去害人。

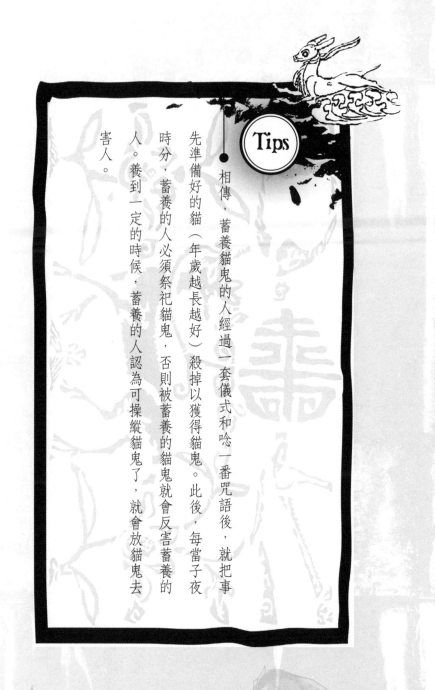

24 虛耗

在皇帝夢裡行竊的小鬼

唐朝初年，京師長安發生了一起震驚朝野的文人自殺案件。自殺的人名叫鍾馗，長得豹頭虎額，鐵面環眼，臉上長滿虯鬚，甚是驚人。雖相貌醜陋，但他卻是滿腹詩書，有定國安邦之志，經天緯地之才。

在鍾馗出生之前，他的母親譚氏夢到一輪紅日飛到口中，醒來後，就把夢中的情形告訴了相公鍾惠。鍾惠聽後大喜，認為這是吉兆，就在兒子出生後，給他取名為鍾馗，「馗」與「魁」同音，希望兒子日後能有所作為。

唐武德元年（西元六一八年），鍾馗進京趕考，寫了一篇名為《瀛州待宴》的文章，被主考官看中，有了參加殿試的機會。

在殿試過程中，唐高祖李淵也覺得鍾馗的文章寫得很好，就欽點他為狀元。可是在見到鍾馗本人之後，李淵立刻反悔了，覺得讓如此醜陋的人做本朝的狀元，實在是有辱顏面，就罷了鍾馗的狀元頭銜。

鍾馗年輕氣盛，很難嚥下這口氣，走到宮門口的時候，撞牆而死了。

鍾馗死後，冤魂來到天庭告狀。玉帝對他說：「人間有許多無辜的百姓整日被那些孤魂野鬼騷擾，不得安寧。你不如忘記自己的仇恨，去人間捉鬼去吧！」

就這樣，在玉帝的開導下，鍾馗承擔起了在人間捉鬼的重任。

斗轉星移，將近一百年過去了。

唐玄宗李隆基有一次從驪山回到京師，剛到宮裡就病倒了，所有的太醫都束手無策。於是貼出告示，請遍天下名醫巫師，可是病情絲毫沒有好轉的跡象。

一天夜裡，唐玄宗夢到一個身穿紅色的袍服、光著一隻腳、腰裡插著一把鐵扇子的小鬼，悄悄溜進貴妃娘娘的臥室，偷走了她的香囊和自己賞賜的玉笛。

唐玄宗剛要叫人，只見一個頭戴烏紗帽、身穿藍色官服、腳穿黑色靴子的大鬼，袒露著胳膊，前來捉拿小鬼。兩個鬼在大殿中繞來繞去，最後大鬼捉住了小鬼，用手指挖出牠的雙眼，撕開小鬼吃了下去。

唐玄宗問大鬼是何方神聖，大鬼說：「我乃是考試不中、憤而自殺的鍾馗，發誓要掃除天下妖孽！」

醒來之後，唐玄宗的病一下子就好了。他非常感激在夢中給自己驅鬼的鍾馗，就叫來畫師吳道子，讓他按照自己所描述的把這位恩人的畫像畫出來。

吳道子不愧是當朝第一大畫家，畫出來的畫像和唐玄宗夢中所見竟是同一個人。唐玄宗重重獎賞了吳道子，隨後命人把鍾馗的畫像貼在宮門上，以保平安。

出現在唐玄宗夢裡的小鬼，還有名字，叫虛耗。這是一種能給人招來禍害的惡鬼，喜歡偷竊他人的財物，也能偷去他人的歡樂，使其變得憂鬱。

在祀灶日、除夕、元宵節、天倉節到來的時候，人們常常用燈照的方式來禳除虛耗，求得平安。

Tips

照虛耗的場所，唐朝是灶裡，在宋朝擴大為廚、廁、門及床下，清朝的範圍更廣及浴室、井以及樓上、雞塒、豕荽等陰暗、潮濕之處。

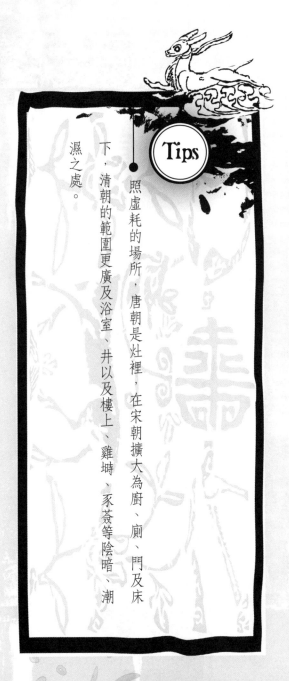

25 離魂記

用靈魂去愛的曠世之戀

樹下，一個小男孩牽著一個小女孩的手問她：「倩娘，妳長大要和誰成親呢？」

小姑娘抬起頭，奶聲奶氣地說：「我當然是要和表哥成親啦！」

「要記住妳說的話哦！等妳長大了一定要嫁給我！」小男孩高興地說。

他，就是倩娘口中的表哥王宙。

「嗯！那我們去找爹爹吧，讓他同意我們成親！」說著，倩娘就拉著王宙的手向父親的書房跑去。

「爹爹，爹爹，我長大之後可不可以嫁給表哥啊？」倩娘仰著臉問父親。

她的父親張鎰是一個大官，權傾朝野。

張鎰認為這是女兒的一句戲言，就蹲下來微笑著說：「好啊，等你們長大了就成親！」

「太好了，表哥，我們一輩子都不分開了！」倩娘笑著對王宙說。

轉眼間，倩娘長成了一個大美女，上門求婚的人很多，倩娘卻只記得兒時的諾言，發誓此生非表哥不嫁。

她老爸卻沒有女兒那麼好的記性，在倩娘及笄之後，就答應了宰相大人的提親，要把倩娘嫁進宰相府過榮華富貴的生活。

倩娘知道這個消息後，氣沖沖地質問父親：「您明知道我發過誓，此生非表哥不嫁，怎麼還答應別人的提親！」

「倩娘，那時妳才多大，說的話豈能當真？」張鎰苦口婆心地勸女兒，「嫁進宰相府，妳能安安穩穩地當少夫人，一輩子不愁吃喝，妳嫁給王宙，他能給妳什麼呢？」

「我愛他，和他在一起非常開心！」

「愛情能當飯吃嗎？當你們為生計發愁，陷入柴米油鹽醬醋茶的困頓時，妳還能說出『愛』這個字嗎？」

「說穿了，您就是嫌貧愛富，根本不考慮我的感受！」倩娘激動地口不擇言，她的心中此時只有王宙，再也容不下別的人了，愛情讓她拋卻了所有的矜持和禮數。

張鎰氣得一拍桌子：「我還不是為妳著想！」

「為我著想？您只是為自己面子著想，我嫁給宰相的兒子當然比嫁表哥更能讓您感到體面！！」

張鎰伸出食指指向倩娘：「妳太讓我失望了，我這麼些年怎麼教妳的！我把希望都寄託在妳身上，妳卻這麼不上進！」

說完，張鎰大喊一聲：「來人，把小姐送進房裡，沒有我的吩咐，誰都不能放她出來！」

府裡的侍衛很快進來，做出「請」的手勢把倩娘帶回了閨房。

回到房間的倩娘越想越生氣，「難道此生，自己與表哥真的沒有緣分嗎？父親已經收了人家的聘禮，想要退婚已經是不可能的了……」想著想著，她一著急便暈了過去。

前來求親的王宙也知道了倩娘即將嫁入宰相府的消息，隨即告辭而去。張家勸止不住，就厚禮相待地送走了他。

王宙坐在船上，心中隱隱約約覺得，自己和倩娘此生也就只能做表兄妹了。

「表哥，表哥，等等我！」半夜裡，王宙正輾轉難眠，忽然聽到岸上有人趕來，步履非常匆忙，很快就到了船邊。一問之下才知道，是倩娘赤著腳追來了。

王宙欣喜若狂，興奮地抱住倩娘，往日的禮數此時已經不起任何作用。

「倩娘，妳怎麼來了？」王宙突然想起倩娘的親事，心灰意冷地鬆開了手：「妳是來送我的嗎？」

「不，我是來和你成親的！」倩娘不顧羞愧，摟住表哥的腰，滾燙的小臉緊緊地貼在他的脊背。

「妳逃婚了？」王宙轉過身來，握住她的肩膀問。

「是的，你不高興嗎？」

「能與表妹妳長相廝守，我當然高興，可是，妳父親要是追來怎麼辦？」

倩娘的眼裡寫滿了堅定：「他們追來了，我們就極力反抗！」

就這樣，兩個人私奔回到了成都。

起初，王宙雖然滿心狐疑，但也被新婚的興奮沖昏了頭。兩人在成都親手蓋起幾間草房，王宙種田，倩娘在家裡刺繡，日子過得愜意美滿。

時間如白駒過隙，轉眼五年過去了。

倩娘思念父母，有一天哭著對王宙說：「我當年不肯辜負你的情義，背棄了禮儀倫常和你私奔。到如今和雙親隔絕分離，已經足足五年了。可嘆我活在天地之下卻不能對父母盡孝，還有什麼顏面呢？」

王宙聽了，也為妻子的話傷心，他說：「這麼多年過去了，妳父親也該原諒我們了，我們明日就回鄉探親。」

等到了衡州，王宙獨身一個人先到了舅舅張鎰家中。

只見張府富麗依舊，和府中的奴僕相比，王宙的穿戴就顯得寒酸多了。可是他一點也不害怕被人看不起，因為心中的溫暖能融化任何挫折。

聽到外甥來了，張鎰親自來迎接。

王宙見舅舅老了，皺紋爬上了額頭，頭髮也已經花白了，不由得心裡一熱，流下了眼淚。

他跪拜道：「岳父大人，小婿這麼多年一直沒有登門拜訪，還望恕罪！此次帶倩娘前來，雖然是遲了一些……」

「你叫我什麼？」他的話被張鎰打斷。

「岳父……岳父大人。」王宙面露難色地說，「我和倩娘已經結婚這麼多年了，請您原諒我們吧！」

張鎰詫異道：「我女兒倩娘明明臥病家中已經好幾年了，你怎麼這樣胡說呢？」

王宙說：「你若不信，可以到船上與倩娘相見！」張鎰大驚，連忙差家人去看，果然看到倩娘坐在船中，神情怡然歡暢，見到來驗看的家人，還詢問說：「我父母可否安泰？」家人驚為異事，急忙跑回來告知張鎰。

此時內室中臥病多年的女兒聽聞後也歡喜地起身，梳妝更衣，笑顏逐開卻並不說話。

這倩娘走出房中與從外歸家的倩娘相遇，兩人身型疊合融為一體，就連衣服都是重為一樣。

張家覺得這件事終究算是離奇不正，就隱瞞不說，只有幾個人知道。

四十年之後，王宙倩娘夫婦過世了，他們的兩個兒子因為孝廉而獲取了功名，當了縣丞和縣尉。

Tips

離魂以求愛情婚姻的故事，始見於南朝劉義慶的《幽明錄·龐阿》。但最著名的當屬唐朝陳玄祐寫的《離魂記》，也就是本篇故事。元朝鄭光祖的雜劇《迷青瑣倩女離魂》，就是根據《離魂記》演繹而成。

26 青牛怪

到凡間作惡的神仙坐騎

一天，太上老君外出講道，讓眾位弟子在道觀留守。

大弟子鐵拐李提議：「老師外出，不知道什麼時候才能回來。牠老人家的坐騎青牛奔騰如電，我們何不騎著牠去仙遊一番？」見眾師弟沒人反對，鐵拐李就將青牛牽了出來。

哪知青牛凡心正盛，掙脫了束縛，奔出雲霄，瞬間不見了。

這青牛一路騰雲駕霧，來到西方。

牠在雲層中忽然聽聞鼓樂喧天，笙歌入耳，就止住腳步凝神下望。但見下界人煙稠密，建築繁多，心下思量：「我不妨在這裡居住，享受人間富貴喜樂，也不枉走這一回。」

想到此處，青牛使出神通，闖入王宮，將國王背到二十里外的山岩上，然後搖身一變，變成了

國王的模樣。

話說宮中的人見國王突然不見了，頓時大亂，王后急忙命令宮內侍衛四處尋找。這時，變成國王的青牛走了進來，王宮才平靜了下來。

青牛化成的國王，在王宮裡肆意淫亂，引起了王后的察覺。她感到這個國王和以前的國王舉止言談有很大不同，就私下找到朝中負責觀察天象的官員。

官員說：「微臣夜觀天象，看到妖星跌落宮內。」王后這才知道，現在的國王是妖精變化的。她召集百官商議，可是百官一時也沒有良策，於是只好四處遣人尋訪真國王的下落。

這一天，一個樵夫來到王宮報告，說在距皇城二十里的荒郊山峰上，看到一人身穿龍袍，頭戴皇冠，呼叫群臣前來救援。

王后大喜，重賞了樵夫，讓他帶著文武百官去尋找國王。

青牛化成的假國王聽聞王后在尋找真國王，一怒之下將她打入了冷宮。

與此同時，群臣已經將國王迎接了回來，正商討如何對付宮內的假國王。

國王提議，立刻召集御林軍，趁夜入宮將怪物斬首。

可是當眾人剛到宮門時，就被怪獸攔住了。只見牠外表像大象，啼子有磨盤大小，頭上長兩角頭，兩眼似銅鈴，叫聲驚天動地。牠大吼一聲，噴出一股烈火，將前來的御林軍燒得東奔西跑，死傷無數。

國王見凡間的士兵無法對付怪獸，就帶領文武百官，到距王宮百里外的玄女廟祈求幫助。

玄女受了國王一行人的香火，登雲朝著王宮張望，知道這是太上老君的青牛下凡闖禍。

玄女自語道：「青牛私自下凡，擾亂王宮，理應斬殺，這個老君，奈何如此大意！」當晚，她託夢國王，叮囑他明天只管點兵遣將，她自會相助。

得到了玄女夢諭，國王第二天親領精兵百萬，將王宮團團圍住。

怪獸正在宮中享樂，聽聞大軍圍了王宮，立刻做起神通，噴出一口大水，化作烈焰要火燒士兵。玄女在空中，手拿淨水瓶灑下淨水，澆滅了火焰，然後將寶劍一指，就見青牛現出了原形，向東方逃去。

且說太上老君講法回來，不見青牛，正在訓斥眾位弟子。這時玄女派遣的使者來見，向太上老君講述了青牛禍亂凡間的事。太上老君聽聞大怒，派出護法將軍，帶上畫符鎖具，跟隨玄女的使者前往捉拿青牛。

護法將軍降臨凡間，適逢青牛和玄女正在大戰。護法神一聲吼喝，將畫符投在牛背上，祭起鎖具，將青牛的鼻子牽了，直奔太上老君居住的清虛宮而去。

聽聞護法將軍的稟告，太上老君手指青牛斷喝：「你私自下凡，淫亂宮廷，全然沒有修仙得道者的德行，按律本應將你斬首，奈何本教戒殺。現將你貶於凡間山巒之上，讓人們在你背上永世踩踏。」

護法將軍將青牛牽出宮外，往牛背上貼了一道神符。但聽轟隆一聲巨響，青牛下到凡間，化成了牛背狀的山峰。

Tips

《西遊記》中的獨角兕大王，就是太上老君的坐騎青牛。牠是孫悟空遇到的最難纏的一個妖怪，也是孫悟空為了救師父而四處找人幫忙最多的一次。最後還是如來讓弟子降龍、伏虎兩個羅漢轉告孫悟空獨角兕大王的來歷，孫悟空找到牠的主人太上老君，才解了圍。

27 毒龍精

兜售「仙丹」的邪惡道人

隋朝時，有一條毒龍在山上修練的日子久了，漸漸地化為了人形。牠常常化身為道人，帶著一些所謂的仙丹，在長安北市上兜售，大肆宣揚說，如果食了丹藥，就可以白日升天。長安城裡許多百姓都很信服，有些人食了丹藥果然不知去向，大家便以為他們真的成仙得道了。

這時，五臺山來了一位高僧，人們不曉得他叫什麼名字，也不知道他來自何方，只見他在山頂上搭起一間茅屋，朝夕參禪入定。自從高僧到了五臺山之後，長安城就沒有白日升天的事情發生了。原來，他以不可思議的神通，制伏了那條毒龍。

話說那一日，高僧用慧眼四方眺望，忽然看見長安城上空升起一股濃濃的黑煙。

高僧認為這是妖孽在為害人間，就駕起祥雲，來到了這裡。到達以後，他果然看到了一條毒龍。這條毒龍的頭長得和龍頭相似，但沒有鬚；身上披著厚重的甲，和龜相似，但身子比龜還大好幾倍；尾巴像魚尾，長有百丈左右，通體深褐色，略現金色光彩，形狀極為可怕。

高僧施展神通，毒龍得到他的慈光注照，嗔恨心消失了，從此安安穩穩地潛伏在山泉洞穴之內，不再出來食人。

當地的人得知了真相，都很感謝這位高僧，便把這件事奏上朝廷。

隋文帝聽後，大為感動，立刻下令在南五臺山頂建築一座寺廟。

當地的人也受了高僧的教化，很少有人做壞事，有的人還想放棄富貴榮華，跟隨這位高僧學佛悟道。高僧不但感化人類，還能感化畜生。五臺山的猴子以及各種野獸時常在寺院附近往來，從不侵犯居民；許多鳥類也成群地聚集在樹上，聽僧人講經。

一年之後，這位高僧忽然召集全寺僧眾說：「我要走了，你們好好地修道吧！」說完，便安然地圓寂了。

那天是農曆六月十九日，滿山都瀰漫著一股特殊的香氣，大霧籠罩著整個虛空，山上的鳥獸奔跑悲鳴，樹木也變成一片銀白色。

隋文帝派來一位大官到寺內來上香，山下人山人海，附近州縣的人全都來參加火葬儀式。

在舉行儀式時，忽然天昏地暗，日月無光，天地變成一片銀白色的世界。空中傳來一陣陣簫管弦歌的聲音，又有五彩的祥雲散布在天空，四周馨香撲鼻。忽然東臺的山頂上出現一道黃金橋，橋上有成群結隊的天仙，手裡拿著幢、幡、寶蓋，接著滿天落下金花，金花沒有落到地面就消失了。南臺的山頂又放射出萬道霞光，在重重疊疊的山影中，呈現出一尊大慈大悲的觀世音菩薩像。那種莊嚴的法相，豔絕天人的聖容，襯著飄拂的珠衣，纓絡射出閃閃金光，即使是一個最高明的畫師也無法描繪出當時的情境。

直到這時，全山的僧尼道俗才明白，這位圓寂的高僧，原來就是觀世音菩薩的化身。

Tips

觀世音菩薩具有平等無私的廣大悲願，當眾生遇到任何的困難和苦痛，如能至誠稱唸觀世音菩薩，就會得到救護。而且，觀世音菩薩最能適應眾生的要求，對不同的眾生，便現化不同的身相，說不同的法門。

28 肉瘤鬼

喜歡熱鬧的怪物

隋唐時期，在葉縣汝州西郭的街南住著一個叫梁仲朋的人。他常常去渠西的一個小村莊，基本上都是早晨出去，晚上才回來。

大曆初年的八月十五日夜晚，萬里星空，一點微風都沒有，整個夜空顯得非常澄澈。

在離梁仲朋家十五、六里地之外，有一片大家族的墓林，整片林地栽種的全是白楊樹。這時候已進入了秋天，樹上的葉子都開始飄落了。

梁仲朋騎著馬從小村莊回來，路過這裡時已經是二更天。他騎在馬背上，突然，耳邊傳來「槭槭」的聲音，就勒住馬觀看，看見從林子裡飛出一個東西來。

梁仲朋一開始沒太在意，以為是被自己驚飛的棲鳥，就策鞭繼續向前走。可是那東西一直跟著

他，不一會兒，飛到了梁仲朋懷裡，坐到鞍橋上。藉著月光，能看出牠有能裝五斗米的竹筐那麼大，全身長著黑毛，頭和人腦袋很像，眼睛鼓鼓的就像兩個大圓球，身上有股很大的腥膻味。

怪物坐在馬背上，和梁仲朋聊了起來，牠說：「老弟，你不用怕，我就是想和你到城裡玩一玩。」

一直走到汝州城門外，怪物見城裡的人家幾乎都還點著燈，就從梁仲朋的懷裡脫身向東南飛去了。

這件事一直讓梁仲朋記掛在心上，但是過了好多天，他也不敢和家裡人說。正趕上有一天夜裡，天氣特別好，月亮高高升起，月色很美。他便召集兄弟姐妹們，來到院子裡飲酒賞月，有的吟詩，有的誦歌，玩得非常開心。

梁仲朋藉著酒興就把前幾天晚上的事和大家說了，誰知，那怪物似乎聽到了他的召喚，忽然就從屋頂上飛落下來，坐在梁仲朋的對面說：「老弟啊，背著我說我什麼呢？」眾人見來了這樣一個怪物都嚇得跑開了，只有梁仲朋沒有離開。

那怪物舉起酒杯說：「老弟，今夜我來做東道主……」說完，就開始不停地要酒喝。過了半個多時辰，牠似乎有些喝多了，梁仲朋藉機仔細地瞧了瞧牠，發現牠的脖子下面有一個大肉瘤，有碗口那麼大，鼻子上長滿黑毛，有鵝蛋那麼大，牠飛時的翅膀就是牠的兩隻耳朵。怪物又繼續喝了幾鬥酒，就醉倒在酒桌前，樣子像是睡著了。

梁仲朋見此情景，就悄悄地站起來，拿過一把刀，直接砍向怪物脖子上的肉瘤，瞬間鮮血四濺。沒想到，怪物竟然站起來說：「老弟，你可別後悔啊！」隨後，牠就飛上屋頂不見了。沒想到，三年之內，梁仲朋全家二十多口人全都死光了。

Tips

廣義的妖怪泛指一切有超能力或是法術的非神、非仙、非人的物體，可以分為我們熟知的妖、魔、鬼、怪、精五類。

29 妖狐

安於天命的智者

從前，有一個農民叫馬天榮，在二十多歲時妻子就死了，因為家裡窮就沒再娶到媳婦。

一天，他在田地耕種，看見一個濃妝打扮的婦人踩著田埂走過來，長得標緻風流，皮膚紅潤潤的。馬天榮以為她迷路了，看四下沒人，就去戲弄她，婦人也微微迎合起來。馬天榮見狀，就想與這個婦人野合，婦人笑著說：「光天化日之下不適合做這樣的事，你回家後虛掩著門等著，夜裡我自然會到你家找你。」

馬天榮聽後，就把他家所在的位置詳細地告訴了這個婦人。

婦人走後，馬天榮半信半疑地回去了，不過心裡還是很開心。到了晚上，他虛掩著門熄了燈等著，半夜的時候，婦人果然來了，兩個人好似乾柴遇見烈火立刻做成了好事。馬天榮覺得這女人的

肌膚特別滑嫩，想好好欣賞一下，於是點燈一看，見女人的肌膚是紅色的，像嬰兒的皮膚那樣薄嫩，全身都是細細的毛。馬天榮感到很奇怪，又想起她來無影去無蹤的樣子，心想難道她是狐仙？就半開玩笑半質疑地詢問她，沒想到這個婦人毫不避諱地承認了。

馬天榮說：「既然妳是仙人，肯定是要什麼有什麼，可不可以多給我些銀子幫我擺脫貧窮啊？」婦人答應了他的請求。

第二天夜裡，婦人又來了，馬天榮和她要銀子，婦人裝作很驚訝地說：「我把這事給忘了。」在即將離開的時候，馬天榮又叮囑她一遍。等婦人再來的時候，馬天榮說：「我求妳的事妳沒忘吧？」婦人笑了笑說：「請你再等兩天吧！」

又過了好幾天，馬天榮又向婦人要銀子，婦人笑著從袖子裡拿出了兩錠白銀，約有五、六兩的樣子，邊上還雕刻著細細的花紋，非常好看。馬天榮大喜，將它包好藏在了自己的木匣子裡。

過了半年，偶然需要用錢，馬天榮就把這銀子拿出來去給人家看。那個人說：「這不是銀子，是錫。」用牙齒咬了一下，就掉了一塊。馬天榮非常生氣，收好後拿著回來了。

到夜裡婦人來的時候，他憤怒地斥責婦人，婦人笑著說：「你命薄，給真銀你擔不起啊！」

馬天榮有些挖苦地說：「聽說狐仙都是國色天香，妳長得也不過如此！」

婦人說：「我們狐仙是隨著人而變化的，你連一兩銀子的福氣都沒有，沉魚落雁你消受得起嗎？我現在這模樣固然侍奉不起上等的人，但比起大腳駝背的女人來說，也算是國色天香了。」

又過了幾個月，婦人忽然拿著三兩銀子送給馬天榮，說：「你的媒人要上門了，我送給你能娶到一個媳婦的錢，就當送別的禮物了。」

馬天榮說沒人給自己做媒，婦人說：「一兩天之內一定有媒人來。」馬天榮問：「那個女人長得如何？」婦人說：「你喜歡國色天香，就當是國色天香啊！」

馬天榮說：「我可不敢奢望。只三兩銀子如何能買來一個媳婦啊？」

婦人說：「這是月老安排的姻緣，不是別人能改變的。」

馬天榮又問：「妳為何又說出告別的話？」

婦人說：「做一對露水鴛鴦，終究不是長久之計。你即將有自己的媳婦，又如何搪塞她呢？」

天亮後，婦人就離開了，走時留了一包仙藥，說：「我走後你可能會得病，吃了這個藥就能好了。」

第二天，果然有媒人來了。

馬天榮先詢問女方的容貌，媒人說：「相貌一般，不醜也不美。」「多少聘金呢？」「大約四、五兩吧！」馬天榮覺得這個價錢自己還能擔負得起，但一定要親眼見見這個女人。

媒人說，恐怕良家女子不肯過分顯露自己，就帶著馬天榮一起，尋找時機再看。

到了那個村子，媒人先進去，讓馬天榮在外面等著。

很久，媒人才出來，說：「真巧！我有一個表姐和她在同一個院子居住，剛才我看見那個女子正和我表姐坐在一起聊天呢！我們就假扮是拜見我表姐的人，路過那裡，離得那麼近，你就可以偷偷地看了。」

馬天榮跟著媒人來到這個院子裡，果然看見一個女子坐在屋裡，上身趴在床上，服侍的人正給她捶背。馬天榮從旁邊走過去，大致看了一眼，果然和媒人說的差不多。等到商議聘禮的時候，女方一點也不爭執，只要二兩銀子能把女兒打發出嫁就可以了。

馬天榮覺得非常合適，就接受了這個條件，並答謝了媒人，再加上寫婚書，正好用了三兩銀子，一文不多一文不少。

馬天榮選了一個良辰吉日把這個女子娶進門，到屋一看，原來是一個雞胸駝背的女人。她脖子很短像烏龜一樣縮著，再看裙子底下，一雙像船一樣的大腳足有一尺多長。

馬天榮這才覺得狐仙所說的話是有道理的。

Tips

在中國神話中，妖狐大多化身妖媚的女子迷惑世人。在日本，妖狐有明顯的善惡之分，在香港的民間宗教信仰中以及江浙地區對於狐仙依然保有高度崇敬。民間傳言，狐仙愛吃雞蛋（在日本則是炸豆腐），因此常以此供奉之。

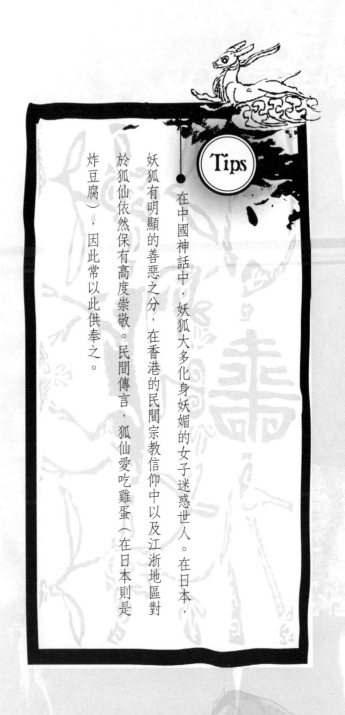

30 墓中女屍

盜墓者的索命鬼

唐朝時期，西安趙村是一個只有幾百戶人家的小村莊，村民日出而作、日落而息，生活安穩而又平和。

趙村村東有一塊高低不平的空地，因為土質很差無法種莊稼，就成了村裡人的墓葬之地。莊戶人家，也不講究什麼風水，誰家死了人，就在這裡挖一個墓穴埋葬。久而久之，大家把這塊地方稱為「亂墳崗」。

趙村有一個大財主名叫趙福壽，家財十分豐厚。但是，富人也有富人的苦惱，趙福壽儘管十分有錢，卻有一個心病。他有一個獨生女兒，從小就得了一種怪病，身體非常瘦弱，經常吐血。為了醫治女兒的病，趙福壽請遍名醫都無濟於事。

最後，趙福壽有病亂投醫，但醫生都治不好，就四處找陰陽先生。陰陽先生說：「你女兒恐怕是中邪了！」

在女兒二十四歲那年，趙福壽大擺宴席，為女兒驅邪祈福。他遵照陰陽先生的意思，為女兒訂做了一身紅裝。

女兒十分喜歡，可是不幸的事情卻發生了，在酒宴結束的時候，趙福壽的女兒突然暈倒，請來醫生一看，說人已經死去了。

喜宴變成了喪事，這讓趙福壽十分傷心。他請風水先生在亂墳崗為女兒尋找了一塊風水寶地，並為女兒陪送了很多金銀珠寶做為陪葬，希望女兒在陰間平安幸福。

趙村有兩個單身漢名叫趙大寶、趙小寶，整日不務正業，遊手好閒。他們兄弟父母早亡，沒有姐妹，也沒有同族親屬。

趙大寶得知趙福壽給女兒陪葬了大量金銀珠寶，就和弟弟趙小寶圖謀挖墓盜寶。

兄弟二人當天晚上手拿鐵鎬，挖開了趙福壽女兒的墳墓。

進入墓穴後撬開棺材，手持火炬一照，看到棺材裡面堆滿了金銀珠寶，兄弟二人欣喜若狂。他們將墓中的珠寶裝進隨身帶的大布袋，見趙福壽的女兒已經死了一個多月了，屍身竟然完好如初，兩人感到十分驚訝。他們搜羅完寶貝準備離開的時候，忽然看見一個身穿紅色衣服、頭發蓬鬆的女子，雙眼流血，在墓穴裡面飄盪啼哭。

這個景象讓趙大寶兄弟二人驚懼萬分，他們背起布袋，手忙腳亂地爬上地面，將土填埋，回家將寶貝藏好，做起了富貴的美夢。

趙氏兄弟將財寶隱匿了一段時間後，看風聲過去了，就將財寶逐漸變賣，趙大寶隨後娶了一個媳婦。

一天深夜，趙小寶看見一個人影在他窗子前面晃來晃去，他打開窗戶，卻什麼也看不見，但一上床，就聽見女人的哭聲。一連幾天晚上都是如此。他問哥哥趙大寶有沒有看見什麼、聽見什麼，趙大寶說沒有。

有一天晚上，趙小寶實在受不了了，就提著燈籠不由自主地開始狂奔，跑著跑著發現自己來到了「亂墳崗」趙福壽女兒的墳墓前。

這時候他清醒過來想轉身回家，卻發現一個身穿紅衣服的女鬼站在他面前，雙眼流血，說道：「為什麼我死了你們都不讓我安寧？」說完，將自己的頭髮連帶著半塊臉皮撕扯下來，眼珠子也跌落了。紅衣女子歇斯底里地對趙小寶說：「就是你們兄弟二人，損毀了我的墓葬，破壞了我的輪迴轉世，我才變成這個樣子。今晚，我也讓你們不得好死！」說著，雙手插進趙小寶的眼睛裡，用手扭斷喉嚨，並且將他的肚子剖開。

弟弟死去的當天，趙大寶和媳婦在屋子裡感到十分害怕。他指使媳婦鋪床，媳婦坐在床沿上沒有應聲。趙大寶就伸手去拉媳婦的胳膊，沒想到竟將媳婦的胳膊連根拉了下來。這時候，媳婦抬起頭望著趙大寶，趙大寶一看，媳婦變成了一個身穿紅衣、眼睛流血的女鬼。

第二天，人們發現趙大寶的媳婦不見了，趙大寶死在床上，和他弟弟的死狀一模一樣。

Tips

墓鬼，顧名思義，是在墓地出沒的鬼魂。墓鬼是很安分的鬼，一般情況不會害人，不過牠們喜歡安靜，不喜歡別人騷擾牠們，所以常常和騷擾牠們的人開個小玩笑，使他們遠離墓地。但是，千萬不要拆毀牠們的墓地，挖掘牠們棲息的棺材，如果這樣做了，人會感染一種無法治癒的疾病，甚至會禍及家人。

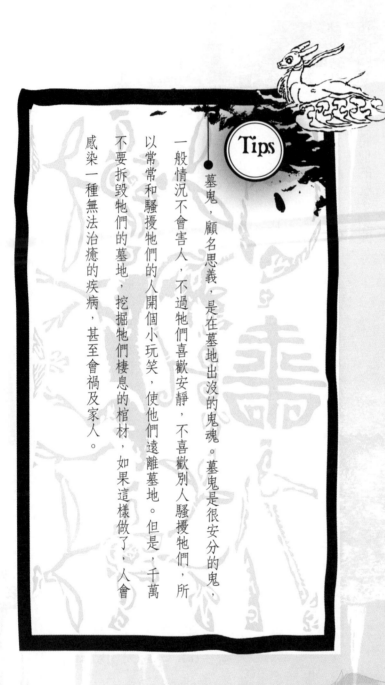

31 酒甕精

能變成人形來飲酒的妖怪

在過去，有一個叫姜修的男人，性情不拘小節，生活上也不大檢點。

他的嗜好是喝酒，幾乎每天都是醉醺醺的，還喜歡與別人對飲。人們見他如此沉迷於喝酒，怕他酒後出什麼意外，平時都故意躲著他，生怕被他拉去喝酒，姜修因此也沒有什麼朋友。

忽然有一天，一位穿著黑衣、戴著黑帽的客人來到姜修開的酒館。這個人身材矮小，不過三尺，但腰圍卻很粗，好似一個大缸。他咧著嘴笑呵呵地來到姜修面前，和姜修要酒喝。

姜修一聽有人要喝酒，十分興奮地立刻與他促膝對飲起來。

這位客人笑著說：「我這人就是喜歡喝酒，可是常常讓我煩惱的是肚子裡的酒不能總是滿的。如果我肚子裡的酒是滿的，我就會感到非常滿足而快樂，然後安靜地待在那裡；如果不滿，我就會

感覺特別的無聊，狂躁不安。我曾仰慕您的高尚情義，今天能得到您的款待，我慶幸不已。您能讓我長久地和您在一起嗎？」

姜修說：「你和我能有如此相同的愛好，確確實實是我的好兄弟，我們應該彼此親近才對！」說完，二人席地而坐又大喝了起來。

這位客人比姜修的酒量大多了，姜修喝下一杯，他能喝下五杯，令姜修自嘆不如。

轉眼間，太陽就要下山了，此時這位客人已經喝了三石，卻一點都沒有醉意。

姜修對此驚訝不已，心想，這一定是個不同尋常的人，就起身參拜他：「且問您尊姓大名，家在何處，我以前怎麼沒聽說過呢？您有如此的酒量不知是何原因，能否告知一二？」

這位黑矮而粗壯的客人說：「我姓成，名德器。我的祖先大多都住在荒郊野外，偶然遇見老天開恩，讓我能在當今的社會發揮作用。如今我已經老了，自己修行得道，非常能喝酒。如果要讓我的肚子裝滿酒，則需要五石。」姜修聽客人這麼說，趕緊命酒保拿酒來繼續喝。

不一會兒，客人就喝足了五石，有些酣醉，開始瘋狂地唱歌跳舞。他還不時地感嘆：「快樂啊，快樂！」說完，就倒在地上了。

姜修以為他已經醉到極點了，就讓家僮扶他到屋裡休息。哪知，客人剛被扶到室內，忽然跳起來，慌慌張張地跑了出去。

家僮在後面緊追，結果客人一不留神撞在了院子裡的一塊大石頭上，只聽「砰」地一聲，客人消失了。

等到天亮，姜修到院子裡查看，原來是一個多年的酒甕，已經撞碎了，地上還濕搭搭的，散發著酒氣。

Tips

精，主要分為兩種，一種指動植物在修練過程中，也就是未成妖怪或仙但已有部分法力之前的狀態，法力比妖略小，也比妖略有善意；另一種是指非生物的物體修練成人形或近似人形，具有一定法力，對人有很大的危害性。但不論哪種「精」，白天、夜間均可活動。

32 舊杵、燈檯、水桶、破鍋

談論詩詞的四個「文雅人」

有一個叫元無有的人，生在唐朝寶應年間，他經常在春末，一個人到揚州城的郊外踏春。

當時正是兵荒馬亂的年代剛剛結束，很多人家都逃到別處去了。在一個大雨天，他回來得有點晚，路過的這個村莊顯得很空曠靜僻。但是風急雨大，他不得不來到村莊裡的一戶空宅院躲避。

大雨下了一陣子，停了。此時，天色已晚，一輪明月斜掛在院子裡的樹梢上。元無有在這幽靜的院中，看到明亮的圓月起了雅興，就在北窗邊坐下來賞月。

忽然，他聽到西面的畫廊有行人的腳步聲。不一會兒，他看見月亮裡竟然有四個人，穿戴和常

人都不一樣，顯得很怪異，但他們之間交談得卻很和諧融洽，吟詩誦句也歡暢自如。

就聽見有人說：「今天清風徐來，特別涼爽，皓月當空，尤為澄澈，就像秋天到了一樣，你我何不吟誦幾句，來展示一下我們平生的本事呢？」

其中一個人連忙附和說：「你說得對，說得對，我們都展示幾句。」

他們談論的聲音非常清脆明朗，元無有能聽得一清二楚。

首先，一個高個子穿長袍的人吟誦道：「齊紈魯縞如霜雪，寥亮高聲予所發。」意思是，我就像齊國的紈、魯國的縞一樣潔白如雪，嘹亮清脆的聲音是我所發出來的。

接著，第二個穿著黑衣服、戴著小帽子、長相極其醜陋的人說：「嘉賓良會清夜時，煌煌燈燭我能持。」意思是，高貴的來賓和朋友們，在這清風明月之夜相聚，那發出燦爛之光的燈，則是我所能把持住的。

第三個人穿著破舊的黃袍，長得比較矮且醜陋，他接著說：「清冷之泉候朝汲，桑綆相牽常出入。」意思是，清澈涼爽的泉水要等到早晨來汲取，常常用桑樹皮擰成的繩子互相牽引著出出進進。

第四個人穿著破舊的黑色衣服，只聽他說：「爨薪貯泉相煎熬，充他口腹我為勞。」意思是，貯存泉水用柴火燒開，熬煮一些食物為他人充飢就是我的功勞。

這四個人沒料到元無有就在堂下的窗櫺旁，只顧輪流褒獎自己，都希望別人主動認輸來羨慕自己，似乎連三國時期魏國阮籍的《詠懷》，也比不上他們了。

直到天亮，四個人才離去。

元無有就在附近尋找他們，卻一個人影也沒有，只在堂屋中發現一個舊杵，一方燈檯，一個水桶和一個破鍋，原來那四個人就是這四樣東西變成的。

Tips

癡鬼的種類很多，有癡迷於情的癡情鬼，有癡迷於酒色財氣的吝嗇鬼、濫賭鬼、大菸鬼、風流鬼等，也有癡迷於琴棋書畫、花鳥魚蟲的高雅鬼，之所以把它們統稱為癡鬼，是因為牠們有共同的特徵——癡迷於一物，甚至忘記自己成鬼的事實。

33 白虎

爲禍人間的虎精

張道陵是道教中有名的神仙，在很小的時候，他就顯現出了非凡的才智，他將《道德經》通讀了十餘遍，窺透了裡面的精妙含意。而當時的名流宿儒，窮其一生也參不透。不僅如此，張道陵博覽群書，對天文地理、五行八卦都十分精通。

到了十二歲的時候，張道陵奇異的形貌完全顯現出來：身高九尺二寸，額頭寬廣，眉毛粗黑，紅色的脖子，雙眼碧綠；鼻頭豐隆，下頷飽滿方正；腦後的玉枕穴高高蜂起，鬍鬚飄逸；雙臂修長下垂過膝，走路的姿態猶如龍行虎躍，儀態威嚴，令人心生敬畏。

因為張道陵博學多才，好多人都拜到他門下學習，後來人數越來越多，竟然達到了千餘人。天

目山以南三十里，西北八十里，都設有講課的地方；臨安和餘杭的寺廟道觀，更是經常有他講學的身影。

朝廷聽聞他的高才美名，多次徵召他入朝做官，都被他婉言拒絕了，因為他志在修道，無意於仕途。他對前來徵召的使者說道：「請代我謝過天子。只有清淨寡慾，無為而治，天下自然太平興盛，又何必多啓用我這樣的臣子呢？人生短暫，飛電流光，稍縱即逝，即便高官厚祿，又能怎樣呢？還不如潛心修道，追求不老長生。」

自此以後，張道陵專心修練道家方術，欲求長生不老。他四處遊歷，見四川蜀地山嶺秀美，川溪浩蕩，於是隱居在深山密修。

有一個叫王長的人，也一心向道，拜在張道陵門下，和張道陵訪名山、尋道友、拜名師，不辭辛苦。幾年過去了，張道陵具備了大神通。

這一天，他和王長途經一個道觀。閒談中，道友對張道陵說：「西城有一個白虎出沒，久而成精。喜歡喝人血，當地人每年必須殺死一個人祭祀白虎，否則會招惹禍殃。」張道陵聽罷，顯出了悲憫的神色。他詢問了每年祭祀白虎精的日期，沉默不語。

張道陵在道觀一直住到祭拜的日期。

當日，他來到西城，果然看見鄉親們捆綁著一個人，敲鑼打鼓押往白虎廟。

張道陵走向前去詢問原由，衆人解釋說：「每年殺死一人祭拜白虎神，要是哪一年缺了，白虎神就會發怒，興風作雨，毀壞莊稼，殃及六畜。我們都很害怕，便每年重金購買一個人殺掉，讓白虎神喝血。這種做法已經成為習慣了，官府也不禁止。」

張道陵說：「你們把這個人放回去，把我捆綁獻給白虎神如何？」

鄉民說道：「這個人家貧，沒有依靠，情願捨身。他得了我們五十錢，埋葬了父親，嫁了妹妹，已經花光了。他今天送死，也是分內的事情，你又何必白白為他送死呢？」

張道陵說道：「我不相信吃人的事情，情願擔當此事。白虎吃了我，是我自作自受，和你們無關！」

眾人見張道陵如此堅決，就將張道陵帶到白虎神廟。

張道陵在廟內坐定，等著白虎前來。

半夜時分，張道陵聽聞廟外一陣罡風，白虎乘風而至，要吞食張道陵。

張道陵口中、耳中和鼻中放出紅光，將白虎罩住。

白虎大驚，詢問張道陵何許人也。

張道陵言道：「我是奉上天之命，管轄五嶽三山的神仙。你是何方孽畜，敢在此戕害生靈？」

白虎意欲反抗，但見張道陵四周全是紅光護體，刺得雙目難睜，只好跪地哀求，許下重誓，再也不殘害鄉民。

於是，張道陵放走了白虎。

第二天，人們見張道陵安然無恙，大為驚奇，將他奉若神明。

後來，又有人告知在梓州，有一條大蛇盤踞山中。這條大蛇鳴叫起來山野震動，經常噴吐毒霧，行經此地的人們被毒霧侵襲，紛紛死亡。

張道陵聽後，趕到梓州降服了大蛇。

自此以後，張道陵更是盛名遠播。

Tips

中國古代神話中最令妖邪膽顫且法力無邊的四大神獸是青龍、白虎、朱雀、玄武四獸。西為白色，故白虎為西方之神，與青龍共為鎮邪的神靈。同時，白虎也是戰伐之神，具有避邪、禳災、祈豐及懲惡揚善、發財致富、喜結良緣等多種神力，是權勢、尊貴的象徵。

34 烏鴉精

身穿羽衣的美女

有一位叫徐仲山的道士，從少年時就希望自己得道成仙。隨著年齡的增長，這個意念變得愈加堅定。

他在路上與人相遇，無論是老是少，向來都讓他人先行。當自家的莊稼成熟時，他都要進行祭祀，先獻給上天的神仙，再供奉德高望重的老人。甚至當小偷犯罪被判處死時，他覺得罪行過重，不忍讓他去死，竟然願意替小偷領罪，使得審案官以為是自己錯判了案子而赦免了小偷。因此，鄉親們對他都非常敬重。

有一次，徐仲山在山間行走，突遇暴風雨來襲，竟找不到回家的路。就在他努力辨別方向時，一道閃電劃空而過，隨後眼前出現了一處類似於州府官員的住宅。他走了過去，想躲避一下風雨。

到了門前，徐仲山看見一位穿著華麗的人，就行禮說自己是這個鄉里的道士徐仲山。那個人回了禮，說自己是這家的護門使者蕭衡，真誠地請他進宅躲雨。

徐仲山疑惑地問：「我在這裡從小長到大，為什麼從來沒見過這所宅院呢？」

護門使者說：「這是神仙住的地方。」

說話間，有個女子說話：「蕭衡，外面來人是誰，怎麼不進來報告啊？」蕭衡回道：「是這個鄉里的道士徐仲山。」

過一會兒，女子走出來，她梳著一對圓形的髮髻，穿得紅豔美麗，左手還拿著一個金柄的拂塵，說道：「仙官請徐道士進去。」

徐仲山便跟著這女子來到了堂屋南側的小院子裡，看見一位大約五十多歲的男人，白鬚白髮白皮膚，還戴著白紗帽，披著繡有銀白色花紋的白綢布披肩，精神很飽滿。

白衣老人對徐仲平說：「我知道你從少年時就誠心修練，超凡脫俗，我的小女兒熟知修道之法，命裡她當與你結為夫妻，今天正是良辰吉日。」

徐仲山一聽有這樣的好事，趕緊俯身拜謝，還請求拜見一下老夫人。

白衣老人說：「我妻子已去世七年了，給我留下九個孩子，三男六女，即將做你妻子的是我的小女兒。」說完，他就命家人準備舉行婚禮的一切事宜。

酒菜很快擺好了，徐仲山和這些人高高興興地吃著喝著，慶祝這場婚禮。

漸漸地夜深了，徐仲山聽到了婦人身上所佩飾物的聲音，還聞到一種奇異的香味，燈燭閃耀，有人就把徐仲山帶到別的房間裡。

婚禮結束三天後，徐仲山覺得自己住的房屋很舒適，就逐個房間看，在西面的一個屋室內，他看見衣竿上掛著十四件羽衣，其中一件是翠碧鳥羽所做，其餘都是烏鴉的羽毛做的。在這些用烏鴉羽毛做的羽衣中，有一件是用白烏鴉的羽毛所做。隨後，他又來到南面，有一個屋裡的衣竿上掛著四十九件羽衣，這些都是鵂鶹鳥的羽毛所做。

徐仲山覺得有些怪異，皺著眉頭回到自己的屋室裡。

妻子看他的樣子問道：「夫君剛才你出去看到什麼了，竟如此的不高興？」徐仲山沒回答她。妻子接著說：「你知道嗎？神仙之所以能輕鬆地飛到天上，全都是憑藉這些翅膀的力量呢！不然，又如何能頃刻間飄到萬里之外呢？」

徐仲山問：「那白色的羽衣是誰的？」

妻子答道：「那一件是父親的。」

「翠碧鳥的羽衣又是誰的？」

「是帶你進來的那個侍女的。」

「其餘那些烏鴉羽衣呢？」

「是哥哥姐姐們的。」

「那件鵂鶹羽衣呢？」

「是像護門官蕭衡一類人的。」

還沒說完，忽然聽見整個宅子一片慌亂之聲。徐仲平不知是什麼原因，就問妻子，妻子說：「村裡的人要放火燒山，獲取獵物。可是還沒來得及給徐郎做一件羽衣，今日分別之後，就當我們是萍水相逢一場吧！」

說罷，徐仲山發現大家都披上他們各自的羽衣飛走了，這些天見到的這所宅院也即刻消失了。

從那以後，這裡就被命名為「烏君山」。

Tips

羽衣，用羽毛織成的衣服，常稱道士或神仙所穿的衣服為羽衣。

35 「迎煞」

貪吃的勾魂鬼

一個沒載明姓氏的女子嫁給淮安李某人為妻，夫妻倆非常恩愛，琴瑟和鳴。但天妒良緣，李某還沒到三十歲，突然暴病而死。雖然他已經入殮，李妻卻守在丈夫的屍體旁不肯離去，也不肯釘上棺材，每天都要掀開棺蓋，看著死去的丈夫，眼淚都要哭乾了。

當時民間有這樣一說：普通人死了，勾魂鬼不會馬上就來，死者的靈魂還會留在自家。但到了七天，鬼差就會上門了，這時死者的家人都不能進入靈堂，否則會撞上勾魂鬼，這叫做「迎煞」。

當李某去世的第七天夜裡，李妻讓兒女回屋休息，自己坐在帳子裡，期盼鬼差來帶丈夫的靈魂時，能和他再見上一面。

二更天過後，一股陰風忽地吹來，蠟燭隨之閃動兩下，化作一團綠火，照得整個靈堂陰森可怕。

李妻屏住呼吸，提心吊膽地藏在帳子裡觀看，忽見一個紅頭的厲鬼持著一柄鐵叉閃了進來。這鬼有一丈來高，圓鼓鼓的眼珠露著凶光。李妻正要驚叫，卻看見自己的丈夫被繩子綁著，被紅頭厲鬼押解過來。

紅頭厲鬼看到棺材前的各種祭品，饞得直流口水，立刻放下鐵叉和綁著李某的繩索，大吃特吃。李某的靈魂得以擺脫束縛，開始撫摸家裡的各種東西，頓時黯然淚下，嘆息不止。當他來到床前時，李妻再也控制不住，掀起帳子哭著抱住丈夫，但是抱在懷裡的卻是一團冷氣。

突然，李妻有了個主意，扯起被子，一下把丈夫的魂魄裹起來。紅頭厲鬼沒想到這裡還藏著這麼個大膽的女人，趕緊拋開酒菜，怒目圓睜，衝過來和李妻搶李某的靈魂。

李妻一個弱女子，根本對付不了這惡鬼，便大喊救命，她的兒女聽後直奔這屋。紅頭厲鬼承受不了這屋裡的陽氣，狼狽地逃走了，鐵叉都沒來得及帶走。

李妻打開棺材蓋，小心翼翼地把李某的魂魄放進去。李某的靈魂飄飄悠悠地附著在肉體上，不久，這具屍體便有了呼吸。家人們喜出望外，趕緊把李某抱到床上，灌了點溫熱的米湯，用柔軟的棉被蓋好。

天剛亮，李某睜開了眼睛，重獲新生，兒女們熱淚相擁，李妻更是萬分欣喜。之後，在打掃房屋的時候，他們發現地上有一個給死人燒冥錢時所焚的紙叉，原來這就是那厲鬼留下的鐵叉。

勾魂鬼被撞跑了，從此，李某與愛妻更加恩愛。

然而，冥冥之中自有定數，李妻用自己的深情換回了丈夫二十年的陽壽，自己卻為此減少了壽命。

二十年後的一天，年過六旬的李妻到廟裡去祈福，忽然變得精神恍惚，朦朧中看到一個帶枷的人被兩個鬼差押著，從自己面前走過。讓她驚訝的是，這帶枷的人竟是當年那個紅頭厲鬼！此刻，牠也認出了李妻，怒罵道：「當年只因我貪吃，被妳戲弄，害得我在地府裡帶枷服了二十年的刑！今天可是讓我遇到妳了，哼，這回再也不能放過妳了！」罵完，便不見了。

李妻心驚肉跳，分不清自己看到的是真的，還是只不過是場噩夢。她恍恍惚惚回到家中，不久就病逝了。

Tips

唐朝人張讀《宣室志》中記載的「煞」是一直五尺多高、蒼青色巨鳥樣的怪物，飄忽不定，能夠自行隱沒。

36 隱形鬼

在胳膊上巢居的妖怪

唐文宗時期，有一個進士被任命為松江華亭縣縣令，他叫曹朗。他在任期即將結束的時候，到吳郡購置了一處庭院，準備卸任後把家安置在那裡。同時，他又花了八萬兩銀子買了一個小婢女，叫花紅。花紅長得漂亮，貌美如花，全家人都很憐愛她。

秋天，曹朗任期已到，便帶著家人和婢女來到吳郡的宅院裡居住。

冬至很快就到了，因為新堂還沒修繕好，一家子就提前做好了過冬的安排：買了兩百斤的碳放在堂內的西間；新買了一張席子，鋪在東間的床上，上面還放著十領細蘆葦席；另外西廊北面有三間房子，其中的一間當作庫房，另一間做為乳母和花紅的臥室，還有一間做為廚房。安置得雖然簡單些，但還都住得不錯，日子就這樣過著。

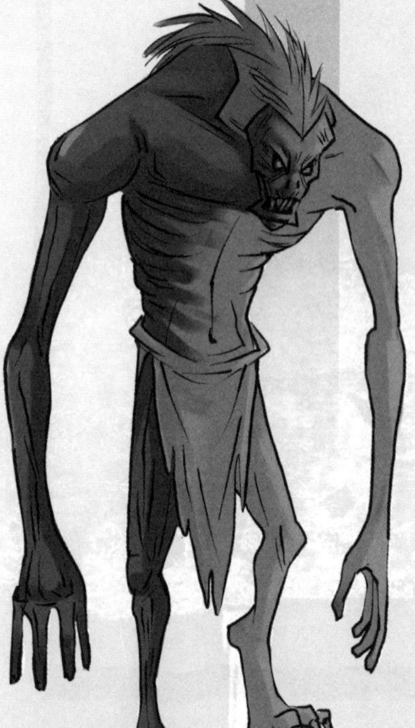

轉眼間到了除夕的前一天，家家開始置辦祭奠用的東西。

再看曹朗家的廚房，熱氣騰騰，平底鍋裡有很多油，翻著花兒，鍋的旁邊放著十幾斤的炭，姐姐忙上忙下正在烙餅，妹妹和母親在旁邊幫忙。全家都在這忙著，唯獨不見小婢女花紅。

曹朗詢問，母親說她在睡懶覺呢！曹朗就讓妹妹把花紅找來幫忙。可是花紅來了，什麼也不做，氣得曹朗拿鞭子打她。

花紅蜷縮在角落裡說：「我不是不想幹活，我頭痛。」曹朗認為花紅在說謊，舉起鞭子又要打，忽然一大塊青磚從屋外飛進來，從曹朗母親的頭上飛過去，砸到了牆上。不一會兒又有一塊飛進來，這次砸到了油鍋裡，鐵鍋被砸碎，油花四濺，嚇得人們驚慌地逃出廚房。

天色黑了下來，全家都來到西屋，聚集在堂裡，互相依偎著都不敢出聲。天氣很冷，曹朗拿來炭生上火，讓大家取暖。哪知，瞬間轟塌聲傳來，炭火自行升上空中，來回飛舞。

曹朗突然發現床上有一個十四、五歲的女子，穿著黃色的衣服，梳著兩個圓圓的髮髻，跪在那裡好像是在碾茶。曹朗趕緊跑過去想把她擒住，可是，怎麼也追不上。不一會兒，曹朗看見她鑽到了那堆蘆葦席裡，就立刻跑過去，用腳使勁地踩踏，蘆葦席裡發出「啊啊」的聲音，然後就什麼都沒有了。

這一鬧，誰都不敢睡了，全家圍坐在一起，一直到天亮，唯有西屋的乳母和花紅在熟睡。

吃過早飯，曹朗到玉芝觀請顧道士來自己家裡作法。沒過幾天，有一個人來到曹家，長嘆一聲說：「我叫枚皋，是從梁苑來的，我曾經在節日裡來這討飯吃，不知為什麼這宅院原來的主人把我抓起來了。」曹朗備好酒菜，請枚皋坐下。

枚皋又說：「元和初年，我到上元瓦棺閣遊玩過，在第二層閣樓的東牆壁上，題了一首詩。」曹朗便真誠地請枚皋告訴自己詩裡寫了什麼。枚皋說：「你現在正遇見不高興的事，卻仍然願意和我交談下去，看你待人這麼熱情，我告訴你吧！以後你到金陵的時候，可以自己去看詩的內容。但你家裡妖怪作亂的事，不是我幹的，那個人離這不遠，你再問問別人就會真相大白的。」說完，這人就告辭離開了。

曹朗準備了厚禮又請來顧道士，把這事說了一遍，顧道士因自己的道行不高，就尷尬地離開了，更不好意思收曹朗的禮。

曹朗到處打聽，聽說鄉間有個叫朱二娘的女巫很厲害，便又去請她。

女巫來到曹家，讓所有人都出去，唯獨花紅稱頭痛躺著不動彈。女巫則生拉硬拽地把她趕了出去，呵斥道：「妳怎麼能這樣？別人不知道，妳怎麼也不說？」隨後，就拉起她的衣袖，大家發現她胳膊肘旁邊的脈隆起一寸多長，青黑青黑的。女巫說：「都在這裡了，夫人不必擔心受怕？」花紅趕緊下拜，說自己也沒辦法除掉它，只能隨身帶著。

曹朗再也不敢留花紅在自己家裡了，就低價把她賣給別的人家。她經歷了兩家，都是同一個情況，就再也沒人敢把她買回家了。

花紅無處安身，經常到各個寺院去做些針線活來討口飯吃。

後來，一個叫申屠千齡的道士路過這裡，他說花紅曾經是洞庭山人一起買來的，讓她看守洞庭山廟。洞庭觀擴建，就把礙事的洞庭山廟給拆除了，可是廟裡的妖魔鬼怪們無處安身，就在看守人花紅的胳膊上巢居下來。和花紅一起到了曹朗的家裡。

Tips

怪，大多具有較高的法力，長相奇特甚至嚇人，出身大多高貴或者隱晦，對人有一定危害性，白天、夜間均可活動。

37 壁虎精

飛揚跋扈的小矮人

相傳，在唐文宗太和末年，有一個讀書人，平生只顧讀書，在與人交往上卻顯得輕妄愚鈍。

有一次，他到親戚家的莊園裡寄住。

當天晚上，他剛點上燈坐在書桌旁。突然一個只有半寸長的小矮人推開屋門，拄著拐杖進來了。

小矮人對讀書人說：「剛剛來到這裡，沒有主人相陪，是不是很無聊啊？」那聲音只有蒼蠅那麼大。讀書人向來很有膽量，剛開始的時候就像沒看見一樣，根本不把他當回事。這小矮人就爬上他的椅子責問他：「你難道不懂得待客之禮嗎？」說完，又爬到他的書桌上看他的書，嘴裡還不停地辱罵他，然後又把硯臺裡的墨全都倒在書上。

讀書人終於忍耐不住，用筆敲打他幾下，把他扔在地上，小矮人連叫了幾聲，逃出門去消失了。

過了一會兒，來了四、五個婦人，有年齡大些的也有年齡較小的，身高都只有一寸，大聲呼喊著：「貞官認為你只顧學習，與外界沒什麼交往，所以讓我們的少爺來開導開導你，告訴你一些精闢深奧的道理。而你卻如此的癡笨狂妄，還傷害我們少爺，趕緊和我們去見貞官。」

讀書人看他們這麼小，還是沒放在心上。哪知，他們又來了好多人，像螞蟻一樣連續不斷，每一個人都像馬車夫一樣撲向讀書人。

讀書人恍然間就像做夢一樣，小矮人們開始啃咬他的四肢，讓他痛苦不堪。小矮人又說：「你去不去？不去的話我們就抓瞎你的眼睛。」說話間，四、五個小矮人就爬上了讀書人的臉。

讀書人驚恐萬分，趕緊跟隨他們出門了。

到了堂屋的東側，遠遠地就看見一道門，極其微小，樣子像是個衙門。

讀書人大喊：「你們是什麼妖魔鬼怪，膽敢這樣欺負人！」小矮人們看他如此輕狂，全都上來一起啃咬他。

就這樣，讀書人恍恍惚惚地進了這個小衙門。

進門後，他見一個戴著高帽子的人坐在殿堂之上，臺階下面有上千個侍衛，在左右站立著，都一寸多高。

殿上的人大聲呵斥道：「我同情你一人在那裡，派我的兒子去陪你，你何苦要傷害他啊？按罪應當將你處死！」話音剛落，就看幾十個小矮人拿著刀來威嚇他。

讀書人害怕極了，趕緊俯身賠罪說：「我生來愚笨呆滯，肉眼不識貞官，請您繞我一命吧！」

殿上那個人沉思了很久，說道：「你還知道後悔，那就饒你不死。」說罷，命人把讀書人拖出廳堂之外。

讀書人不知不覺地就身在小衙門的門外了。

等他再回到書房，已經是五更天了，殘燈還在。

到了天明，他出去尋找昨天的蹤跡。在東牆古舊的臺階下，他發現了如栗子般大的小洞穴，有幾隻壁虎從這裡出入。

讀書人立即找來幾個壯丁來挖掘，當挖到幾丈深的時候，看見有十多石的壁虎在這裡。其中一個紅色的大壁虎，有一尺多長，看來像壁虎王。再看這周圍的土壤非常鬆軟，堆積成樓的形狀，讀書人弄來一些柴草，一把大火將這裡燒了。

後來，就再也沒有什麼詭異的事情發生了。

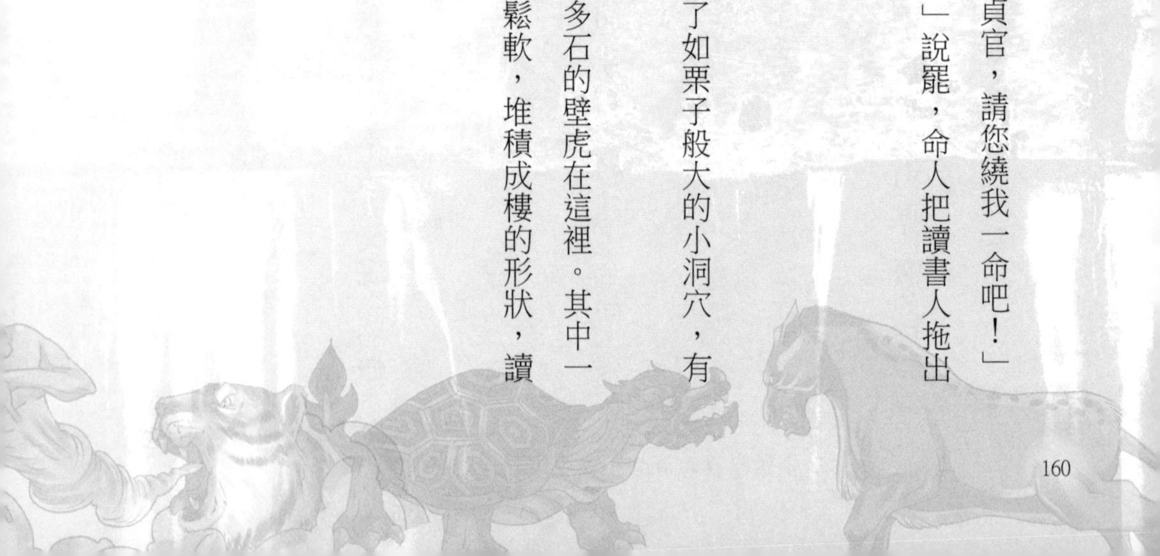

Tips

在妖、魔、鬼、怪、精中，鬼的數量最大，但由於制度和法力所限，在人間為禍的數量不大；妖、怪和精的數量也很多，但通常隱遁山林之中，一般也不會很主動的出來傷人；魔的法力廣大且很能危害人類，但數量很少。

38 夜叉國

文人筆下的海外異國

從前，在中國廣西有一個叫徐正的商人，駕船渡海去遠方做買賣。船在海中行駛時，忽然被一陣狂風捲走了。等他睜開眼睛一看，自己已經身在一個陌生的地方，前面山峰綿延，樹木蒼蒼。

徐正希望有人居住，便將船拴好，背著乾糧和肉脯，上岸去尋求幫助。

他進了山，只見兩邊懸崖上有許多洞口，遠遠望去像蜂窩一樣，隱隱約約還有聲音傳出來。

徐正心頭一喜，心想山洞裡或許有人，這樣自己就能得到幫助了，便懷著激動的心情爬上了一個洞口，向裡偷看。不看還好，一看嚇一跳：只見洞裡有兩個夜叉，牙齒像刀戟，眼睛像燈籠，正在用爪子撕鹿肉吃。

徐正嚇得魂不附體，慌忙往山下跑，但為時已晚，他早已被夜叉發現，抓進了洞裡。

這兩個夜叉開始商量該如何處理這個送上門來的「獵物」，牠們吱吱呀呀地說了一陣子，徐正一句也聽不懂。

過了一會兒，兩個夜叉好像是商量好了，衝上前來撕掉徐正的衣服，要把他當食物吃掉。

徐正嚇得渾身顫抖，但腦子還算清醒，他迅速拿出背袋中的乾糧和肉脯，遞給夜叉吃。

這兩個夜叉吃得津津有味，吃完之後，搶過徐正的背袋翻找，徐正搖搖手，表示早已沒有了。夜叉很生氣，就要吃他。

徐正哀求說：「放開我，我可以為你們煮東西吃。」可是夜叉根本聽不懂他的話，仍然發怒。

徐正只好一邊說，一邊做手勢，好不容易，夜叉才好像明白了他的意思，跟著他一起來到船上，把炊具拿進洞中。

徐正撿來乾柴，將夜叉沒有吃完的鹿肉放進炊具裡煮，煮熟以後送給這兩個夜叉吃。這兩個夜叉第一次吃煮熟的食物，感覺味道很好，就不再為難徐正了。

為了防止徐正逃跑，夜叉出去覓食的時候，就用大石頭把洞口堵住。

第二天，他們帶回了一隻鹿，徐正剝掉鹿皮，把鹿肉分成幾份用清水煮了。這時，又來了幾個夜叉，前來分享煮熟的鹿肉，並叫徐正一起吃。

等雙方漸漸熟悉了之後，夜叉們出去時就不再堵洞口了。

過了幾個月，徐正不僅學會了夜叉的語言，還娶了一個母夜叉做妻子。

一天，夜叉們起得很早，一個個頸上都掛著一串明珠，輪流出門，好像在等待貴客的來臨。

母夜叉對徐正說：「今天是天壽節，你多煮些一肉。」隨後，她出去對別的夜叉說：「徐郎沒有骨突子。」一眾夜叉聽了，各摘下五顆珠子，一起交給母夜叉。母夜叉又從自己脖子上摘下十顆，共湊了五十顆，用野麻皮搓了根繩子串起來，掛在徐正的脖子上。

徐正看了看這些明珠，一顆足足值百十兩銀子，絕對是寶物。

煮完肉之後，徐正跟著夜叉們前往大山洞去迎接天王。只聽大風呼呼，飛沙走石，一個夜叉模樣的巨大怪物走進洞中，高高地蹲坐在豹皮座上向下俯視。眾夜叉們畢恭畢敬向天王行禮，天王發現了徐正，問：「你是從哪來的？」

母夜叉回答說：「他是我丈夫。」一眾夜叉也七嘴八舌地誇起徐正的烹調技術來，並讓幾個夜叉取來一些熟肉，讓天王品嚐。

天王飽食一頓，極力誇讚味道鮮美，然後從自己脖子上摘下明珠串，脫下十顆明珠賞給徐正。

徐某學著夜叉的樣子，向天王表示感謝。

光陰似箭，日月如梭，徐正在山洞裡和夜叉們一起生活了四年多。在此期間，母夜叉替他生下兩男一女。這三個孩子都跟正常人長得一模一樣，一點也不像是母夜叉生的。

有一天，母夜叉帶著一子一女外出，半天沒有回來。徐正思念故鄉心切，便帶著另外一個兒子到海岸邊，乘著原來的那艘船，離開了這片深山密林。

回到故鄉，徐正給兒子取名叫徐彪，並拿出兩顆珍珠，賣了很多錢，父子生活過得很富裕。

徐彪長大後，因出征有功，十八歲就被提拔為副將。

當他得知自己的身世後，歷經千難萬險找到了自己的母親和兄妹，還把這些親人接回了廣西。

母夜叉見到丈夫徐正時，自然是說了不少怨氣話，但徐正也是連連賠不是。

後來，母夜叉帶來的一兒一女，一個考中武進士，一個嫁給了徐彪的下屬袁守備。

Tips

本故事改編自《聊齋志異》。《聊齋志異》，俗名《鬼狐傳》，是中國清朝著名小說家蒲松齡創作的短篇小說集，堪稱中國古典文言短篇小說之巔峰。聊齋，是蒲松齡的書屋名；志異，有記錄奇異事件的意思。

39 產鬼

專門殘害孕婦的妖怪

徐令宜在庭院裡來來回回踱步，焦急地看著從產房門口進進出出的丫鬟婆子，並不時抓住一個人問：「生了沒有？生了沒有？」得到的答案，無一例外都是搖頭不語。

整整折騰了一夜，孩子也沒有生下來，產婦的叫聲也越來越無力了。穩婆從產房裡走了出來，哭喪著臉對徐令坤說：「大少爺，王太醫說，夫人恐怕是不行了！」

聽聞此言，徐令坤如同當頭吃了一棒，拔腳就往產房裡闖。他剛走幾步，就被幾個小廝死死地拉住了。

不知什麼時候，老夫人也來到了這裡。

徐令坤哭著說：「娘！您就讓我進去看看吧！太醫說，元娘恐怕是……」

老夫人站在他身前，咬著牙說：「不行！你絕不能進產房！」說完，眼眶紅了，轉過頭去用手巾拭淚。

……

元娘死後，按照習俗，凡因難產而死的女人，都應該在她臉上點上墨汁。徐令坤不忍心這樣做，老夫人就悄悄地命人給兒媳點上了。

轉眼間，三年過去了，徐令坤離開京城，去臺州擔任簽判。

這年七月，徐令坤到寧海縣去斷案，夜裡住在妙相寺裡。在他提筆寫公文的時候，突然感到有人在背後抽他手中的筆，轉過頭去，卻是空無一人。

徐令坤當時也沒有在意，就把筆放下，脫衣上床就寢了。

夜半時分，他聽見房門發出一陣輕微的聲音，徐令坤急忙坐了起來，見一個黑影來到了床前，卻猶豫著不敢靠近。

徐令坤大著膽子說：「你若是鬼，就敲擊幾下屏風吧！」

話音剛落，就見屏風被敲擊了好幾下。

徐令坤大為驚懼，急忙將床邊的蠟燭點燃，只見來者是個女子，頭戴著圓冠，上身穿淡碧衫，下身繫著明黃裙，背對著床頭，站在那裡久久不動。

徐令坤略懂一些驅鬼的咒語，就默唸了幾遍天蓬咒，只見那女子立刻掀開帳幕跑了出去。

當時夜已深，遷居不便，徐令坤接著躺下睡著了。

夜裡，他做了一個夢，夢見這名女子徑直登上床，枕著他的左肩躺下，身體像冰一樣涼。

早上醒來，他發現枕邊有一支亡妻的玉釵，才知道遇見了元娘的鬼魂。

回到臺州的任上，徐令坤在房中裝飾了一所小室，將元娘生前的畫像掛在牆上，以表哀思。

一天夜裡，他在書房中讀書，只見一個女子從那所小室裡開門走了出來。

他定睛一看，這個女子除了臉上有一顆黑痣外，和亡妻元娘一模一樣。

只見女子低聲說：「夫君莫怕，我就是元娘，死的時候婆婆在我的臉上點了墨汁，我才變成現在這個樣子。如今我已經變成了產鬼，只有害死一個產婦方能投胎轉世，我不忍心這樣做，才變成了一縷孤魂。」

當此之時，徐令坤昏頭昏腦，不知死生之隔，欣喜地與元娘同床共枕，一訴相思之苦。

從這之後，元娘每天都陪在徐令坤的身邊。

如此纏綿日久，徐令坤昏昏沉沉，最後連走路說話都變得有氣無力了。

一天，有位道士來到徐家門前乞食，一見徐令坤的樣子，便嘆息著說：「你整日與鬼在一起廝混，怎麼不為自己的性命考慮一下呢？我能施天心正法，現在傳授給你，那鬼會不攻自退的。」

徐令坤聽後幡然醒悟，當即拜請道士傳授法術。

元娘見狀，還是一如從前那樣對待徐令坤，只是頗為不樂。

半年後，她流著淚向徐令坤訣別道：「人鬼殊途，我久留在此，只恐損害你的身體。夫君保重，我走了！」

從此，元娘再也沒有來。

Tips

產鬼有兩個含意，一是指婦人因難產死去為鬼；二是指臨產時為祟作禍害死產婦之鬼怪。

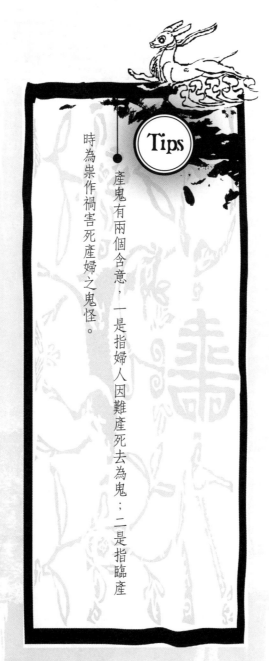

40 巫蠱

用針紮布娃娃引來的災禍

「巫蠱」，通俗一點說，就是有人做了個小布娃娃，上面寫了仇人的名字，每天拿針扎它，用來詛咒仇人，七七四十九天之後，仇人就會遭殃。

雄才大略的漢武帝就信這個，於是乎，悲劇產生了。

話說征和元年（西元前九二年）的一個冬天，漢武帝由於天氣寒冷沒有四處巡幸，閒居在建章宮中。

這時，他年事已高，老眼昏花，恍惚中看見一個身材魁梧的男子，手拿一把利劍直闖宮門。漢武帝嚇了一跳，急呼左右期門羽林速速護駕。左右四處查看，並無刺客蹤影，大家都認為是皇帝一時的錯覺。可是漢武帝卻堅持認為有刺客進入。左右衛士無奈，又在皇宮中展開嚴密的大搜

捕，結果還是一無所獲。

漢武帝上了倔脾氣，調動三輔的騎兵，在上林苑中大肆搜捕可疑人等，幾經折騰，還是沒有刺客的蹤影。誰知，漢武帝仍不肯罷休，他又下令關閉長安所有城門，挨家挨戶搜查，鬧得滿城風雨，依舊找不到刺客，最後只好不了了之。

只是宮門的守衛官難逃厄運，糊裡糊塗地掉了腦袋。

如此結局讓漢武帝橫生怪念，他心中暗想，我明明看見有人帶劍闖宮，怎麼如此細密的搜捕，卻沒有刺客的形影？莫非是妖怪？漢武帝積疑生嫌，就鬧出一場巫蠱重案，其禍害遍及深宮。

當時京城巫蠱術十分盛行，這種巫蠱術，也傳進了皇宮。那些怨恨皇帝、皇后和其他人的美人、宮女，也紛紛埋藏木頭人，偷偷地詛咒起來。

漢武帝對這一套很迷信，他認為那個持劍闖宮的男子是巫蠱所致，於是派江充去追查。

江充是一個心狠手辣的傢伙，他找了不少心腹，到處挖掘木頭人，還用燒紅了的鐵器鉗人、烙人，強迫人們招供。

不管是誰，只要被江充扣上「詛咒皇帝」的罪名，就不能活命。沒過多少日子，他就誅殺了好幾萬人。

在這場慘案中，丞相公孫賀一家，衛皇后的女兒陽石公主、諸邑公主，都被漢武帝斬殺了。

江充見漢武帝居然可以對自己的親生女兒下毒手，就更加放心大膽地幹起來。他讓巫師對漢武帝說：「皇宮裡有人詛咒皇上，蠱氣很重，若不把那些木頭人挖出來，皇上的病就好不了。」

於是，漢武帝就委派江充帶著一大批人到皇宮裡來挖掘木頭人。他們先從後宮開始，一直搜查到衛皇后和太子劉據的住室，屋裡屋外都給挖遍了，也沒找到一塊木頭。

為了陷害太子劉據，江充把事先準備好的木頭人拿出來大肆宣揚說：「在太子宮裡挖掘出來的木頭人最多，還發現了太子書寫的帛書，上面寫著詛咒皇上的話。我們應該馬上奏明皇上，辦他的死罪！」

劉據被逼得走投無路，只好讓一個心腹裝扮成漢武帝派來的使者，把江充等人監押起來，藉口江充謀反，命武士將他斬首示眾。

太子劉據還派人通報給衛皇后，調集軍隊來保衛皇宮。這時宦官蘇文逃了出去，向漢武帝報告說太子劉據起兵造反了。漢武帝信以為真，調兵與太子的軍隊展開了戰鬥。雙方在城裡混戰了四、五天，死傷了好幾萬人，大街上到處都是屍體和血漬。

結果，劉據戰敗，自殺而死。

後來，漢武帝派人調查，才知道衛皇后和太子劉據根本沒有埋過木頭人，這一切都是江充陷害的。

在這場禍亂中，他死了一個太子和兩個孫子，又悲傷又後悔，便派人在湖縣修建了一座宮殿，叫做「思子宮」，又造了一座高臺，叫做「歸來望思之臺」，用來寄託他對太子劉據和那兩個孫子的思念。

Tips

巫蠱之術從秦漢時期就有了，而且漢朝的法律和唐朝的法律都明令禁止過巫蠱之術。

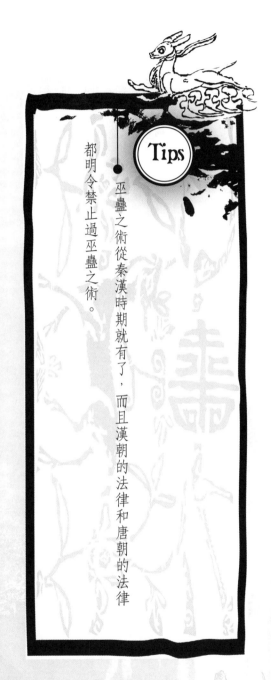

41 山精

老槐樹裡的一家人

在唐朝開元年間，有一個五十多歲的官員，叫元自虛，被任命為汀州刺史。

在他攜家帶眷上任的那天，一個人來到郡部，坐在廳堂之上，當地的官員和鄉紳都來拜見他。其中有一個頭髮花白、滿腮鬍鬚的老者，看樣子應該有八十多歲了，他自稱為蕭老，對元自虛說：「我蕭家的人在這宅中已經住了好幾輩子，幸運的是，我們沒有佔據您的廳堂。」說完，這位老者就不見了。

從那以後，只要這裡有什麼吉凶之事要發生，這位蕭老都會提前出現向元自虛報告。元自虛為人剛正，每次都不相信，但每次都會應驗。不僅如此，他的家人都說常常在夜裡能看到一些非常怪異的人和事。有的人說，看到了三三兩兩的人坐在房簷上，腿很長，能直接把腳放到

地上；有的人說，經常看見有人在夜空中穿行；有的人說，他看見穿得破爛不堪的婦人抱著孩子，和別人要東西吃；還有的人說，他看見了幾個美人，打扮得很妖豔，在月下說說笑笑，並不時地拋磚擲瓦。

有一次，這裡的老僕人告訴元自虛說：「元大人，我聽說咱們廳堂後面的空屋子以前曾是個神堂，原來一直都有人用香火供奉著，如今您來了之後，就沒再這樣做，所以妖怪才出來作怪。」元自虛聽後非常生氣，根本不理睬老僕人的話，也沒有命家人到那間空屋子上香。

忽然有一天，蕭老又來拜見元自虛，說：「大人，我這些天要出一趟遠門，去拜訪我的一位老友。我這一家老老小小、上上下下就託付給您了，您一定要幫我照顧好他們啊！」說完，就離開了。

元自虛不清楚這蕭老到底住在哪裡，迷惑中來到當地的一個老官吏家詢問這件事。老官吏說：「大人，當地根本沒有這麼一戶人家，但我曾聽說您廳堂之後的那棵枯死的老槐樹裡，住著很多山怪，您要多警醒些！」

元自虛聽後，回來立即派人在大樹旁堆起和樹一樣高的柴草，然後點火焚燒。說也奇怪，大火燒起來時，就聽到裡面不斷傳出喊冤的悽慘叫聲，那聲音喊得撕心裂肺，讓人不忍聽下去。

過了一個多月，這位蕭老穿著白色衣服出現了，他對元自虛哀哭道：「我出門這幾天，錯把妻兒老小交給你這個賊人手裡，如今這世上就剩下我隻身一人了，我要讓你也嚐嚐這是一種什麼滋味！」說完，他從腰間拿出一個只有彈丸那麼大的紅色小盒子，扔在地上，連說了兩聲：「快消失，快消失！」

元自虛對這個小盒子也不知哪來的好奇心，俯身就撿了起來。他打開一看，裡面原來是一隻袖珍小老虎，和蒼蠅一般大小。

元自虛伸手想把牠抓在手裡，哪知這隻老虎突然跳了出來，落在地上，一下就長到了幾寸長。接著，這隻老虎就一跳再跳，不一會兒就長成了一隻威風凜凜的大老虎，看得元自虛目瞪口呆。

還沒等他緩過神來，那隻老虎竟向門外跑去，在門口恰逢元妻進來，老虎一口將元妻的頭吞進去，元妻當場就斷氣了。

大老虎就像瘋了一樣跑向院子裡，見人就追，見人就咬，沒多久，元家上下一百多口人全部被咬死，老虎也突然消失了。

最後，只剩下元自虛隻身一人目瞪口呆地站在那裡。

Tips

妖怪是有生命氣息的，這種生命氣息在東方稱為「氣」（或精氣），而在西方稱為「靈」。

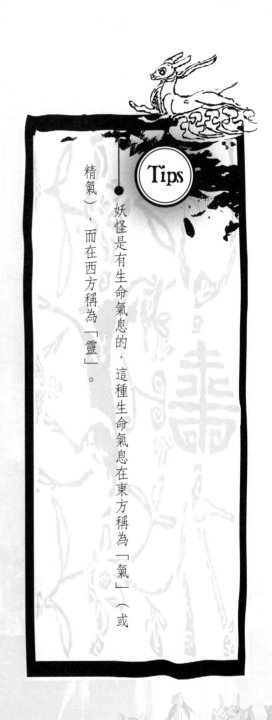

42 變形怪

奸相凶宅裡的鬼事

唐朝宰相李林甫的舊宅就在平康坊南街，叫廢鑾院。當時，李林甫在正堂的後面又建了一個廳堂，結構很不規則，像一輪彎月的形狀，取名叫「偃月堂」。

他在建這一廳堂時，用的都是當時最好的土木石材，還請來最好的雕刻藝人進行精雕細刻。建成之後，整個廳堂特別華麗精美，在當時沒有能比得上的。

而這就是李林甫嫉害忠良的地方，每次他想要哪家破滅的時候，就會來到偃月堂，在這裡精思熟慮，想盡一切辦法除掉這家人。如果想出了辦法，他就會高興地走出來，而那戶人家也就不復存在了。

繁榮和衰落是交相更替的，奸相李林甫的家業同樣不可能永遠昌盛下去。

一天，他又來到偃月堂，忽然看見一個像人一樣的東西，三尺多長，全身都長著黑毛，根根都豎著，蹲踞著身子，腳爪像鐵鉤一樣捲曲著。見李林甫進來，牠「呼」地跳起來，上前抓他的臉，目光如閃電般憤怒地盯著他。

李林甫被嚇得緊靠著牆，連退好幾步，站穩後就衝著這個怪物大吼，想要把牠趕出偃月堂，可是牠一動也不動。李林甫急忙命人拿箭把牠射死，還沒等弓箭手準備好，這個毛人笑著就跳往前面的廳堂。

正巧，牠撞上了一個從堂中出來的侍女，侍女當場倒地身亡。牠又向院子裡跳去，路過馬廄，馬廄中的一匹良馬也死了，最後跳出大門消失了。

此後，不到一個月的時間，李林甫的家業就敗落了。

又過兩個月，每到夜深人靜的時候，李宅東北一隅的排水溝中，總有紅色的火焰躍動，偶爾還有小孩拿著火把出入。

李林甫看到這些現象，心裡總有些不安，就奏請皇帝在東南一隅建起一座嘉猷觀。此時，李林甫的身體每況愈下，但依然堅持每天早晨起來上朝。

一次，他早晨起來命人取來書囊準備上朝，忽然，他覺得手中的書囊比原來重了好多，就讓侍從替他打開書囊。

侍從把書囊放在桌案上，小心地解開一看，竟然有兩隻老鼠趴在上面。侍從趕緊把老鼠扔在地上，誰知這兩隻老鼠突然變成了兩隻青黑色的大狗，又肥又壯，齜著牙瞪著眼，抬頭看著李林甫。

李林甫讓人用箭射死牠們，可是箭射在牠們的身上發出巨響，接著，兩隻狗就都沒了蹤跡。

這件事讓李林甫心情極為不順，所以就稱病沒去上朝。

當天下午，他就一病不起，沒有超過一個月的時間就死去了。

Tips

李林甫是唐玄宗時最有名的奸相，平日裡對人非常熱情，卻愛在背地裡下毒手，被世人稱為「口蜜腹劍」。

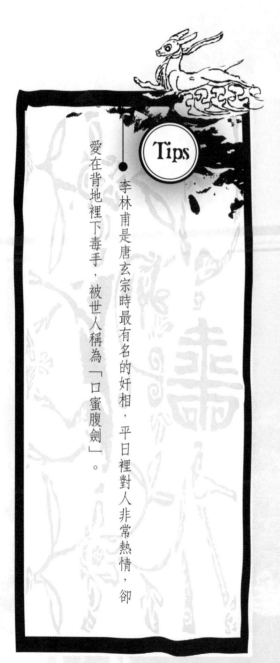

43 贔屭精

化爲女兒身的龍之子

贔屭，又叫屭贔、霸下，相傳牠是龍的九子之首，外形像龜，喜歡負重，在宮殿、祠堂、陵墓中經常見到牠馱著石碑的樣子。但在《子不語》中出現的贔屭卻是楚楚動人的女兒身，俊俏的臉龐，婀娜的身姿，讓人見了就魂牽夢縈。

有一天，贔屭看見一位叫華生的讀書人，長得相貌堂堂，瞬間觸動了這女妖的凡心。

華生晚上經常到家附近的闊板橋乘涼，今晚和往常一樣來這散步。在回家途中，他看見在一戶人家門前，徘徊著一個女子。這女子長得如花似玉，讓娶了妻的華生癡看了許久，挪不動腳步，便上前與那女子搭訕。

女子欲說還羞，笑盈盈地轉身，輕輕將門掩上。

華生一看，覺得有戲，就開心地記下這戶人家的地址後離開了。

第二天，他又來到這裡，果然那女子也在。華生主動和女子搭話，得知她是這戶人家的女兒。沒聊幾句，女子嬌聲嬌氣地說：「郎君，反正我們兩家離得不遠，不如你在家給我騰出一間空房，我有時間就去找你！」華生聽了這話心旌搖盪，連忙趕回去整理出一間僻靜的屋室，騙他的妻子和父母說自己要用功讀書，要考取狀元。

當晚，女子如約到來，兩人乾柴烈火，很快結合在一起……

一晃好幾個月過去了，日漸消瘦的華生，精神也恍惚起來，這讓二老起了疑心。

一天晚上，華生正與這女子調笑，二老突然闖了進來，可是他們什麼也沒發現。但二老不肯認輸，就厲聲逼問兒子，華生招架不住父母的盤問，才將事情的來龍去脈全盤托出。

二老聽聞又氣又驚，第二天出去一打聽，才得知這戶人家根本沒有女兒。到底是老人家見識多些，他們斷定兒子是被妖精迷住了，就請高僧來降妖除魔，可是最終也沒弄清楚這是什麼妖。

華父左思右想，想好一計，他找來朱砂交給兒子，讓兒子等女子再來時，尋機給她塗上。晚上，女子又來了，在她睡著時，華生把朱砂偷偷地撒在她頭髮上。

華生家附近有座小廟宇，他和女子結識的地方就在來這裡的途中。次日，華家二老帶人來廟裡探個究竟，卻不見任何變化。正準備返回，突然聽一個婦人在罵：「你這孩子，剛給你換的乾淨衣服，在哪塗了一身紅顏料？」小男孩怯怯地說：「我剛才只在門口那頭馱碑的贔屭頭上騎著玩了一會兒，也不知怎麼沾上了。」

二老跑出廟門一看，果然那贔屭的頭上一片紅朱砂，便判定那妖女就是這石贔屭變成的。他們命人把贔屭砸了個粉碎，沒想到這石屑裡還滲出了許多血絲，而且在贔屭的肚子裡有一個堅硬而光滑的小石蛋，怎麼也砸不碎。

沒辦法，眾人將石屑連同石蛋都拋入太湖，從那以後女子就消失了。

離奇的是，這個女妖半個月後又回來了。她對華生真是癡心一片，找到華生後只是抱怨幾句他的薄情，就取出幾株仙草，逼華生吃了下去，華生很快就好轉起來。

好了傷疤忘了痛的華生又與女子纏綿起來，而從這之後女子就住在這裡不走了，華生也願意收留。

華家二老無計可施，只好裝看不見。華妻氣得每天指著女子叫罵，女子只是笑，並不理會她。到晚上就施法術讓她睡大覺，自己與情郎盡情享受。

三年後，有一個疥癩道人巧遇華生，見他妖氣太盛，給他了兩道咒符，讓他在房門和床頭各貼一道，這樣妖精就不能接近他了。贔屭精知道了此事後，對華生說：「郎君，奴家想和你在一起，就是因為郎君長得風流瀟灑。你且不知那個道人有斷袖之癖，他看你長得英俊，就想拆散我們，想和你在一起，你說你將做何選擇？」

華生居然相信了她這番瞎話，將咒符燒了，與女子歡愛如初。

轉眼，到了中秋，那道人趁華生與女子賞月時突然出現，他憤怒地說：「大膽妖魔，妳竟然用汙穢之詞詆毀我，看我如何除掉妳！」說著，又拿出兩道符遞給華生，讓他擒妖。

華生猶豫不定，可是僕人快手接了過去，跑去送給主母華妻。

華妻喜不自勝，拿符來降女妖。

女妖動彈不得，被繩索牢牢束縛住，她對華生哭道：「郎君，我早知與你的緣分不能長久，但我始終捨不得離開你，才留到今日，惹來這殺身之禍。郎君，念我們三年的情份，你把我抱到牆角，躲開月光，或許我能死得慢點！」

華生實在不忍看到與自己生活三年的女人被這樣處死，就推開眾人，解開她身上的繩索，抱到了牆角。

哪料這女子一躍而起，化為一片黑煙，迅速消失了。

疥癩道人見狀，暴怒一聲，隨後飛向東南緊追而去。

自此，這一妖一道沒再出現。

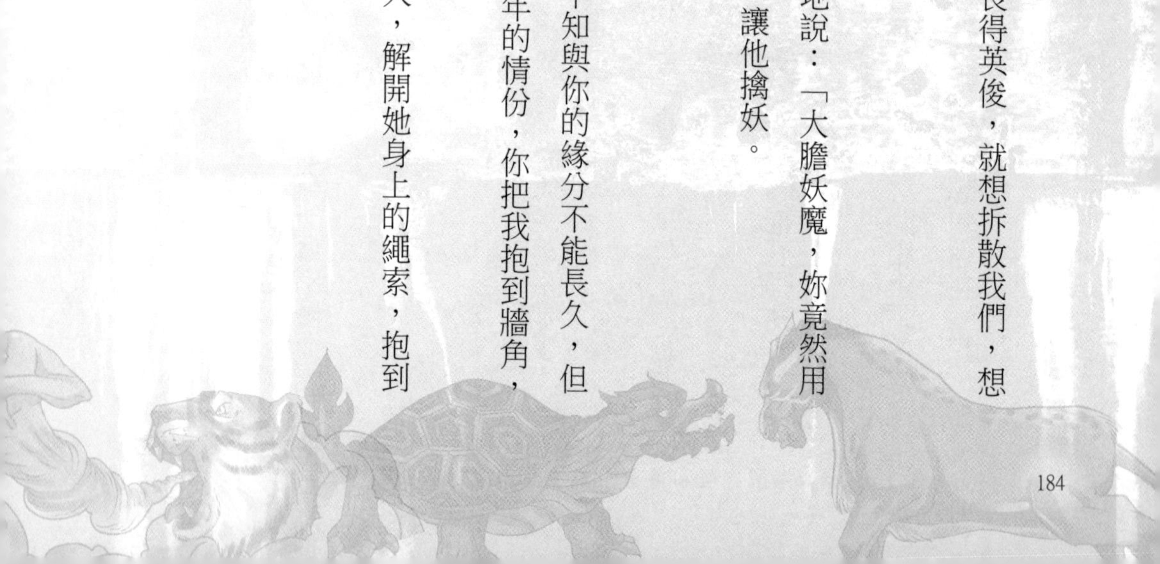

Tips

《子不語》，是清朝作家袁枚的作品，又名《新齊諧》。書名取意於《論語》所謂「子不語怪、力、亂、神」，表明所記正是孔子所「不語」者。

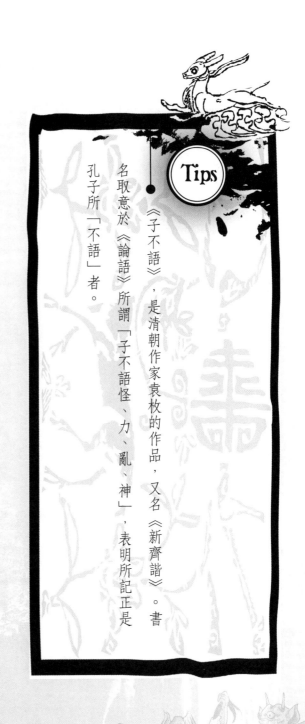

44 野猿精

心繫山林的袁氏女

唐朝廣德年間，有個叫孫恪的讀書人，在參加完科舉考試後，到洛陽遊覽散心。

一日，他來到魏王池邊，看見這裡有一座高大的府邸，就好奇地向路人打聽。

路人道：「這是袁家的宅邸。」

孫恪有心拜訪，就上前叩門，可是裡面並沒有回應。

他見大門旁邊有一間小房子，就走了進去，只見屋內佈置得淡雅整潔，便決定在此處住上一夜。

孫恪穿過客廳，來到臥房，剛將自己的行囊放下，就聽「嘎吱」一聲，門開了。

孫恪偷眼觀看，只見一個光潔照人、嬌媚無比，就像晶瑩白玉的少女走了進來。

這下，孫恪倒不好意思出去了，只是心裡暗自揣測應該是袁家的女兒。

少女徑直向臥房走來，剛掀開門簾，就與孫恪打了個照面，不由得大吃一驚，接著羞澀地跑了出去。

孫恪見自己冒犯了佳人，心裡不由得惴惴不安，想去賠罪卻不知如何是好。

這時，突然見一個丫鬟到來，說小姐問他是何人，這麼晚了來此處有何事。

孫恪便將來意一一說了，並請她問一問小姐，自己能否當面表達歉意。

丫鬟出去回話，過了一會兒，她說小姐請公子明日到內室。

孫恪傾心於少女的美貌，此時聽到這話更是喜不自勝，急忙問丫鬟：「不知妳家小姐貴姓？」

丫鬟道：「我家小姐是已故袁長官的獨女，少時孤苦伶仃，至今尚未婚配，跟幾個奴婢住在這府中。」說完，便笑嘻嘻地離開了。

第二天，孫恪來到內室，見少女正坐在桌邊，顯然是精心打扮過了，比昨日剛見時更加美豔。

少女喚丫鬟進上茶果，請孫恪坐下，問道：「公子要在洛陽待上幾日？」

孫恪忙道：「還要住上一段時日。」

少女道：「公子要是沒有方便的去處，就到此處來住吧！」隨後，指著丫鬟道：「如有需用，只管與這些奴婢說就是了。」

孫恪點頭答應，免不了一陣感激。

此後的幾個月，孫恪就在這袁府住了下來，平日裡與袁小姐朝夕相處，日漸傾心。於是便求了當地一位媒人，上門來為自己求親，不料，袁小姐也欣然答應了。

自此，孫恪一夜間大富大貴，錦衣華服，出入車馬，如同公子王孫一般逍遙快活。他不再追求金榜題名，每日只是交遊富豪權貴，恣意縱酒狂歌，如此過了三四年，一直沒有離開洛陽。

偶然一天，孫恪外出遇上了自己的表兄張閒雲。

張閒雲是個道士，他上下打量了一番孫恪，說道：「我剛剛看了你的臉色，又聽了你的談吐，妖氣甚重，不知這些年你遇上了什麼不祥之物？」

孫恪聽後很驚訝，說道：「小弟這些年過得很好，不曾遇到過什麼。」

張閒雲又道：「邪氣入侵你的身體，恐怕性命不能長久，為何你還要瞞著愚兄不講出真情呢？」

孫恪仔細想了一下，還是不得其解：「確實不曾有什麼怪異的事，還請兄長提點一二。」

張閒雲問：「你這三、四年間可曾遇到什麼人沒有？」

孫恪想了想，說：「每日與那些達官顯貴來往，人倒是多了些。」

張閒雲好奇地問：「你本是一介寒衣，怎麼會與這些人有來往呢？」

孫恪便將前幾年與袁氏女相遇的經過一一說了。

張閒雲聽罷大驚，說道：「照你所說，袁氏乃名門大族，怎麼連一個遠親都沒有呢？那女子足不出戶便諳熟事體，聰慧美麗，這便是個妖精了，你不覺得此事太過順利了嗎？」

孫恪見表兄懷疑自己的妻子，非常不悅，辯解說：「我一生飢寒，靠了這門婚事才從困頓中解脫出來，妻子袁氏待我不薄，我怎可疑她？」

張閒雲大怒道：「妖由人興，倘若你自己毫無過失，不貪念慾望，妖魅便不會自己興起。你現在深受其害還要對她依依不捨，性命和恩德到底哪個重要？」

孫恪聽後，心中一陣慌亂卻不知怎麼表明，只得低頭不語。

張閒雲見狀，恨鐵不成鋼地說：「我這裡有一把寶劍，鬼怪見了就會現出原形束手就擒。你回到家中，只需把此劍在那女子眼前一晃便可。如果是妖怪，也可以不必傷她，交給我處置就行了。」

孫恪猶豫許久，才接下了這柄劍。

第二天，孫恪回到家，試探著當著妻子的面把劍從劍鞘裡抽了出來，只見寒光閃過，妻子卻安然無恙。

袁氏女見狀大怒道：「想當初你貧困潦倒，我不曾嫌棄與你結為夫妻，還將整個家業都託付給你，不料今日你卻為了別人的幾句話，就不顧情義！如此對我，當真是豬狗不如！」

孫恪羞愧不已，連連作揖認錯，說自己一時糊塗，從來不曾對妻子起過二心，袁氏女這才稍稍平息了怒氣。

過了幾日，孫恪又在街上遇到了張閒雲，一把拉住他道：「表兄可害慘我了，你那劍一點用也沒有。」說著，便拿出了當日他送給自己的劍，卻發現劍身斷成好幾截。

在此後的十年之裡，袁氏女為孫恪生了兩個兒子，全家盡享歡樂。

孫恪這些年來與達官顯貴交友，認識了當朝相國王縉，兩人相交甚深，王縉便將他推薦給了南康刺史張萬頃，被委任了經略判官的職務。

袁氏女聽到孫恪做官，面露為難之色，卻沒說什麼，打點行裝和丈夫前去赴任。路過端州時，袁氏女對孫恪說：「離此不遠之處的江邊有一座峽山寺，有一位高僧在此居住，不如請他為我們南行祈福。」

孫恪對妻子一向言聽計從，滿口答應下來，準備了一份厚禮前往峽山寺。

峽山寺在深山之中，道路十分難走，袁氏女卻像是十分熟悉這裡的環境似的，帶領著兩個兒子走起來一點都不費力氣，讓孫恪暗暗稱奇。

進入峽山寺，袁氏女拿出一只碧玉環獻給高僧，說道：「這是貴寺的舊物，今日歸還給您。」高僧一臉的莫名其妙，但看到袁氏女誠心所贈，以為是舊時之事不記得了，就伸手接了過來，隨後為孫恪一家人舉行祈福儀式。

儀式結束後，眾人在院中進素膳。只聽一聲長嘯，幾十隻野猿突然出現，連臂相接，從高大的松樹上倒垂下來，跳到桌子上抓取食物。見到袁氏女，這些野猿不住地嘶叫，舉臂伸爪，似乎在比著手勢。只見袁氏女一臉悲傷，輕輕搖頭，這些野猿便發出悲愴的呼叫聲，競相跳躍。

袁氏女猶豫了一下，提筆在寺廟的牆壁上寫道：「剛被恩情役此心，無端變化幾湮沉。不如逐伴歸山去，長嘯一聲煙霧深。」寫完之後，便將筆丟在了地上，撫摸著兩個兒子，淚如泉湧。哭了一會兒，她慢慢擦去淚水，對孫恪道：「夫君自此保重，你我今日一別，再無來期，只盼你能好好撫養兩個孩兒長大。」說完，便將衣服撕開，現出猿猴的模樣，被那群野猿簇擁著離去了。

突如其來的變故讓孫恪又驚又怕，如同失了魂一般呆立在當場，半晌說不出話來，孩子們更是哭喊著要找娘親。

過了好一會兒，孫恪才醒悟過來，抱著孩子們一陣痛哭。

這時，高僧面露恍然大悟之色，對孫恪說：「這隻猿猴曾是貧僧在年幼時餵養的，天生就有靈性。開元年間，高力士曾來到這裡，見這個猿猴聰慧過人，就拿了五匹絲綢換了去，獻給了皇上。安史之亂後，便不知牠的去向了。而那碧玉環原是南海島國訶陵人所佈施，當時曾戴在這猿猴的脖子上一同進京。貧僧剛剛才想起這段往事，如今猿猴離去，恐怕是還捨不得同伴，又怕再入官宦之場，施主還請放寬心吧！」

孫恪聞得此言，心中悵然不樂，又想到這些年來對妻子從未多加關心，更是深感愧疚。他在峽山寺住了數日，每天都山間尋找，盼著能再見妻子一面卻每每失望而歸。

後來，孫恪沒有去赴任，而是帶著兩個孩子返回故里，之後便再也無任何消息了。

Tips

高力士，西元六八四年～西元七六二年，中國唐朝的著名宦官之一。他幼年時入宮，由高延福收為養子，遂改名高力士，受到當時女皇帝武則天的賞識。在唐玄宗統治期間，其地位達到頂點，由於曾助唐玄宗平定韋皇后和太平公主之亂，故深得玄宗寵信，終於累官至驃騎大將軍、進開府儀同三司，被譽為「千古賢宦第一人」。

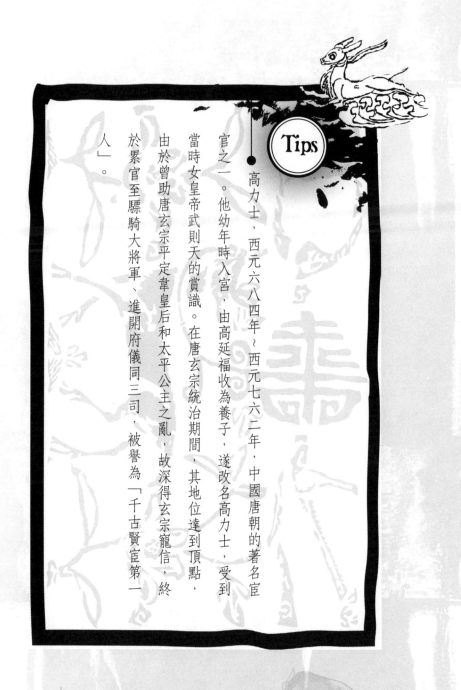

45 倀鬼

死後做老虎幫凶的惡鬼

劉成是山村裡的一個老實厚道的農民，每次出門買東西，都要翻山越嶺才能到達縣城。

其實，翻山越嶺並不可怕，可怕的是，山林深處的一個幽深的洞穴裡住著一隻凶猛的老虎，不僅人不敢經過那裡，連飛鳥都不敢從牠洞穴上空飛過。

這天，劉成去縣城裡辦事，有事耽誤了，等趕到山頂的時候天已經開始變黑了。風從林子裡穿過，發出恐怖的聲息，劉成覺得陰森恐怖，汗毛都豎起來了。

「要不，還是回去吧！明天再來。」劉成這樣想著，身體就往回退，退了幾步覺得有一個軟綿

的東西擋住了身體。

他用手在背後一摸，那軟東西還在喘氣。

難道是鬼？劉成的心臟跳動極快，連轉身的勇氣都沒有了。

身後那個軟東西開口了：「你為什麼不回頭來看看我啊！」

「你是鬼嗎？我害怕，你放過我吧！」劉成的腿打著哆嗦。

「你轉過身來！」身後的軟東西命令道，聲音裡有種渾然的王者之氣。

劉成戰戰兢兢地轉過身來，看見軟東西的全貌時，腿一軟，跪倒在地上，他不停地叩頭：「虎大王，我身上也沒多少肉，求求你放過我吧！」

「沒關係，我一天沒吃飯了，先拿你當點心。」老虎說。

看來這劫難是逃不過去了，劉成昏倒在地。

不知過了多久，劉成醒了過來，他看見自己的身體正在被老虎吞食。

「不對啊？」劉成想，「我正在被老虎吃，而我又在看著我自己被老虎吃，那到底有幾個我啊？」

他低頭看自己的身體，呈半透明狀，輕飄飄地浮在半空。

「完了，我已經死了！」

老虎吃完了劉成的屍體還不滿足，牠抓住劉成的靈魂不放，對他說：「你得幫我找到另一個人

來充當我的食物，這樣你的靈魂才能自由。」劉成的靈魂沒有辦法，只好同意了。

就這樣，變成倀鬼的劉成給老虎當起了嚮導，幫助老虎找人吃。如果看見了人，他立刻報告老虎，為了早點脫離控制，他還上前去把那個人衣服脫掉，好讓老虎吃起來更方便。

一天，有一個叫李拯的處士帶著童僕路過此地，劉成看到後，急忙報告老虎。

老虎聽後，變成一個鬚髮皆白的老和尚，來到附近一所破敗的佛寺，等待獵物上門。

李拯主僕二人到來後，「老和尚」很熱情留他們吃飯，可是廚房裡的油和鹽正巧用完了，李拯就叫童僕下山去買。

「老和尚」說陪童僕一起去，讓李拯獨自一人站在寺邊觀賞山景。

不久，從山下又來了一個叫馬安的隱士。

他與李拯互通姓名之後，說自己在半山腰看見一隻猛虎在吃人，李拯問了那個人的年齡、容貌、衣著，驚叫道，那是我的童僕！

馬安又說，奇怪的是，那猛虎吃了人後，忽然變成一個鬚髮皆白的老和尚。

正說著，「老和尚」回來了，馬安大驚，輕聲對李拯說，這個和尚就是老虎變的！

於是，二人提高了警惕。

天晚了，李拯和馬安住在齋堂，把門緊緊門上，觀察著外面的動靜。只見半夜裡，有隻老虎和一個倀鬼幾次來撞門，都沒有撞開，最後無功而返。

第二天一早，李拯和馬安說後院的一口井裡傳出怪聲音，騙「老和尚」到井邊觀看。

當「老和尚」湊到井口看時，馬安一用力，把他推下井去。「老和尚」一落水，立刻變成了老虎，兩人合力搬來大石頭，把牠砸死了。

老虎死後，劉成的靈魂擺脫了控制，飄盪到了陰曹地府。

鬼差們不由分說，就把劉成放在油鍋裡，劉成痛得嗷嗷直叫，不服氣地問：「為什麼不讓我去投胎？我是個老實人。」

「老實人？老實人會幫著老虎做倀鬼？炸你十回八回都不冤枉你！」鬼差說著，把鍋底的火燒得更旺了。

從那以後，人間的百姓都知道「倀鬼」，並把那些幫助壞人做壞事的行為叫做「為虎作倀」。

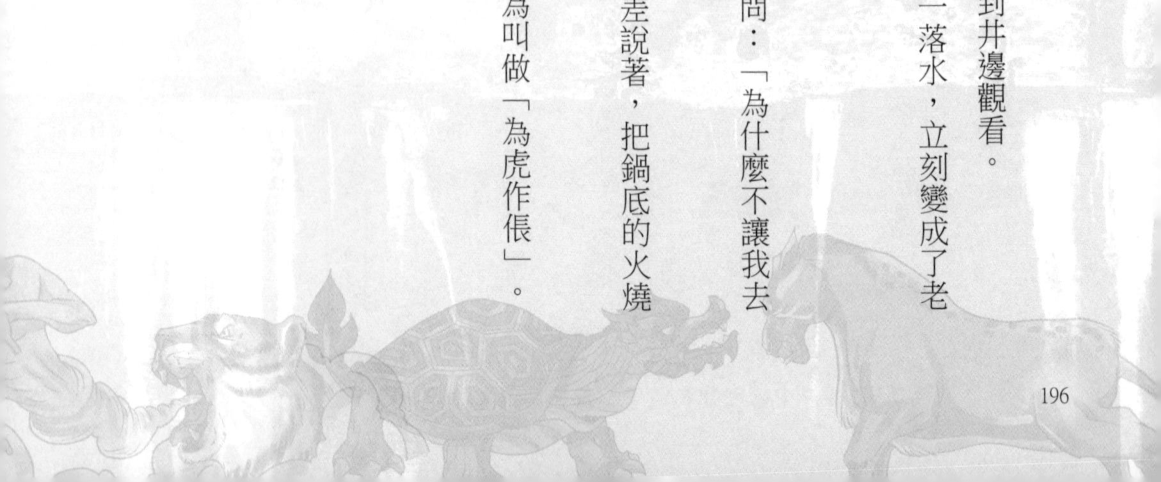

Tips

倀鬼的樣子和人無異，要想分辨牠們，其實也很容易，牠們一般出沒在深山老林中，男子左手沒有小指頭，而女子右手沒有小指頭，眼睛在半夜是會放光。俗語說，虎毒不食子，倀鬼的惡毒在於：牠專門勾引自己的親人讓老虎吃。

46 蚍蜉精

西窗下的螞蟻王國

從前，有一個叫徐玄之的人從浙江東部遷到了吳地。

當地有一座遠近聞名的凶宅，從來沒有人敢住，徐玄之卻不以為然，加上他很喜歡裡面珍奇的花木，就搬了過來。

一天，徐玄之正在挑燈夜讀，忽然看見數百名米粒大小的武士騎著馬從屋子西北角冒了出來，他們在花氈上用絹絲做弓弦，獵取飛禽走獸。接著，又從外面進來了很多小人，有的是全副武裝的士兵，有的是做苦力的僕人，抬著各種兵器和器具蜂擁而至。傳達命令和偵察值班的小人也有很多，在道路上來來往往。

徐玄之蹲下來，舉著蠟燭仔細看了半天，發現這些人物更加分明。

突然，人群一陣喧嘩，一位頭戴紅巾、身穿紫衣的人帶著數千名侍從走到了桌子的右面。這時，一個頭戴鐵盔、手拿鐵頁文書的武士向眾人宣布道：「殿下將到紫石潭觀看捕魚，先鋒軍、後軍還有拿著戈戟的甲士都不要跟隨。」

話音剛落，戴紅巾的人下了馬，和左右的數百人搭乘雲梯來到徐玄之的石硯上，並在石硯的北面設置了紅拂廬帳。僕人們一陣忙碌，很快，盤榻、帳篷，配備歌舞的筵席都準備齊全了。參加宴飲的賓客有數十人，穿著緋、紫、紅、綠衣服，樂師們拿著笙、竽、簫、笛等樂器伴奏，唱歌和跳舞的演員輪流前來表演。

酒過數巡，貴賓中有的臉上已顯醉意。

戴紅頭巾的人看著左右的人說：「拿捕魚的工具來！」只見舊的漁網、漁籠、漁罩之類漁具共有幾百件一起搬到硯臺上。只一會兒工夫，就撈到了成百上千條小魚。

戴紅巾的人對貴賓說：「古代的任公子擅長捕魚，我也像他一樣釣些魚為貴賓助興吧！」說著，拿著魚竿在硯臺的南端水中釣魚。樂伎們演奏《春波引》助釣，一曲未了，戴紅巾的人就釣到了魴、鯉、鱸、鱖等一百多條魚。廚師們用這些魚做了幾十種菜，每一道菜都是馨香撲鼻，讓人垂涎欲滴。

戴紅巾的人舉著酒杯瞅著徐玄之對眾賓客說：「我沒學習周公的禮，也沒讀孔子的書，卻貴居王位。現在這位儒生頭髮、兩鬢乾枯脫落，面有菜色，雖然勤奮苦學，可是又能做什麼呢？不如做我的下卿，來宴會歡飲幾杯。」徐玄之聽了，就用書本將這些小人蓋上，等掀開之後，卻什麼也看不見了。

徐玄之覺得不可思議，坐了一會兒，就放下書本就寢了。剛入睡，就見外面傳來一陣人喊馬嘶聲，徐玄之急忙坐起來向外觀看，就見西面的窗戶站立著很多手拿武器的騎兵。

有幾名騎兵破門而入，來到床前，對徐玄之宣布說：「蚍蜉王子來草場打獵，到紫石潭釣魚，你這個愚鈍的奴才卻進行威逼脅迫，以致士兵混亂潰散，皇宮的車輛大受驚嚇。現在王子命令，把你交給大將軍蠛虰處治！」宣布之後，用白絹拴著徐玄之的脖子，走進一座城裡。到了內城，有位穿紅衣服戴紅帽子的人大聲宣布道：「你穿著儒生的衣服，讀著聖賢之書，竟敢犯上作亂，現決定把你交給三公以下的官員治罪。」說完，命人給徐玄之鬆了綁，帶到議事廳堂。只見堂上坐著十個穿紫衣戴紫帽的人，瞪著眼睛傲慢地看著徐玄之。堂下，有一個官員正在用優美的文詞指責徐玄之的罪過。而此時，蚍蜉王子因為驚嚇過度，病情趨於嚴重。三公以下的這些官員做出決議，對徐玄之處以肉刑。

決議文書還沒下達，一個名叫馬知玄的太史令上奏章說：「王子遊玩過度，以致給自己帶來了驚恐，這與徐玄之沒有絲毫的關係。從前，秦朝射死大魚導致國家衰敗，殷朝打死猛獸致使國家滅亡，如今我們要殺害人類，恐怕會引來滅頂之災。」

蚍蜉王看了奏章大怒，下令在城門口斬了太史馬知玄。

這時，布衣蟹飛上奏章說：「殺戮忠誠正直的人，國家一定要滅亡。馬知玄是一國的元老，雖然冒犯了龍顏，卻是一片忠誠，還請陛下三思。」

蚍蜉王看了奏章，也有些反悔，就追封馬知玄為安國大將軍，讓他的兒子繼續擔任太史令，並授予蟹飛諫議大夫的職務。

接著，蚍蜉王命人將徐玄之押入大牢，日後聽取發落。

處理完這些事情，蚍蜉王就回到候雨殿寢宮睡覺。

睡醒後，他在凌雲臺宴請百官，說：「剛才我做了個好夢，我夢到天帝說，『助爾金，開爾國，展爾疆土，自南自北，赤玉洎石，以答爾德。』你們認為這個夢怎麼樣？」群臣聽後，都說此夢是吉兆。只有蟹飛提出了不同的看法，他說：「大王威逼脅迫世間的生人，把他拘留在幽暗的洞穴裡。這個夢恰恰是上天震怒，託夢譴責大王。『助金』者，『鋤』也；『開國』者，『闢』也；『展疆土』分裂也；『赤玉洎石』，與火俱焚也。莫不是徐玄之毀掉我們的國家，來報復繩拴脖子的恥辱嗎？」

蚍蜉王聽後，感到十分恐慌，立刻赦免了徐玄之的罪，派人用舒適的車子把他送回住處。

徐玄之剛一碰著床，就醒過來了。

天明以後，他召集家裡的僕人，在西窗下挖到了一個巨大的螞蟻洞，將裡面的螞蟻全都用火燒死了。

從這之後，這座宅子再也沒出現不吉利的事情。

Tips

蚍蜉屬於一種體型相對較大的螞蟻，常指自不量力的人。

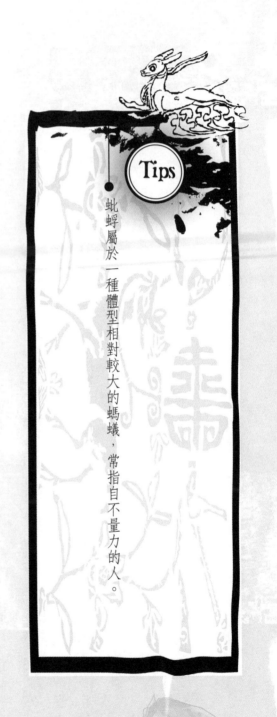

47 鬼村

猛人遇鬼事

唐朝的竇不疑，曾經擔任過中郎將，在七十多歲的時候告老還鄉回到太原。

他在年輕的時候就十分膽大，當時，在太原城東北幾里遠的地方，有一些身高兩丈的鬼經常在陰雨天或者是昏黑的夜晚出現，行人撞上，大多驚恐而死。

一次，有人拍下五千錢，說：「誰敢夜行射鬼，這些錢就是他的了！」人們聽了都不說話，只有竇不疑要去。

竇不疑是貴族的子弟，當然不是為了這點錢，而是年少氣盛，想在眾人面前一展身手。

在黃昏的時候，竇不疑拿著弓箭出發了。

城裡的一些少年議論說：「他要是在出城後暗中藏起來，天明回來說已經用箭射鬼了，不是把

我們欺騙了嗎？我們應該偷偷地跟在他的後面，看個究竟。」

話說竇不疑來到了鬼出現的地方，坐在路邊的石頭上耐心地等待。

太陽剛一落山，鬼果然出現了，見有人來了，立刻張牙舞爪地撲了上來。

竇不疑毫不慌張，拉弓搭箭，對準鬼的腦袋就射出了一箭。

鬼中了箭，知道遇見了強悍的對手，立刻轉過身逃跑。竇不疑在後面緊追不捨，在追趕的時候，他又射了鬼兩箭。

最後，鬼跳到河岸下，竇不疑才返了回來。

少年們在路上迎接竇不疑，對他說：「我們怕你藏起來欺騙我們，所以偷偷跟蹤你，沒想到你的膽量竟這麼大！」

第二天，人們到河岸下尋找，發現了一個驅疫避邪的神像，是用荊條編成的，上面插著三支箭。

從這以後，道路上的鬼就消失了。

如今，竇不疑已經到了古稀之年，但他依舊膽氣不衰。

有一年冬天，竇不疑去陽曲赴宴，黃昏的時候，獨自一人騎馬往家裡趕。陽曲距太原州城九十里，他經過的道路是古戰場，狐狸、鬼火聚集，沒有人居住。

那天夜裡，竇不疑忽然看見道路兩旁全是店鋪，有很多男女在那裡飲酒作樂，唱歌跳舞。有些小孩圍著竇不疑的馬，邊跳邊唱，竇不疑呵斥孩子們讓開道路，但孩子們不聽，他只好折斷路旁樹上的粗枝，將其趕走。

竇不疑騎著馬繼續往前走，看到了一個旅店，只見一些身材高大、衣著華麗的人從旅店裡魚貫而出，將竇不疑圍得嚴嚴實實。竇不疑大怒，又用樹枝擊打他們，這些人才消失。

這時，竇不疑開始感到有些害怕，認為看到的那些人都是鬼魂，就想到村莊去投宿。可是當他來到一個村莊時，敲遍了村中所有住戶的門，竟然沒有一戶人家回應。

竇不疑見村中有一座廟，就牽馬走了進來，將馬拴在柱子上，自己坐在臺階上休息。他一時不敢進屋，屋裡漆黑一片，不知道裡面藏著什麼。

快到半夜時，一陣敲門聲將竇不疑驚醒，他打開廟門，藉著月光一看，只見一個女人站在面前。這個女人身著素衣，臉上卻化著豔妝，見到竇不疑，立刻行禮說：「我知道我的丈夫獨居，所以前來相伴。」

竇不疑問：「誰是妳的丈夫？」

女人嫣然一笑，說：「就是你啊！」

竇不疑知道她是鬼，就上前打她一個耳光，女人才離開。

既然鬼魅隨時都會出現，還有什麼可怕的呢？想到這裡，竇不疑反而鎮靜下來，轉身推門進入漆黑的屋子，藉著月光，看到裡面有張床，就躺在了上面。

忽然，房樑上有個像盆子大小的怪物掉到他的肚子上。竇不疑用手去打，怪物竟發出狗一樣的叫聲，將牠扔到床下，怪物突然變了一個兩尺多高的火人，鑽進牆壁裡消失不見了。

竇不疑長嘆一聲，出了屋子，上馬逃出鬼魅山村。

Tips

竇不疑，歷史上確實有其人，他是唐朝開國功臣，右衛大將軍、洛州都督、鄭國公竇軌的孫子。

48 變小的女鬼

化身為婢女的陪葬木器皿

唐文宗開成四年，南陽張不疑參加會試，因為文才出眾被錄取，擔任祕書郎。他在京城購買了一所宅院，想買一個婢女來伺候自己。聽說祕書郎要買婢女，很多人都上門來推薦人選，但張不疑看過之後都不滿意。

一天，牙婆找上門來說：「有一個大戶人家想賣婢女，那些女孩子個個長得如花似玉，保證能合您的意。」

張不疑聽後，就和牙婆約定明日去婢女的主人家。

第二天，牙婆帶著張不疑來到一所高大的院落，主人是一個披紅袍拿牙笏的人，自稱是前浙西胡司馬。

他請張不疑坐下，說道：「我年輕時也曾參加過科舉考試，無奈屢次不中，後來一個本家出使海南，承蒙他提攜了幾年。我在南嶺，偶然得到三十幾個婢女，從浙東到南荊，賣得只剩下六七個人了。」

說完，命人擺上酒宴，拉著張不疑入席，還親自拿過金杯斟上酒，遞給他。張不疑信奉道教，平時不喝酒不吃肉，今天聞到酒香撲鼻，便破例喝了幾杯。

主人命人把婢女帶進來，就見六名貌美如花的女子來到了廳堂上，一字排開，等待挑選。

主人對張不疑說：「這些婢女都很勤快，請隨便選擇吧！」

張不疑說：「我手頭只有七萬貫錢，想拿這些錢盡量買一個好一點的，請您將這個價位的婢女指給我看。」

主人說：「我這裡婢女的賣價確實有差異。」他指著一個戴著綠玉耳環的婢女說：「春條值這個價錢。」

張不疑一看，正是自己心儀的那個，當即寫下契約付了錢。

來到張不疑的住處後，春條忙裡忙外，將屋子整理的乾淨整潔，做的飯菜也是美味可口。不僅如此，她還聰明好學，一個多月的時間就寫了好幾首小詩，令張不疑驚奇不已。

就這樣過了兩個月。

一天，張不疑到旻天觀拜見玉清道長。

玉清道長見到他，深吸了一口冷氣，說道：「你印堂發黑，身上有很多邪氣，最近有沒有娶妻納妾？」

張不疑說：「我沒有娶妻納妾，只是買了一個婢女。」

玉清道長說：「就是她帶來的災禍！」

張不疑聽後十分害怕，急忙詢問解救辦法。

玉清道長說：「你不必驚慌，我現在就隨你回家捉妖。」

兩個人來到後，玉清道長對張不疑說：「你召喚怪物出來！」

張不疑高聲叫春條，可是她躲在屏風後哭泣，怎麼也不肯出來。

玉清道長說：「我猜得沒錯，果然是怪物！」說完，走進屋內，焚香作法，用符水向東噴了三次，後對張不疑說：「你去看一看她怎麼樣了。」

張不疑看後說：「大體還是原來的模樣，只是身材短小了幾寸。」

玉清道長說：「不行。」又邁禹步作法，向門噴水三次。

張不疑又到屏風後面去看，發現春條只剩一尺多長，在那裡僵立不動。

這個時候，玉清道長又用打怪鞭朝空打了三下，就見春條倒在地上，變成一個已經腐朽了的陪葬木器皿，背上題有「春條」二字。這時，木器皿上的衣服像蟬蛻一樣脫落了，只是中間的繫結依舊。

張不疑拿刀去砍，發現鮮血已經浸潤到木頭裡了。

玉清道士心有餘悸地說：「假如她使鮮血遍布全身，那麼你們全家人都要遭受這個妖物的禍害了！」

Tips

最早的木俑，見於安陽殷墟商朝王室墓中與人殉一同發現的雙手綁縛的奴隸俑。至春秋戰國時期，社會進步終止了人殉時代。因此，木俑出現於從東周到宋朝一千五百年時間裡。

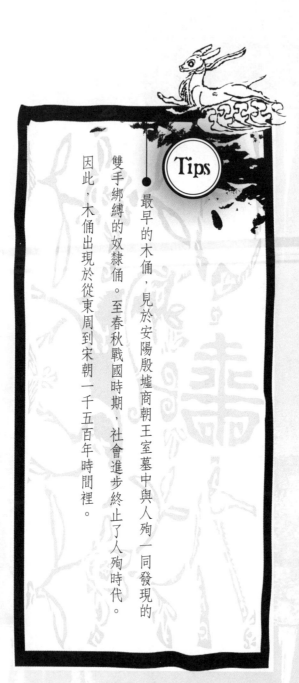

49 鯉魚精

情動天地的奇女子

宋朝咸平年間，大名府中有一個名叫張盛的富商，與讀書人金寵訂了娃娃親。

這年，恰逢科考之時，金寵將懷有孕的妻子託付給了張盛，進京趕考。幾個月後，金寵的妻子生下了一個女孩，取名牡丹。不久，張盛的妻子生下一個男孩，取名為張珍。

此時喜訊傳來，金寵高中狀元，他回到家中，彼此交換信物，約定好等到孩子十六歲時便讓兩人成親。

轉眼之間，十六年過去了。

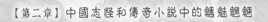

這天，正值當朝宰相金寵壽辰，忽聞外面有下人回報，說有人假稱是宰相的女婿上門了，轟了也不走，門外亂成一團。

金寵一聽大驚，猛然想起昔日與張家訂親一事，就暗地命管家先將此人請入後院。待賓客散去，金寵來到後廂房，果然見到一個年輕書生模樣的人。

此人正是張珍，在他八歲那年，一場瘟疫讓自己的父親張盛丟了性命，孤兒寡母加上親戚的趁火打劫，張家算是徹底敗落了。

如今見到了「岳父」，張珍立刻拿出當年的信物。金寵接過後，確認是張家後人無疑，心下十分為難，以自己今日身分，讓一介布衣為婿，徒增恥笑，女兒自然也不會答應的。可是昔年張家對自己有恩，這門婚事也是自己訂下的，這可如何是好呢？他斟酌了一下，開口說道：「昔日你父母有恩於我，這門婚事自然是算數的，只是我金家有個祖訓，一旦入官場，三代之內不招白衣婿，賢姪既然來此，何不先求個功名，再迎娶我的女兒？」

張珍知道金宰相內心的想法，只是人在屋簷下，不得不低頭，只得點頭稱是。

於是，金寵便安排下人帶張珍獨居後花園碧波潭畔草廬，讓他一心讀書求功名。

金家小姐牡丹，年方十六，長得如花似玉，此時暗戀上了護國將軍家的獨子江雲飛，聽到張珍來了自然是大哭大鬧，埋怨父親當年不該將自己許配給這個窮小子。

張珍住了三個月，她也從來沒有去看望。

張珍獨居他鄉，經常在夜半人靜的時候，到碧波潭訴說自己的心事，不料這些話都被碧波潭下一條千年修行的鯉魚精聽到了。

鯉魚精十分同情張珍的遭遇，又見他相貌堂堂，便動了春心。後來，就幻化成了牡丹小姐的模樣，悄悄地上岸來會張珍。

此時已是深夜，鯉魚精來到張珍草屋的門前，偷偷觀望。只見張珍俯在桌上正在打盹，鯉魚精覺得頗為有趣，不禁笑出聲來。

門外突然傳來笑聲，張珍立刻驚醒，推門一看，只見一個仙子般的姑娘站在門口，笑吟吟地看著他。

張珍一時間驚訝著，問道：「妳是哪家的姑娘，深夜在我門前做什麼？」鯉魚精只是臉色羞紅，低頭不答。

張珍心中暗想，莫不是花妖樹精，變成了美女前來害我？只聽這美嬌娘輕輕道：「張郎，我便是幼時與你訂婚的……」說到此處，便嬌羞地說不下去了。

張珍大喜：「莫非是牡丹小姐？」鯉魚精只是害羞點點頭。

從這之後，鯉魚精便時常前來與張珍相會。

轉眼便到了新春佳節，牡丹小姐到後花園採摘梅花。此時正好是張珍與鯉魚精相約之時，張珍趕來，見牡丹小姐正在梅花樹下轉來轉去，像是要採摘梅花，怕她傷了，連忙道：「娘子小心傷了手，我去幫妳採一朵就是了。」牡丹聽此人喚自己為「娘子」，大怒道：「你是何人，竟敢叫我娘子！」

張珍聽她此言以為是平日裡的玩笑，便摘了一朵花要給她戴上。

牡丹大驚失色，一邊躲一邊喊：「有賊，來人啊來人！爹爹，母親，不知哪裡來的狂生，竟要調戲女兒，快快把他趕出去！」這一鬧，便驚動了金宰相和金夫人。

張珍此番真是跳進黃河也洗不清了，金寵大怒之下命人將他趕出門去。

張珍拎著被扔出來的包裹，失魂落魄一般往前走，心中暗恨牡丹小姐翻臉無情。

這時，鯉魚精化身為牡丹追了上來，一把拉住張珍，淚眼婆娑地說道：「剛才只因我爹娘在側，若被他們得知你我早已訂下私情，一定會惱羞成怒，我迫不得已才出此下策，萬望見諒！」張珍聽鯉魚精如此一講，氣便消了大半，他與鯉魚精商量，決定回鄉之後再做打算。

適逢城中開花燈節，鯉魚精從未看過這熱鬧景象，便央求張珍帶她去看花燈。偏巧，他們被金府的一個家人看到了，連忙稟告同來看燈的金寵。

金寵一聲令下，讓人將張珍和鯉魚精押回府裡。

再說金牡丹，聽聞前廳出事，便出來看個究竟，卻發現一個和自己一模一樣的女子被帶了進來，當下叫出聲來！

這下，宰相府算是真正熱鬧了，兩個小姐都說自己是真的，對方才是假的，可是誰都看不出哪個才是真的。

鬧了一陣子沒什麼結果，金宰相便命人請來了開封府尹包拯。

這包拯斷案如神，還有一把斬妖劍，據說能通鬼神，他見真假牡丹，一個對張珍有情，一個對張珍無情，就將鯉魚精和張珍偷偷地放了。

金寵得知包拯放走了鯉魚精，心有不甘，請來了張天師前來捉拿妖怪。

張天師調遣天兵天將，一路直向鯉魚精和張珍處而來。

鯉魚精見在劫難逃，就對張珍說：「張郎！你不要害怕。我乃是碧波潭鯉魚精，因對你有情才變成牡丹女，與你雙宿雙飛。」此話一出，張珍愣住了，他細細打量一了鯉魚精，說道：「聽妳說這番真心話，心中雖驚，卻是十分歡喜。我張珍寧願有妳這樣一個妻子，也不願再進宰相府的大門了！」這一番話說得鯉魚精喜極而泣。

突然，狂風大作、電閃雷鳴，天兵天將趕了上來。鯉魚精精通水術，發起洪水阻攔，但無濟於事，眼看就要被取了元丹。

在這危急時刻，南海觀世音菩薩到了，天兵天將方才退下。觀世音說：「鯉魚精不必驚慌，本座特來救妳。我只問妳一句，妳願大隱還是小隱？」

鯉魚精問：「大隱怎樣，小隱如何？」

觀世音道：「小隱隨我到南海修練，五百年後得道成仙；大隱拔去魚鱗三片，打入凡間受苦。」

鯉魚精聽後，叩頭道：「小妖情願大隱！」

觀世音嘆道：「善哉，善哉！如此拔魚鱗三片，大隱了吧！」說完，抬指在鯉魚精身上點了三下，那三片金鱗緩緩而落，鯉魚精當即暈死過去。

在她醒來之時，發現被張珍抱在懷中，正坐在龜背上沿江而行。

一段只羨鴛鴦不羨仙的佳話，就此流傳開來。

Tips

本故事講述的凡人和鯉魚精動人的愛情故事，也是十分有名的京劇傳統劇碼——《碧波仙子》。

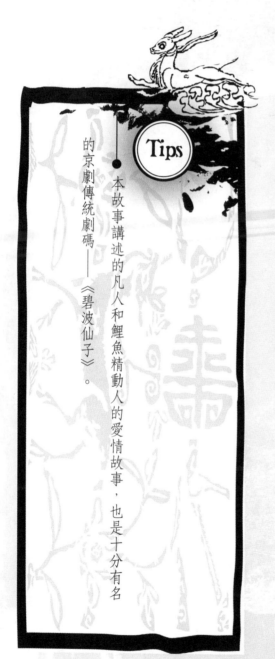

50 木偶精

描丹青的陪葬木俑

唐高祖武德初年，曹惠任江州參軍。他的官府裡有一座佛堂，堂裡有兩個一尺多高的木偶，雕刻裝飾得十分巧妙精緻，只是上面的丹青塗色已經剝落了。

曹惠將這兩個木偶帶回家裡給孩子們玩，誰知這兩個木偶竟然活了，伸手向孩子們要餅吃。孩子們嚇得跑到屋裡告訴父親家裡鬧鬼了，曹惠笑著說：「不要驚慌，我去把木偶抓來。」只見那兩個木偶奔跑著來到屋裡，其中一個轉動著眼睛說：「我叫輕素，她叫輕紅，都有名字，為什麼叫我們木偶？」

曹惠問她說：「妳們是什麼時代的妖物？」

輕素說：「我們是宣城太守謝朓陪葬的木俑。有一天我正在墓中為樂夫人洗腳，忽然聽到墓門

外傳來了一陣聲響。樂夫人害怕，光著腳變成了白髏骷。過了一會兒，有兩個盜賊拿著火把走了進來，把墓中財物盜竊一空，臨走的時候，把我們也帶走了。當時是東魏孝敬天平二年。我們輾轉流落了好幾家之後，到陳朝末年，被人帶到了這裡。」

曹惠又問：「聽說謝朓娶的是王敬則的女兒，妳為什麼說是樂夫人呢？」輕素說：「王氏是生前的妻子，樂氏是陰間的婚配。王氏性情直率粗魯，到了陰曹地府也不知悔改，謝朓就偷偷地報告了天帝，天帝允許他休掉王氏，娶了樂彥輔的第八個女兒。」

曹惠越聽越驚奇，說道：「妳二人如此靈異，還是放了妳們吧！」

這時，輕紅開口回答：「廬山的山神早就想要我們去做舞姬，如今可以領命告辭了。如果您能成全我們，就請您找畫工重新給我們畫妝。」

曹惠立刻命令畫工為這兩個木偶塗漆，使她們的面容、服飾煥然一新。

輕素笑著說：「畫得這麼漂亮，看來我們能做山神的夫人了！」

說完，兩個木偶就消失不見了。

後來，有人祭祀廬山的山神時，女巫說山神新娶了兩個小妾，看來就是輕素和輕紅無疑了。

無獨有偶，數十年之後，有一隻猴子也是木偶變的。

這個故事發生在唐玄宗天寶年間——

當時，長安城裡住著一個窮和尚，整日在街上叫賣一隻猴子。

這隻猴子能夠聽懂人的語言，做一些簡單的事情。
虢國夫人聽說後，就命人將窮和尚請進府邸。
看過了猴子的一番表演，虢國夫人就向窮和尚打聽牠的來歷。
窮和尚說：「早些年，貧僧住在西蜀，偶然在路上撿到了這隻猴子。我把牠收養在身邊多加調教，僅僅過了半年，這隻猴子就聽懂了人的語言，隨著我的指示做一些事情。貧僧來到京城已有三個月，吃喝用度十分匱乏，只好忍痛割愛，為這隻猴子找一個好的去處，因此在街上叫賣牠。」
虢國夫人說：「我給你十匹絲帛，五十兩紋銀，你把猴子留下，可以嗎？」
窮和尚表示感謝，留下猴子離開了。
從這之後，這隻猴子從早到晚都陪伴在虢國夫人左右，極討主人的歡心。
一次，楊貴妃贈送虢國夫人一株靈芝草，夫人叫來猴子觀看。
突然，猴子撲倒在虢國夫人的面前，變成了一個容貌端莊秀美的小男孩。
虢國夫人大驚，急忙問小男孩這是何故。
小男孩說：「我本姓袁，曾經跟著父親進山採藥，在林中住了三年。父親常給我吃一些草藥，忽然有一天，我變成了猴子。父親害怕，把我扔在了路邊，後來被那個和尚收養了。沒想到今天竟然變回人身，多謝夫人的恩德！」
虢國夫人大感驚奇，就命人拿來衣服給小男孩穿上，叮囑左右不要將此事說出去。

過了三年，小男孩漸漸長大了，容貌變得十分帥氣，虢國夫人怕他被人奪走，就安排他住在一個小屋裡。

小男孩嗜好藥物，虢國夫人讓下人們經常供給他藥食。

有一天，小男孩又變成了猴子，下人們見狀，就用弓箭來射死了牠，走近一看，原來是個木偶。

Tips

這則故事改編自《太平廣記》的精怪篇。

《太平廣記》是宋朝李昉、扈蒙、李穆等十二人奉宋太宗之命編纂的，因成書於宋太平興國年間，和《太平御覽》同時編纂，所以叫做《太平廣記》。書中神怪故事佔的比例最大，如神仙五十五卷，女仙十五卷，神二十五卷，鬼四十卷，再加上道術、方士、異人、異僧、釋證和草木鳥獸的精怪等等，基本上都屬於志怪性質的故事，代表了中國文言小說的主流。

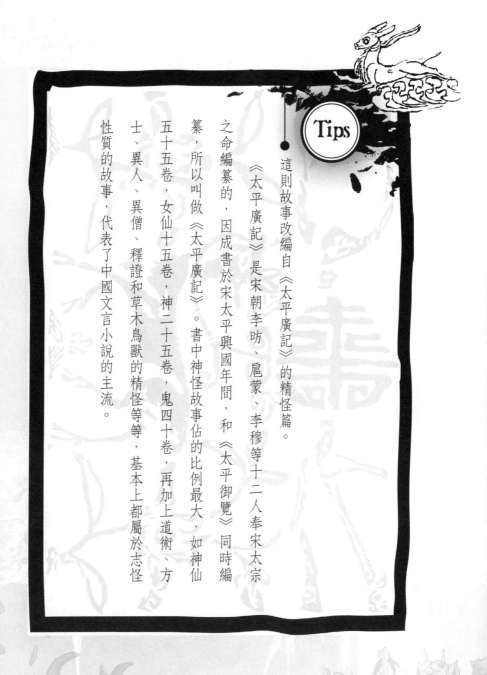

51 縊鬼

找到替身才能投胎的吊死鬼

清朝乾隆年間，蘇州有個叫范奎的讀書人，雖然學富五車，但是每次考試都時運不濟，年逾四十才中了舉人。由於家中貧困無錢雇車，他就背著行李和書箱徒步進京趕考。這一路天寒地凍、風餐露宿，可謂歷盡艱辛。

一天晚上，范奎走著走著迷了路，許久才在路旁見到有一戶人家，便上前去敲門。一個白鬚老人提著燈籠把門打開，將范奎從頭到腳細細端量一番之後，才詢問他是何人。范奎恭恭敬敬地向老人行了行禮，告知了自己的姓名、籍貫，說進京考試迷失了道路，請求在貴舍借宿一夜。

老人一聽他是進京參加會試的舉人，不由得肅然起敬，連忙將他請入客廳。命家人速速準備好酒食，讓范奎飽餐一頓，又在院內找了一間房舍給他居住。

夜裡，范奎躺在床上睡不著，就點著蠟燭坐起來看書。

看著看著，他忽聽門口傳來一陣窸窣聲，連忙轉頭看去，只見一個身穿紅衣的女子推門走了進來。

范奎跳下床大喝一聲，那女子抽身就跑，范奎追出門去，看那女子跑進後院就不見了。

范他在後院四下尋找，突然看見有亮光從一間房舍中傳了出來，就走上前去，貼著門縫向裡面觀望。

只見剛才那位紅衣女子正對著鏡子梳妝，一會兒梳理髮髻，一會兒插戴頭簪，還對著鏡子前後左右仔細打量自己。

范奎心想，這一定是個淫蕩的女人，打扮得漂漂亮亮想去找男人幽會。

這時候，那位紅衣女子突然對著門外說：「外面天寒地凍，公子何不進來呢？」

范奎見自己被發現了，索性推門走了進去，只見這紅衣女子年齡甚輕，長相也頗為清秀，就問道：「不知姑娘剛才去我房中所為何事？」

女子回道：「實話告訴你，我乃是縊死之人的鬼魂，本應今晚就能找到屋主人的兒媳做替死鬼，無奈有一條絹絲放在你所住屋子裡的香爐下，沒有這件東西不能成事，還請你看我可憐的份上還給我吧！」

范奎聽罷恍然大悟，知道這就是世人俗稱的找替死鬼，只是他心中感念老人的恩德，不忍見他家人暴亡，便拒絕道：「妳用別人的死來代替妳的生，實在是不人道，我不會讓妳得逞的！」紅衣女子再三哀求，范奎都不為所動。

見范奎如此決絕，紅衣女子就將長袖甩起，瞬間變成另外一副模樣：眼睛向外鼓著，一條鮮紅的舌頭伸出唇外足有一尺多長，披頭散髮，對著范奎怒目而視。

范奎本就膽略過人，見此情形根本不以為懼，他鬚髯怒張，向女子用力吹了一口氣。此時他宿酒未醒，滿嘴都是酒氣，這一吹的樣子就和世上所畫的奎星一樣，只聽女子一聲驚呼，隨即便撲倒在地化為一陣雲煙。

范奎見女鬼沒了蹤影，急忙敲開老人的房門，告訴他方才所發生的事情。

老人聽到范奎說到女鬼要抓兒媳做替死鬼時不由得神色一變，急忙叫老伴趕緊起身到東廂房去看看。原來，老人的兒子這幾日正好外出，兒媳劉氏和婆婆素來不睦，白天吵了一架，一直沒有出房門。老人擔心兒媳會有什麼不測，就急忙叫醒老伴去東廂房門口敲門，可是敲了好長時間的門，裡面卻沒有一絲動靜。

范奎心知必有變故，就撞破房門進入屋內，發現老人的兒媳已經掛在了樑上，就急忙上前將劉氏解救下來，將其救醒。

隨後，范奎又來到自己所住的房屋，在香爐下找到那條絹絲用火燒掉，以絕後患。這年的會試，范奎考中了狀元，後來一直官至禮部尚書，知道的人都說這是做了善事的緣故。

Tips

縊鬼，又名吊死鬼，指自殺上吊而死的鬼。縊鬼披頭散髮，面目蒼白，眼睛突出，口裡能夠吐出一條血紅色的長舌頭，是中國常見的鬼類之一。

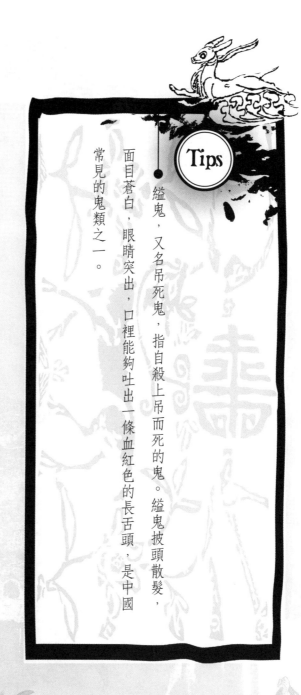

52 枯骨精

吸收日月精華的骨妖

從前，有一個叫劉友松的河內人，隱居在蒲州中條山。

山裡住著一個美貌的女子，經常拿著罐子到溪邊打水。

一天，女子又來打水，劉友松就輕手躡腳地走到她的身後，抓住她的手腕調戲說：「誰家的美人，到我這裡來偷水？」

女子笑著說：「山澗下的流水，哪有什麼主人，需要就來取，怎麼可以算偷呢？」

劉友松問：「妳住在什麼地方，有沒有嫁為人婦？」

女子神色一變，悲悲切切地說：「我從小失去了父母，暫住在山北面姨母家裡，受盡了委屈，年過十八了還沒有嫁人。」

劉友松聽後，請求說：「娘子既然沒有出嫁，我也是孤身一人，不如成全我吧！」

女子倒也大方：「既然公子不嫌我長得醜，我也是求之不得的，但要等到夜晚我才能來你的住處成全好事。」

說完，女子就拿著水罐離去了。

這天晚上，女子果然來到了劉友松的草堂，郎有情妾有意，兩人纏綿自不必細說。

從這以後，劉友松每夜讀書，女子都陪伴在他的左右。

如此過了半年。

一天晚上，劉友松照常捧卷閱讀，發現女子坐立不安，顯得十分難受，就問她怎麼了。

女子沒有回答，只是說：「我有些不舒服，先去睡了，你回臥室的時候，千萬不要拿蠟燭，這就是我的萬幸啦！」

劉友松並沒有把這句話放在心上，看了一個時辰的書就拿著蠟燭回屋上床了。

當他掀開被子，不由得大吃一驚：原來自己的心上人竟然變成了一具枯骨！只見這具雪白的枯骨蜷曲在床上，眼和鼻子通明，背部肋骨小巧，各部位的骨骼全都俱備。

劉友松惋惜感嘆了好長時間，將被子蓋上了。

過了一炷香的時間，枯骨恢復了人形，她對劉友松說：「我不是人類，而是山南的一個枯骨精。那裡有一個叫恆明王的，是鬼的首領，我每個月要去朝見一次。可是自從我嫁給了你，半年都沒去朝見，今天被捉去打了一百鐵棍。我受這樣的毒打，非常痛苦，就現出了原形，沒想到讓你看到了。事已至此，我們的緣分也就盡了。在這山裡，大凡所有東西，總有精魅附其身，恐怕對你有害，你應該立刻離開這裡！」

說完，她哭泣了許久，就魂飛魄散了。

劉友松見心愛的女人消失了，激憤之下決定找恆明王去復仇。

恰巧這一日，江西龍虎山的張真人路過此地，劉友松就求他和自己一起去捉恆明王。

兩人來到了山南，遇見了一個自稱仙人的白髮老者。

張真人施法定住他，用一件「天蓬尺」把他從頭到腳量了一遍，這個自稱仙人的妖精就縮身化成了一段脛骨。

原來，這個老者就是恆明王。

張真人說：「這個妖精是上古魔王蚩尤的一段骨頭所化，因為吸收了日月精華而成妖，幸好現在就收了它。如果它與女子交合，獲得的法力就更大，到時我恐怕制不住他了。」

劉友松報了仇後，就搬出草堂，離開了這個傷心之地。

Tips

枯骨精屬於殭屍中的不化骨，是伏屍的同類。對於這種妖怪，有一個降服的方法：《子不語》引了《岣嶁神書》中的一句話：「老蛤能辟伏屍」，只可惜這個老蛤到底是蛤蜊還是蛤蟆，袁枚沒有明確交代。

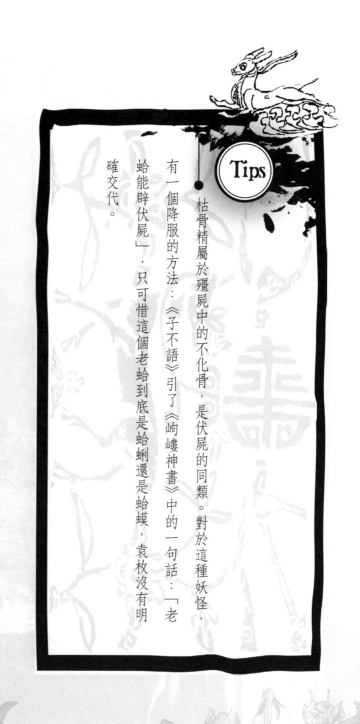

53 龍女

水晶宮裡多情的公主

有一個叫馬驥的商人，在一次出海做貿易的時候遭遇了風浪，結果迷失航向，在海上漂流幾日後，停靠一個陌生的地方。

在這裡居住的人長得特別醜，可是見到馬驥這個不折不扣的美男子，卻覺得他特別難看，甚至醜得像妖怪。

馬驥發現這個情況後，便開始「欺負」這裡的人。每當他感到飢餓時，就飛奔到正在吃飯的人面前，將吃飯人嚇得四處逃散後，然後撿人家剩下的飯菜吃。

這樣過了一些日子後，馬驥開始尋找回家的路。

在經過山林時，他終於看見了一些長相正常的人，但都穿著破爛的衣服，看起來比乞丐還糟糕。馬驤在樹下歇腳，這些人遠遠地圍觀，誰也不敢上前來。過了好久，他們覺得馬驤並不是什麼吃人的怪物，才稍稍靠近了一些。有幾個膽大的年輕人走上前來，詢問馬驤姓氏名誰，來自何方。

雙方語言不通，交流起來十分困難，比手畫腳好半天之後，這些人才知道馬驤來自中國，就把他請進了村子。

當晚，本地人設宴款待馬驤，頗有智慧的村長端詳馬驤好久，才開口說：「中國距離本地有兩萬六千里之遙，一直都聽說那裡的人長得很奇怪，現在看了才知所言不虛。」

馬驤有點哭笑不得，趁著交流有些順暢的時候，開始打探此地的情況。

原來這個地方是羅剎國的領土，羅剎國的首都距離這個村莊有三十里路。國王賜官的標準，不是文采，而是容貌，長得越醜的，越能得到高官厚祿；那些長得正常的，往往生下來就被父母拋棄，如果僥倖未被遺棄，也是出於延續香火的考量。

非同尋常的選才標準引起了馬驤的好奇，他央求村裡人帶他去參觀一下都城，一個好客的村民很爽快地答應了。

第二日，馬驤和村民起身前往羅剎國首都。

快到都城的時候，馬驤遠遠望去，發現整個都城的牆都是用黑石砌成的，像是一片濃墨鋪天蓋地而來，屋頂上也沒有瓦片，大多都是紅色的石頭。

當兩人走進城門，正趕上退朝，一大批官員從宮中出來，陣勢頗為壯觀。村民指著一個人說：「他是相國。」馬驥一看，發現這位相國的兩隻耳朵是反著長的，鼻子有三個孔，睫毛像簾子一樣遮住了自己的眼睛。跟在他馬後的是官員們，也都長得面目猙獰，只不過官位越低的人，醜的程度也就好一點。

這個時候，都城裡的人發現馬驥，像見了食人怪一般，驚叫著四下躲開，直到陪同的村民說明馬驥的身分後，混亂的形勢才有所緩解，但馬驥這個名字卻一傳十、十傳百地傳遍了全國。

為了尋找回家的路，馬驥在首都拜見了很多官紳，可是他們根本不敢見這個「醜陋」的人，即使是隔著門縫看都覺得恐怖。

陪同的村民看出馬驥的尷尬，對他說：「有一個人或許不怕你，他就是宮廷的侍郎，曾經多次出使外國，見多識廣。」

馬驥聽後立刻登門拜訪，這位侍郎年歲已高，八、九十歲的樣子，樣貌還算正常，他見到馬驥很高興，許諾說：「我年輕的時候去過很多地方，但沒有到過中國，有機會我一定向國王舉薦你。」

老侍郎說到做到，第二天早早就上朝去了，向國王詳細說明馬驥的情況，懇求國王賜予他一官半職。

可是大臣們一致反對，說馬驥長得實在是太醜了，怕國王見了會害怕。

就這樣，馬驤的仕途被扼殺了。

又過了一段時間，村民去海市購物，問馬驤需不需要為他帶點什麼東西回來。所謂的海市，就是四海之內的鮫人和周邊國家的商人進行交易的場所，每當海上朱雀齊舞的時候，就是海市開始的時候了。

馬驤沒有見過鮫人，村民就介紹說：「鮫人魚尾人身，牠們生產的鮫綃，入水不濕，牠們哭泣的時候，眼淚會化為珍珠。」

聽著還挺稀奇的，馬驤就央求村民帶他一起前往。

村民欣然答應。

過了幾日，村民帶領著馬驤搖著小船來到了海市，這裡陳列的都是人世間罕見的商品。

在海市上，馬驤遇見了龍宮裡的三太子，三太子得知他來自中國，就邀請他到龍宮遊玩。他跨上三太子牽來的駿馬，跳入海中，只見海水自動分開一條路，像摩西過海一般，如履平地。

「海路」的盡頭是一座富麗堂皇的宮殿，房梁用美麗的玳瑁製成，屋頂上的瓦是魚鱗，整個宮殿看起來晶瑩、奢華。

進入宮殿，老龍王坐在正殿的龍椅上，用洪亮的聲音對馬驤說：「先生來自中國，想必學識一定過人，不知小王能否有幸欣賞一下先生的才學呢？」

馬驤俯首領命，作了一首《海市賦》。

龍王閱後，大為讚賞，當下對馬驥說：「我有一個女兒，剛到婚嫁年齡，小王有意將女兒託付給先生，不知您意下如何？」

蒙龍王如此厚愛，馬驥自然喜不自勝，幾日之後，他便成了龍王的女婿。

從此，馬驥和龍女相親相愛，生活得十分美滿。

龍宮中有一棵玉樹，夫妻二人常在樹下吟詩唱歌。玉樹開的花像梔子花，每一片花瓣落下，都鏗鏘有聲，撿起來一看，像紅瑪瑙雕刻而成，十分可愛。看到梔子花一樣的花瓣，身在龍宮的馬驥不禁想起了故鄉和親人。

到後來，他的思鄉之情日濃，對龍女說了自己的想法，問她能不能和自己一起回故鄉。

龍女對他說，仙界與人間道路不通，無法隨行，但也不能為了兒女私情而使夫君背負不孝的罵名。

馬驥聽龍女一番訴說，不禁眼淚直流。

龍女對馬驥說：「兩地同心，就是夫妻，何必要早晚在一起呢？」

她要馬驥在三年之後的四月八日，再次駕船到這裡來，她有禮物要送給馬驥。

臨行前，龍王設宴送行，給了馬驥，他幾輩子都花不完的珠寶。

回到家，家人都以為馬驥早就死去了，聽他講述了多年的經歷之後，都覺得稀奇。

三年很快過去，在四月八日這天，馬驥依照約定來到海邊。他看見一男一女兩個孩子浮在海面上玩耍，馬驥將船靠近，發現他當年離開龍宮給龍女留下的紅玉蓮花，別在了孩子的花帽上。

原來，這對兒女就是龍女說的「禮物」。

Tips

在佛教的故事裡，龍女是娑竭羅龍王的小女兒，自幼智慧通達，八歲時已善根成熟，在法華會上當眾示現成佛。為輔助觀世音菩薩普渡眾生，龍女又由佛身示現為童女身，成為觀世音菩薩的右近侍。

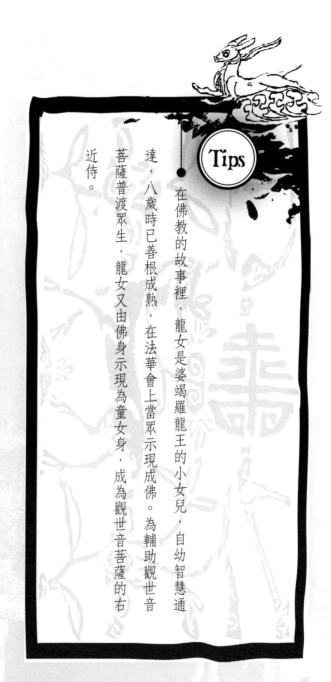

54 五通神

比狐妖還難纏的五個淫魔

在中國的南方，有五個名為「五通神」的淫魔，牠們橫行鄉野，淫人妻女，老百姓敢怒不敢言。吳中有一個典當商人，叫趙弘，他的妻子閻氏長得頗具姿色。

一天夜晚，一個男子手持寶劍來到趙弘家裡，丫鬟婆子見狀，全都嚇得逃走了。閻氏剛要出來，就被男子蠻橫地攔住了，他說：「小娘子不用害怕，我是五通神中的四郎，只要妳從了我，我就不會殺妳。」

說完，攔腰抱起閻氏，像舉個嬰兒一般，放到床上。

四郎將閻氏蹂躪了一番之後，臨走時說：「五天後我還會回來。」

趙弘忙於當鋪的生意，晚上沒有回家，丫鬟跑來告訴他家裡闖進了一個持劍的男子，讓他趕緊

回去。

趙弘知道是五通神，問都不敢問。

天亮的時候，趙弘回到家中，見妻子臥在床上痛哭，感到十分羞恥，但又無可奈何，只是告誡家裡人不要將此事傳出去。

到了第五天，趙弘家裡的丫鬟婆子誰也不敢陪在閻氏的身邊，全都躲到廂房裡去了，只留下閻氏孤身一人面對著蠟燭，忐忑不安地等著五通神的降臨。

不久，四郎帶著兩個人來到內室，他讓僮僕擺上酒菜，與閻氏一起喝酒。

閻氏又羞又怕，低頭不語，強讓她喝也不喝，只是默默流淚。

三人喝到半夜，那兩個人才起身告辭說：「今天四郎喜得美人，我們應該去告訴二郎、五郎，改日一起飲酒慶賀！」原來，他們是五通神裡面的大郎和三郎。

這兩個淫魔走後，四郎拉閻氏來到床上，一番雲雨之後就離開了。

閻氏被折磨得奄奄一息，她躺在床上，羞氣交加，便想自盡，可是一上吊繩子就斷，試了好幾次都是這樣，就是死不了。

趙弘的表弟叫萬生，為人剛強勇猛，精於箭術。

一天，他來拜訪表兄趙弘，夜裡住到內院裡。

大約一更天，院子裡忽然傳來了腳步聲，萬生翻身坐起，趴在窗子上偷偷往外看，只見一個陌生男人進入表嫂的臥室。

萬生以為表嫂偷偷摸摸私會姦夫，頓時大怒，持刀闖了進去。

只見那男人和閻氏並肩坐在一起，桌上還擺放著美酒佳餚。

還沒等那名男子反應過來，萬生就揮刀砍中他的頭顱。

男子立刻倒地，萬生仔細一看，原來是一個像驢一般大小的怪物。

閻氏向萬生簡單說明事情的原委，隨後催促他說：「你還是快點離開吧！其他的五通神馬上就要來了！」

萬生示意表嫂別出聲，他吹滅蠟燭，取出弓箭，埋伏在暗處。

不一會兒，有四個人從空中飛下，為首的那個剛落到地面，就被萬生一箭射死了。接著，萬生突然躍出，揮刀砍中一個人的脖頸。另外兩個人見狀，嚇得逃走了。

萬生拿過燈籠一看，地上躺著的竟然是兩頭豬。

趙弘害怕剩下的兩個會來報仇，就留萬生在家。

萬生在這裡住了一個多月，也不見五通神的蹤影，便想告辭回去。

這時，有個木材商人求上門來。他說有一個二十來歲的美男子，自稱是五通神，說要娶他女兒為妻，不容分說約定了日期，還留下了聘禮。

聽到萬生的大名後，木材商人執意請萬生到家裡捉妖。

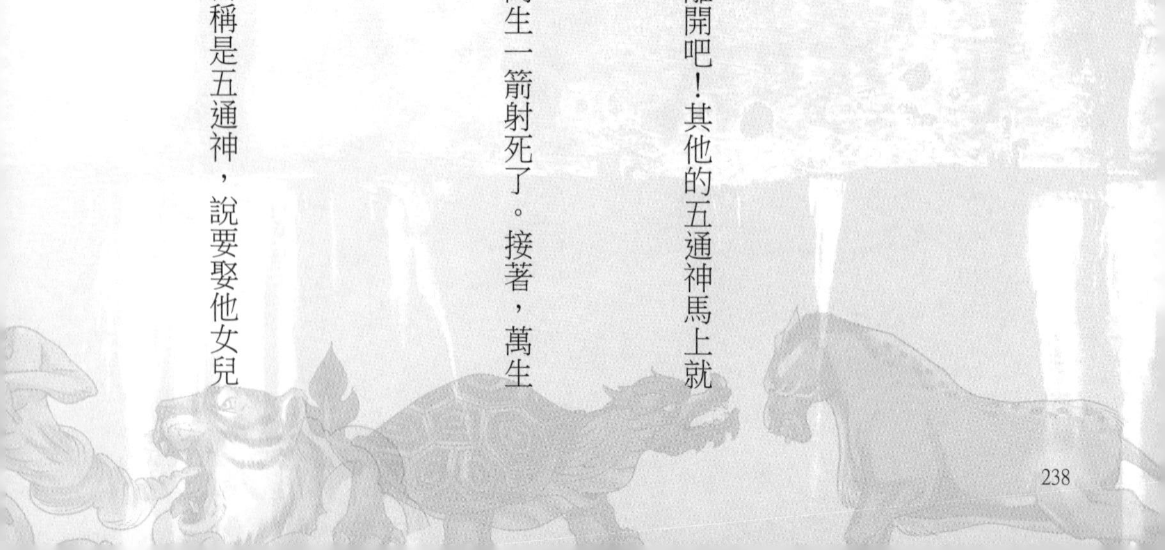

到了約定的婚期，木材商人的家中張燈結綵，日頭西斜時，從房簷上有東西像鳥一樣飛落下來，落地後變成了一個青年。

他穿著華麗的衣服，來到室內，不料裡面沒有新娘子，而是一個手拿鋼刀的大漢。

青年大叫一聲，轉頭就跑，萬生躍起一刀砍去，砍掉他的一隻腳。萬生俯身仔細一看，是一個像爪子一樣的東西，他循著血跡找尋，發現怪物已逃入江中。

從這之後，吳中「五通」只剩下「一通」，再也不敢公然為害了。

Tips

「五通神」，又稱「五郎神」，是橫行鄉野、淫人妻女的妖怪，因專事奸惡，又稱「五猖神」。來歷複雜，一說指唐時柳州之鬼；一說是朱元璋祭奠戰亡者，以五人為一伍；一說為元明時期騷擾江南、燒殺姦淫的倭寇。總之，五通神為一群作惡的野鬼。

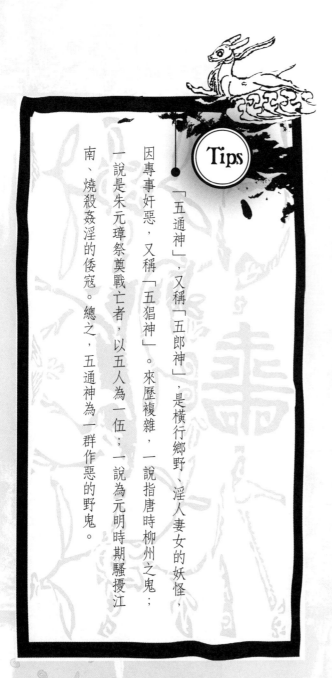

55 食鞋怪

專吃人鞋的怪獸

食鞋怪外形很特別，頭髮棕黃，皮膚黝黑，身軀龐大，一雙手像鳥爪一樣鋒利。再看那巨大的頭顱，上面長著一雙凹陷的眼睛，高起而尖尖的大鼻子下面張著一個大大的嘴巴，這張嘴沒有任何與人嘴相同的地方，但是卻能說人話。

如果你不攻擊牠，牠也從來不傷害你。但見到人腳上的鞋子卻從來不放過，會第一時間衝上去，用尖銳的爪子扒掉鞋子，然後狼吞虎嚥地吃進肚子裡。

這倒無大礙，只是一雙鞋子而已，大不了再換一雙，關鍵是這鞋子會在怪獸的嘴裡流出鮮血，而且還會發出讓人毛骨悚然的慘叫聲。

話說有個叫李木中的男子，很有豔福，娶了個貌美如花的妻子，但相處久了才瞭解到這個女人很愛吃醋，因此給李木中添了不少煩惱。久而久之，他為了不讓老婆生氣，做事唯唯諾諾，因為心情的不暢快，還惹了一身的病。

有一天，臥病在床的李木中想去廁所，自己一個人去，感覺有些虛弱，怕站不穩；想讓女婢陪同，又怕妻子知道後又生氣。無奈之下，只好自己一個人慢慢地走去。他來到廁所門前，昏昏沉沉地推開了門，抬頭一看，發現一個黑色的人影正蹲在牆邊。

李木中心想，這是哪個下人，看外形怎麼很陌生呢？雖然疑惑，卻也沒放在心上。沒想到，那個巨大的背影突然站起來，轉過身向李木中伸出一雙和鳥爪一樣尖銳的手，張開像老虎一樣的大嘴巴，說道：「快把你的鞋子脫下來給我！」

這個東西長得太嚇人了，黑黝黝的皮膚、深陷的雙眼，又高又尖的大鼻子，還有那張大嘴巴，這哪是人啊，明明就是個怪物！

李木中嚇得呆若木雞，不知如何是好，就在這時，那個怪物突然彎下身，扒掉李木中腳上的一隻鞋子，整個塞進嘴巴裡，狼吞虎嚥地吃。

這著實嚇著李木中了，可是還有讓他更害怕的是，那隻鞋子好像有了生命，在怪物嘴裡鮮血直流，還發出悽慘的叫聲。

怪物就像享受著美餐，不一會兒，就把那鞋子吃光了。

李木中嚇壞了，慌慌張張地跑回房裡，找到妻子，把他的遭遇和妻子說了一遍。妻子不相信丈夫的話，但是看丈夫的樣子又不像在說謊，為了探個究竟，她跟隨丈夫來到廁所。

兩人一進廁所，剛才那個怪物還在那裡站著，看見李木中另一隻腳上的鞋子還在，上前搶過來就塞進血淋淋的大口，有滋有味地吃起來。

李妻大驚，拉著李木中就往房裡跑。

後來，一連幾個月他們都沒再見到這個怪物。

有一天，李木中來到後院散步，哪知那個怪物又出現了。但這次，牠沒有搶李木中的鞋子，而是手裡拿著李木中原來的那雙鞋子，對李木中說：「你的鞋子，還你！」說完就將鞋子扔到了李木中的腳邊。李木中拿起鞋子，仔細端詳了一遍，一點都沒破損，和原來的那雙一模一樣。

李木中看著手裡的這雙鞋，非常害怕，決定請當地有名的女巫來作法替自己消災除厄。

誰知，就在女巫剛來到時，那個怪物又出現了。看樣子，牠似乎也沒有惡意，就聽牠對女巫說：「李木中的壽命不長了，還有一百天的時間，要是不趕緊回去，就會客死他鄉！」

李木中雖然懷疑這怪物說的話，但想想牠幾次都沒有害自己的意思，要嘛就先回去探探親、養養病也沒什麼不好。

於是，李木中次日就攜家帶眷返回故鄉。

結果，他真的在百日之後死去了。

Tips

食鞋怪，古代的一種怪獸，愛在廁所藏身，喜歡以人類的鞋子為食，本性善良、知恩圖報。

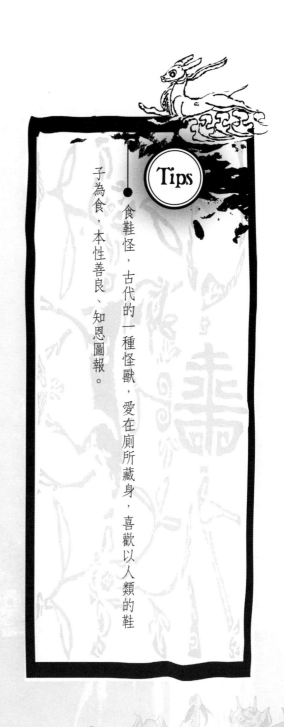

56 瓦精

喜歡行竊的無影妖怪

常州錄事參軍李哲，最近感到十分苦悶。原來，他莊園裡的那些茅草屋，大白天就會無緣無故地自燃起來。

一開始，人們把火撲滅後，發現地上有一尺多寬的麻鞋腳印，還認為是盜賊幹的。可是一連數日，茅屋都會莫名其妙地著火，而且很容易撲滅，李哲這才明白是妖怪所為。

府裡有一個叫阿萬的乳母，有通鬼神的靈性。

一天，李哲晚上在閣樓上讀《春秋》。阿萬看見一個胡人模樣的鬼，偷走了一卷書，就跑去向李哲報告。

李哲仔細查看，確實少了一卷書，就對著上天祭祝禱告。神奇的是，片刻之間，書又回到書箱

裡，一點也沒有破損弄髒。

李哲很害怕，認為鬼怪就藏在院子裡的竹林中，就暗中和管家商議，把這些竹子砍掉，栽種避邪的桃樹。

誰知剛商量好，僕人就送來一封信，說是在院子裡撿到的。

李哲拿過信一看，只見上面寫著：「州下糧食正便宜，一船竹子可以換一船糧，希望你趕快行動。」

李哲的姪子李士溫和李士儒都很剛猛，常常罵這是妖怪作祟。

一天，李士溫來到叔叔家，多喝了幾杯酒，就背著燈光醉臥在床上。

在他似睡非睡的時候，突然看見一名男子從門外走了進來。李士溫從床上跳起來，將那名男子一把抱住，男子拼命掙扎，把燈都踢滅了。

僕人提著燈籠趕到，發現李士溫抱著的那個男子漸漸變成一塊瓦，瓦的背面畫有眉眼，用紙做的頭巾，穿了一件小孩衣裳，又用婦人的披帛，把頭纏了幾圈，打了個結。

李士溫命人將這塊瓦釘在柱子上，然後把它打碎了。

幾天之後，李哲收到了一封信，信上說李士溫殺了她的丈夫，她要報復。

從這之後，李家就莫名其妙地遺失東西，家中的大小器物常常被扔的滿院子都是。

李士溫的弟弟李士儒，有一天也來到叔叔家拜訪。在夜裡，他看見一個婦人從外面走來，在燈下嬉戲，就將她拉住。兩人扭打撕扯了半天，李士儒用手一拍，覺得很硬，用燈一照，發現是一塊穿著衣服的瓦，就將其摔成粉末。

妖怪害怕李士溫和李士儒，只要他們來到李哲家，就不敢再鬧事。

李哲家有兩隻老狗，一隻叫「韓兒」，一隻叫「猛子」，自從家裡鬧鬼，牠們就常常搖著尾巴在暗處嬉戲。

李哲命人把牠們打死，從這之後，他在家中和人私下議論事情，妖怪就不能知道了。

後來，李哲請來一個姓衛的人驅鬼，妖怪非常害怕，就寫了一封信，連同一個箱子，丟到院子裡。

李哲見信上寫道：「我偷走的東西，有一部分換錢買了食物和用具，其餘的全部奉還。」李哲查驗那些東西，果然全都在箱子裡。

Tips

「藤精樹怪」，任何有靈氣的物體都可以變化成人形，可以成精的甚至包括石頭。

57 空心鬼

勾魂索命的惡靈

《子不語》裡並沒說這空心鬼是怎麼來的，只寫牠「紅袍烏紗，長髯方面」，不怕被人看見，似乎是看見了也拿牠無可奈何，還有兩個猥瑣鄙陋的青衣小鬼時刻跟隨在牠左右。

讓人驚悚的是，這空心鬼從胸部到肚皮全是透明的，晶瑩透亮像是水晶玻璃，裡面五臟六腑什麼都沒有。隔著牠透明的身子，牠身後的一切東西都能看清楚。

從前，在杭州東青巷有一個姓周的大戶人家，空心鬼每天都大搖大擺地來他家閒逛。時間一長，周家的人見怪不怪，反正這鬼也算安分，沒鬧什麼事，就隨牠們自由出入。

一天，周家少爺生了病，一個人臥在床上閉目休息。

那三個鬼又來了，在周少爺的臥室裡嘀嘀咕咕地說起來，就聽空心鬼對另外兩個青衣小鬼說：

「我今年一條人命還沒弄到手呢！快到年底了，得弄死一個人，不然就沒人供奉我了。我看周家這個少爺這兩天生病，正是下手的好時機，有沒有什麼法子把他弄死啊？」

周少爺聽聞大吃一驚，沒想到這鬼每天任牠來來去去的逍遙，現在卻要害死自己。他沒有出聲，繼續躺著假裝睡著了，想聽牠們接下來怎麼打算。

只聽其中一個小鬼陰笑著說：「這個容易，明天他老子請的名醫盧浩亭就來了，看病一定會開藥，我們就變成小顆粒，化進湯藥裡，等這個周少爺把我們喝到肚裡去，我們就讓他肝腸寸斷，還怕他不死嗎？」

第二天，那個姓盧的神醫果然來了，他來到周少爺面前，把了把脈，說開幾副湯藥喝了就好了。

等侍從把藥煎好了端過來，周少爺卻怎麼也不肯喝。

見家人非常不解，他就把昨晚聽到的「鬼話」告訴了家人。家人聽後又怒又怕，一起商量對策，最終決定買一張鍾馗的畫像掛在門口對面的牆上。大家以為有鍾馗的守護，牠們肯定不敢來了。

誰知，晚上牠們又出現了，只見空心鬼大笑道：「這個傢伙不是鍾馗嘛！看祂兩眼一瞇，連是人是鬼都分不清，還來嚇唬我！」原來畫上的鍾馗正瞇著眼，旁邊一個青衣小鬼正幫祂掏耳朵呢！

周家人一看，實在是沒什麼好辦法，只能小心防範了。

一晃一個月過去了，兩個小鬼始終無處下手，只好對空心鬼說：「這戶人家時運太旺了，我們實在沒辦法，要嘛換個人家吧！」

空心鬼不同意：「這麼長時間了，我不能白來，總得弄死一個才能回去，否則，還有誰會供奉我？」

牠邊說邊掐著手指算，又有了一個主意：「今年是豬年，要不就弄死個屬豬的人代替他吧！」

說完，三個鬼就不見了。

三天之後，周家有個屬豬的僕人突然暴亡，周少爺的病竟奇蹟般地好了。

Tips

在《子不語》裡的「空心鬼」，是指專門做那些勾魂索命的事，而且不是按照陰間司命薄的安排終止人的性命，而是想要誰的命就要誰的命的妖怪。

58 殭屍

集天地怨氣和晦氣而生的食人不死怪

話說一窮書生進京趕考，沒錢住在旅店，便在城外的一所破廟裡住下。睡至半夜，沒想到發現了殭屍出現，嚇得起身就跑。

殭屍身上長有白毛，跳躍行走，在後面緊追不捨。情急之下，書生爬到了樹上，殭屍只能跳不能爬，就在樹下不停地轉來轉去。後來，它氣極伸手用力往樹幹一插，長指甲深入樹幹無法拔出。此時雞叫天明了，人們聞訊前來圍觀，殭屍傳說就此流傳開來。

殭屍最早出現在五代十國的南唐，不過那時候只有說到屍變還沒有殭屍這個名詞，殭屍是從清

朝才開始大量出現的。

以下就是一個發生在清朝的故事：

在湘西一個依山傍水的小村落，村裡人大多以打獵維生，一小部分靠種番薯過活。

村中有個叫阿三的年輕人，不事生產，整日遊手好閒，因調戲別人的老婆，被人家追殺，就逃入了山中。

他經常在晚上回村幹些偷雞摸狗的勾當，村裡人都對他恨之入骨。

有一天，阿三肚子餓了，想挖一些番薯之類的食物來果腹，挖著挖著，不小心挖到一具屍體。

這具屍體已經存在了好長時間，臉和身子都爛的不成人形，頭上似乎有一張黃紙，上面的字早已模糊不清了。

阿三雖然肚子空空的，也忍不住嘔了幾口酸水出來。他本想拔腿就跑，可是心中的貪念卻使他停下了腳步，猜想著在屍體上或許有一些值錢的東西，致使他就蹲了下來仔細找尋。

找了半天，什麼也沒有找到，死屍身上所發出的腐味使他不堪忍受，就遠遠地逃離了這個地方。

自從翻看過那具死屍後，阿三整個人都變了樣，他一天天消瘦，牙齒也漸漸變黑，全身無力，整日昏昏沉沉，好像中了屍毒。

一個月過去了，大家發現阿三好久沒到村裡來偷東西，都認為他已經餓死在山上了。

正當村民議論紛紛的時候，卻看見阿三踉踉嗆嗆地向村裡走來，哀求人們到城裡幫他找郎中。

村裡人都吃過他的虧，誰還會幫他？

「唉！算了，過去的事就不要提了，再怎麼說阿三也是我們村子裡的人，我們也不能就這樣看著他死啊！」一位老者說道。

這位好心的老人把阿三帶到家中幫他洗澡，又煮了一些食物給他吃。

想不到阿三剛剛好了一些，又去調戲老者的女兒，村裡人發現後，將他打個半死，丟在後山草叢中讓他自生自滅。

過了幾天，阿三又回來哀求人救他，這次，村裡人不但沒有救他反而狠狠打了他一頓，然後將他吊在樹上。

有人看不過去，說這樣會受報應的，可是村長一個字也聽不進去，硬是讓人把他吊在樹上。

沒幾天，阿三就斷氣了，屍體黑青，眼睛也變為灰泥狀，身上散發出難聞氣味。

因為白天大家都有工作要做，就決定晚上去埋阿三的屍體。

到了晚上，眾人吃過飯，舉著火把來到樹下，發現阿三的屍體竟不翼而飛了。

根據繩子斷裂的情況來看，好像是阿三自己掙脫的。

阿三詐屍了?!

全村頓時一片譁然，家家戶戶關緊門窗，婦人、小孩都躲進屋子裡，村裡的壯丁拿著刀、鋤頭，個個神情緊張……

村裡的一個老人說：「據老一輩的人說，這個村子在八十年前也發生過屍變。那時，一個惡霸被人打死，邪氣未除，變成為殭屍到處害人，後來被一個跛腳法師所傷，逃走了。阿三應該是受到這個惡霸的屍體感染，才變成殭屍的。」說到這裡，大家都後悔沒救阿三一命。

當天晚上，眾人在山上找了一夜，也沒發現阿三影子。

「我們太緊張了，或許不是屍變。」有人說道。

眾人一時也想不出好的主意，於是決定停止搜尋。

一晃半年過去了，一天夜裡，村裡的壯丁們正在巡夜，突然聽見王屠戶家裡傳出一聲慘叫，就急忙跑去看個究竟。

一進門口，就看見王屠戶被吊在房梁上，鮮血像幾十朵梅花般散落在地上。

王屠戶的媳婦滿身是血，趴在床上，身旁躺著三歲的兒子，被咬的骨頭都露了出來。

眾人看到這個慘狀，都嚇得渾身發抖，手足無措。

接著，門外一家接一家地傳出驚悚的哀嚎聲，眾人只得朝向慘叫聲傳來的方向跑去，好不容易找到了變成殭屍的阿三。

還未交手，眾人就被它可怕的相貌所震懾。只見阿三的眼睛像沾滿血漿的琉璃球，在黑暗中發出瘆人的紅光，尖銳的牙齒露在嘴唇外面，沾著少許血肉和毛髮。

見到如此可怕的形象，膽小地丟下武器落荒而逃，膽大的拿起武器迎了上去。不料阿三變得力大無窮，身上也不怕刀砍斧劈，這下，膽大的人也被嚇得奪路而逃。

一時間，村裡人躲的躲、逃的逃，沒能逃脫的都喪生在阿三的魔爪之下。

幾天之後，村中的屍體忽然一個個爬了起來，變成了殭屍，夜晚在村中四處遊走。

鄰村人也都心驚膽顫，紛紛遷出，都怕殭屍餓久了會走出村子來害人。

就這樣，殭屍村之名傳了出來。

Tips

袁枚在《子不語》中，把殭屍分成八個種類：紫殭、白殭、綠殭、毛殭、飛殭、遊屍、伏屍、不化骨。

白殭的全身長滿了白色的茸毛，由於變成殭屍的時間很短，行動遲緩，怕陽光、怕火、怕水、怕雞、怕狗，還怕人，比較容易對付。

紫殭的身體呈紫色，隨著邪氣的增加，紫氣會越來越濃，而綠殭與紫殭差不多。

毛殭身上覆蓋厚厚的體毛，是出了名的銅皮鐵骨，刀槍不入。

飛殭是百年以上甚至上千年的殭屍，躍屋上樹，縱跳如飛。

跳屍跳得較快而遠，怕陽光，但不怕人也不怕任何動物。

遊屍移無定所，乘月氣出行；伏屍則千年不朽，常常匍匐在地上。

不化骨是最可怕的殭屍，應該說它已不再是「屍」，而是魔王，已經超越萬物，連神仙都不是它的對手。

59 畫皮

借皮還魂的惡鬼

太原有一個姓王的書生，家境貧寒，父母早亡，與弟弟二郎相依為命。

在二十歲那年，他在山間趕路時無意間救了陽泉城中陳家的小姐，陳小姐對王生一見鍾情，就結為了夫妻。

不久，王生考取了功名。

洞房花燭和金榜題名都是人生莫大的喜事，但美中不足的是，結婚兩年了，陳氏還沒有懷孕。親戚、朋友出了主意，讓她給王生納個小妾。陳氏雖然百般不願意，無奈肚子不爭氣，又怕落下妒婦之名，只得答應。誰知，找來的幾個女子都被王生以各種理由拒絕了。陳氏心中暗自歡喜，

覺得這是丈夫的一片體貼，卻不知王生另有打算。

其實，王生早就有了納妾的想法，只是打定了主意要找一個絕色美人。

一天清晨，王生從書齋中出來，遇見一個女子正在路上急著趕路。這女子看到王生，驚恐地看了他一眼便想逃走。王生見她大約十六、七歲的模樣，長得貌美如花，眉宇間雖有驚恐之色，但卻顧盼生輝，撩人心懷，立刻看呆了。

女子見王生面露輕薄之色不由得大窘，正想離開卻被王生拉住。

王生問道：「小娘子為何天色未明便一人孤伶伶出行？」

女子黯然道：「妾身姓梅，父母貪圖富貴，將我賣給一大戶人家做小妾。正妻見我美貌，怕我奪了她的寵愛，整日辱罵責打我，我實在不堪忍受了，才偷偷跑了出來。」

王生暗想，這莫不是上天賜給的機緣嗎？急忙殷切地說道：「我家離此處不遠，小娘子如果信得過我，就煩請妳屈駕到我家去。」

梅氏猶豫了再三，說道：「那便勞煩相公了！」

王生十分高興，就把她帶回自己的書齋。

當夜，兩人便成就了好事。

自此日之後，王生便將梅氏金屋藏嬌，可是時間長了，妻子陳氏有所察覺，王生只好把事情的前因後果說了。

陳氏如同遭到晴天霹靂，心中痛苦不已，但也無可奈何。

這天，王生去市集，迎面走來一個穿破衣的道士。道士見了王生，十分驚訝，連忙上前問道：「不知你近日可曾遇見過什麼不潔之物？」王生只當對方是為了訛詐錢財的江湖騙子，就冷淡答道：「不曾。」道士說：「你印堂發黑，目光無神，精氣大損，這是邪氣縈繞之兆，怎麼會說沒有呢？」

王生也感到精神日漸不佳，總以為是與梅氏縱慾太過，莫非這道士指的是梅氏？轉念一想，梅氏明明是漂亮女子，白日可出行，照光有影，軀體溫如常人，怎麼會是妖怪呢？

想到此，就不再理會道士的詢問，轉身離開了。

只聽道士在身後自言自語：「真是糊塗！這世上竟然真的有死到臨頭而不醒悟的人啊！」

經過道士這麼一說，王生雖然不信，心中卻也生了疑，回去後，翻牆偷偷進了院子，躡手躡腳走到書齋窗口窺看。

這一眼望去，嚇得他險些魂飛魄散，只見內室中，一個面目猙獰的鬼，翠色面皮，牙齒長而尖銳，像鋸子一般，正手拿畫筆在人皮上細細描塗各式胭脂水粉。描塗完畢，就扔下筆，抓起人皮在空中抖了抖，像穿衣服一般將人皮披在了身上，轉眼之間就化為了容貌豔麗的梅氏。

見此情形，王生急忙跳牆而出，一路狂奔來到市集，找到了剛才見到的道士。

道士說：「這鬼我認得，命很苦，剛剛找到替身，我也不忍心傷害她的性命。」說著，便把自己手中的蠅拂交給王生，讓他掛在臥室門上，若有變故到青帝廟見面。

王生回家後，在門上懸掛蠅拂，並將這駭人的事情告訴了妻子，夫妻二人躲在內室裡再也不敢出門了。

夜裡一更天左右，只聽到門外有牙齒磨動的聲音。王生透過門縫窺看，見那個猙獰的厲鬼，站在門外咬牙切齒，只是遠遠望見蠅拂不敢進門。

三更天時，家中僕人只聽主人房內一聲慘叫，連忙跑進房內，只見陳氏昏倒在地，王生直挺挺躺在床上，已經被生生撕裂了肚腹，心臟早已不知去向。

原來，王生和陳氏睡著後那厲鬼並未離開，她取下蠅拂扯碎，闖了進來，一把抓過陳氏摜摔在地，接著卡住王生的脖子直接撕裂他的肚腹，掏心而去。

天亮後，陳氏急忙派人到青帝廟去找道士。

道士手拿木劍，來到王生家的庭院中，大喝道：「孽鬼！賠我的蠅拂來！」只見在奴僕中有個老嫗，立時變了臉色，轉身便想逃跑。

道士追上去，將老嫗踢倒，嘩地一聲扯掉人皮，老嫗立時變成了惡鬼，躺在地上像豬一樣地嚎叫。

道士一劍砍下了厲鬼的腦袋，那鬼身變成一團濃煙，旋繞在地。道士拿出一個葫蘆，拔去塞子把葫蘆放在濃煙中，像口吸氣一樣，濃煙颼颼地進入葫蘆，瞬間就被吸盡。

道士塞住葫蘆口，把葫蘆放入囊中。
大家一同去看人皮，見皮上眉、目、手足，沒有一樣不具備。
道士把人皮捲起來，也一併裝入囊中，揚長而去。

Tips

《畫皮》是《聊齋志異》中最精妙絕倫的故事之一，除了那一幕幕女鬼挖心、剝皮現身的畫面，讓人依然心跳不已外，那個命運悲慘、熱情如熾的女鬼形象更是長存人們的記憶中。

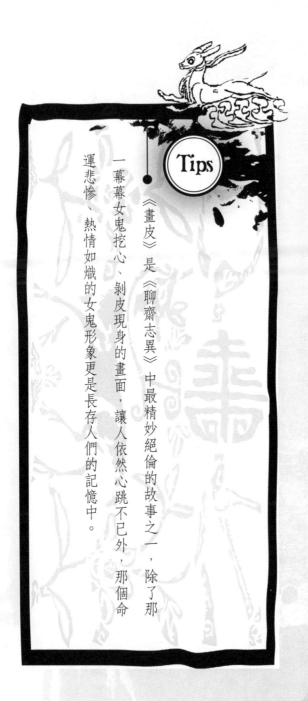

60 浙中五鬼

嗅死人的「一目五先生」

明清時期，在浙中一帶，人們都聽說有五個奇鬼，被稱為「浙中奇鬼」。怎麼稱得上是奇鬼呢？原來，這五個鬼中有四個都沒有眼珠，只有為首的那個有眼珠而且還只是一個。

這五個鬼無論做什麼都得在一起，靠那個獨眼鬼給大家領路分辨事物，都聽它發號施令。因此，五鬼被人們稱為「一目五先生」。

如果說冒失鬼壞，還只是偷吃騙喝，並不真心想謀人性命。可是這「一目五先生」就大不相同了，它們會經常出來活動，索幾條性命回去。

它們行事的方法是：等人睡著了，就輕輕地湊到旁邊去嗅聞，吸取人的血液和陽氣。如果某個

人被一隻鬼嗅到了，他就會得一場大病，如果同時被五個鬼嗅到了，那麼這個人必死無疑。

但是，它們也不是見人就要害的，每次在嗅之前都要精心地挑選，當然這個任務就得靠獨眼鬼來完成。

有個姓穆的客商，就親眼目睹過這五鬼索命的過程。

那天，穆某住在一家客棧，正是夜深的時候，其他客人都在熟睡。他有些口渴，正準備起來找水喝，還沒睜開眼睛，忽然看見燈花一閃，跳出五個小鬼，站成一隊，都跟著最前面的獨眼鬼走。

穆某嚇得心驚膽顫，連大氣都不敢出，偷偷地瞧著它們。只見後面四個小鬼感覺到左邊有個客人，就要過去嗅，那個獨眼鬼卻制止說：「不能害他，他是個大善人，應該高壽才是。」

於是四小鬼又尋了個人，它又阻止道：「這個人長著一副福相，害了他我們罪過就大了。」

四個小鬼無奈再換一人，問獨眼鬼：「老大，這個怎麼樣？」獨眼鬼又擺手道：「且慢，這個更不行——他是個窮凶極惡的傢伙，要是死了也會變成惡鬼，我們可惹不起！」四小鬼有些不耐煩了：「你也太謹慎了，這也不能聞，那也不能嗅，再這麼挑挑選選，我們要一起餓肚子了！」

獨眼鬼笑道：「你們先別著急，跟我來，那邊有兩個人，他們生來沒為非作歹，也沒做什麼善事，看起來沒什麼福氣，是兩個薄命的傢伙。這等人，在世上多得很，就是多死幾個也沒什麼大不了的！」

眾小鬼一聽，手舞足蹈，一哄而上。

穆某瞪大眼睛瞧著它們，只見那兩個薄命人的呼吸立刻變得微弱起來，而那五個小鬼的肚皮就像吹氣球一樣越來越鼓，圓溜溜的。

不一會兒，這兩人就一命嗚呼了，而這「一目五先生」飽享血食之後，就蹦蹦跳跳地離開了。

Tips

浙中五鬼中，有四個鬼都是瞎子，只有一個鬼有一隻眼睛，所以四個鬼行動辦事都得依靠這隻珍貴的眼睛，五個鬼也因此被戲稱為「一目五先生」。

第三章

東瀛列島的群妖百態

61 九尾狐

需要吃一百個肝臟才能變成人的狐狸精

在中國、日本和朝鮮半島都有關於九尾狐的傳說。九尾狐，顧名思義，就是長有九條尾巴的狐狸。

相傳，狐狸精的尾巴是儲存靈氣的地方，當狐狸精吸收了足夠的靈氣，尾巴就分裂，最終分裂成為九條尾巴。

當狐狸精擁有九條尾巴之後，就會有不死之身，還可以變成美豔的女人誘惑男人。也有的傳說認為，九尾狐並不是指牠有九條尾巴，其實是有無數條。據說，一隻狐狸的壽命超過一千年，就會

變成九尾狐。

九尾狐要想變成人，需要吃掉一百個人的肝臟。據說，當九尾狐為了第一百個肝臟要去殺死一個男人時，如果那個男人向曾經接受他幫助的動物或是鬼神求助，就可以把九尾狐擊敗。所以，故事裡的九尾狐往往都在最後功敗垂成。

在印度也流傳著關於九尾狐的傳說：月護王旃陀羅笈多是個虔誠的耆那教信徒，他建立了孔雀王朝。耆那教和印度教、佛教一樣，相信靈魂解脫，業報輪迴，主張非暴力、不殺生、行善積德，而月護王更是本教的得道高人。當他死後被火化，留下了三顆類似寶石的舍利，據說有大法力，得之者可得天下。

九尾狐希望得到這三顆舍利，就變成人形嫁給了旃陀羅笈多的兒子賓頭沙羅，成為其妃子。沒想到，被賓頭沙羅正妻達摩王后之子阿育王所識破，被趕出了宮廷。

後來，有一位印度僧人將三顆舍利中最重要的一顆帶到中國，並且央求玉石巧匠將其和一塊名玉鑲嵌在一起，組成了聞名的和氏璧。九尾狐聞訊而來，當時中國正是戰國時代，戰亂紛爭，九尾狐與玉都失蹤了。三顆舍利中另一顆在輾轉中落到了月氏人手中，張騫出使西域時將其帶回。第三顆流失到印度，玄奘法師西天取經時帶到了大唐長安供奉。

到了唐嚴宗時，鑑真東渡日本交流佛法帶走了第三顆舍利。這顆舍利在日本引發了一場現世與前世之間人和鬼魂的慘烈戰爭，以致於當時的京城變成了一座鬼城。眾多妖魔前來爭搶舍利，九尾狐也尾隨而至。

西元七九四年，恆武天皇建都京城不到十年，被錯殺的皇太子早良親王冤魂不散，天皇被迫移都至平安，塑造了幕府將軍扳上田村麻呂像來震懾皇太子的鬼魂，從此拉開四百餘年的平安時代的序幕。

到了鳥羽天皇時代，九尾狐化身美女，來迷惑鳥羽天皇，受到天皇的寵幸，被賜名玉藻前。和中國桀紂的傳說一樣，玉藻前引誘天皇不理朝政，又害了怪病倒臥床榻，大臣們開始懷疑她，陰陽師安倍泰成占卜調查，證實她乃是千年九尾妖狐所化。

御體康復的天皇惱羞成怒，將其逐出宮廷。

離開皇宮後，九尾狐在那須野屢添惡名，天皇派出兩位將軍帶領八萬討伐軍將其擊退，並在第二次戰鬥中被陰陽師安倍泰成擒殺。

據說，九尾狐的殘骸變成了會放出毒氣的石頭，即殺生石，接近的人或獸都會被毒死。

這塊石頭本來是在那須高原，後被名為玄翁和尚的高僧打碎，飛散到高田這個地方。另外，飛散的殘渣化成尾先狐和犬神，成為了被各地的使役術師使役的使魔。

Tips

傳說九尾狐在夏桀時化身為妹喜，在商紂王時化身成妲己。當商朝滅亡時她被姜子牙追殺，被迫飄洋過海來到日本，自稱「玉藻前」，贏得了鳥羽天皇的寵愛與信任。

傳說這名玉藻前全身都是金色的，而且還有九條尾巴，被識破後死於安倍晴明之手。

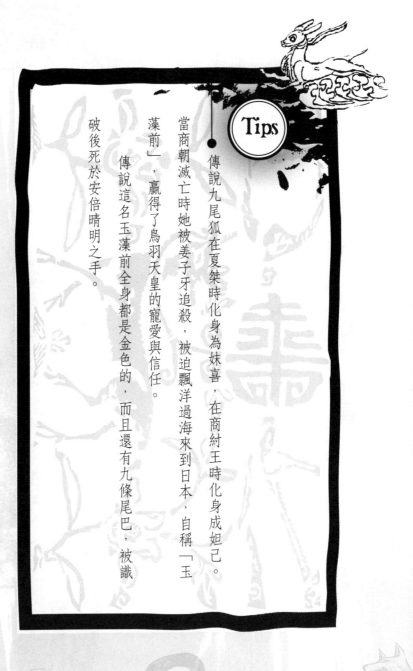

62 義狐葛葉

知恩圖報的善良狐妖

村上天皇（西元九二六年～西元九六七年）時代，攝洲（大阪府兵庫縣一部分）阿倍野鄉，有一位名為安倍保名的二十三歲青年，他的父親曾是該地的領主。

安倍家是名門望族，祖先阿倍仲麻呂是奈良時代的遣唐留學生，唐名晁衡，曾在玄宗時期任左補闕、散騎常侍等職，與唐朝大詩人李白、杜甫、王維等交誼甚篤，最後終老於唐土。

到了保名一代，家道中落。

安倍家有代代相傳的天文學祕藏文獻，記載天文和歷數等陰陽道奧祕，保名很想解讀此祕笈，但因忙著復興家門，無暇翻閱。

為了得償夙願，他每月前往神社參拜神明。

神社位於信太森，那裡人跡罕至，葛藤叢生，常有狐狸出沒。

某年秋天，保名帶著幾名隨從，到信太森參拜。因景色太美，便在神社前搭起幔帳，就地設宴，觀賞紅葉。

眾隨從也輕鬆自在地與主人推杯換盞，天南海北地閒聊。

突然，樹林內傳來了狗叫聲。

在眾人好奇之際，就見兩隻白狐狸闖進幔帳，從一面衝至另一面，消失在幔帳外。隨後，又有一隻小白狐狸奔進來，或許是筋疲力盡，竟然在保名面前停下了，呆立不動。

看情形，小狐狸與那兩隻狐狸應該是一家子。

保名剛把小白狐狸藏在長袖下，帳內就衝進數隻狗。隨從立即拔刀砍死衝在前面的一隻狗，其他狗見狀有點畏懼，遠遠圍住主僕幾人，狂吠不止。

之後，又衝進來一群武士。原來，河內守護大名石川恆平趕了過來，他聽說小狐狸的肝可以治妻子的病，就帶武士來狩獵。

恆平要求保名把狐狸交出來，保名不從。

雙方開戰，保名的隨從都被殺死了，他自己也負傷在地，眼看就要被砍頭。

突然，帳外傳來一聲雄厚低沉的呵斥：「慢著！」眾人回頭一看是賴范和尚，他是恆平一族皈依在河內國藤井寺的住持。

恆平問：「住持，您怎麼來此地了？」

「在供奉神明的地方殺生是萬萬不該的，你們先收起刀，把緣由說給老衲聽。」

恆平如此這般地說明了來龍去脈。

最後，經過住持一番勸解，恆平答應將保名交給住持處置。

住持見恆平一行人離去後，解開保名身上的繩子說：「其實老衲是你剛剛相救的那隻小狐狸。」說著，就恢復原形，轉身奔進樹林。

保名拖著受傷的身子，打算回阿倍野鄉，途中乾渴，尋到一處溪澗。他剛要低頭飲水，看到有位少女正在汲水。突然，少女不小心摔倒，保名不顧傷口疼痛，奔過去扶起她。

少女道謝後，發現保名的傷口，說：「我住在這山後的草庵，請你跟我來，擦藥後好好休息。」

經過少女的精心照料，保名的身體逐漸康復了。在養傷期間，兩人逐漸產生好感，最後結為夫妻，育有一子。

七年後的一天，保名吃過早飯，出門種田，妻子在家專心織布。

此時正值深秋，院子裡開滿了菊花。

聞著菊花香，妻子心神恍惚，朦朦朧朧中，忽聞身後傳來驚叫。

她回過神來，看到受驚哭喊的兒子，方才明白自己受到菊花香所惑，不知不覺露出了狐狸的原形。妻子後悔不已，就在草庵紙門留下一首和歌：「想念我時，請到信太森尋找。」之後就沒了蹤影。

保名回來後看到和歌，背著兒子前往信太森。

結果，妻子真的出現了，說：「我是住在信太森的狐狸葛葉，七年前，蒙您相救，才逃過一劫。為了報恩，我祈求神明，變成少女，與您結為夫妻。如今我暴露身分，不能繼續跟您和孩子共同生活，往後請您好好照顧我們的孩子。」

說完，妻子給了孩子一粒智慧玉石，瞬間消失了。

據傳，此孩童正是日後有名的陰陽師安倍晴明。

Tips

江戶時代末期著名的浮世繪畫家月岡芳年的「新形三十六怪撰」中的「葛葉和童子丸告別圖」。描繪了童子丸和母親葛葉告別的場面，那個叫童子丸的小孩，正是安倍晴明。

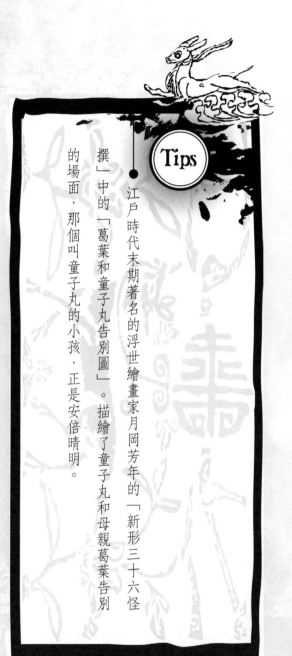

63 鬼婆婆

殺孕婦取肝臟的黑店女主人

很久以前，在通往陸奧國途中，有一片無邊無際的荒野，名為安達原。那裡放眼望去都是茅草和奇形怪狀的石頭，荒涼無比，對旅人來說是個難關。不得不在此過夜的旅人，通常會躲進河邊的石洞中。

不知從何時開始，旅人們都說：「安達原住著一個鬼婆婆。」聽說這鬼婆婆在岩石旁搭了一個茅舍，每逢有旅人借宿，就會伺機殺死旅人，吸其血食其肉。

某天，有位雲遊僧路經安達原。他叫佑慶，在紀州熊野修行後，踏上雲遊諸國之途，正打算前往陸奧國。

當他來到安達原時，天色已暮，一片漆黑。

晚風吹起，呼呼作響，好似鬼哭狼嚎，佑慶乃修行之人，心無雜念，一心前行。

走著走著，佑慶感到有些疲憊，發現遠方有盞朦朧燈火，就快步朝那燈火前進。來到目的地一看，原來在巨石旁邊，有一座簡陋茅舍，微弱的燈火正是從裡面發出的。

佑慶上前叩門，見一個相貌駭人的老太婆走了出來，她白髮蓬鬆、臉色慘白、嘴唇鮮紅、目露凶光。

「你是什麼人？要做什麼？」

「我是周遊諸國的僧人，經過此地，能不能借宿一夜？」

老太婆上下打量了一下佑慶，同意了他的請求，請他進屋，並說要撿柴回來生火給他做飯。臨出門時，老太婆再三叮囑佑慶，千萬不能打開屋裡的石室。

「為什麼？裡面的石室有什麼祕密嗎？」佑慶無意去窺看老太婆的石室，「可是附近沒有人家，老太婆以什麼維生？為何會過著遠離塵世的生活？」

佑慶對這個房屋和老太婆感到好奇，帶著疑問，他不由自主地推開石室門。

瞬間，一陣惡臭撲面而來，定睛一看，裡面堆滿了人的骷髏、骸骨，一旁有柴刀、爐灶、鍋子，還有裝著肝肺的瓶子。

「啊！原來此處正是傳聞中那個安達原鬼婆婆！」

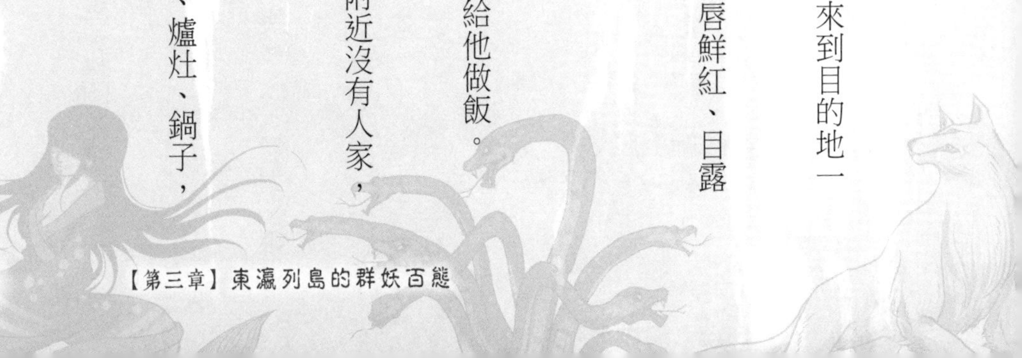

佑慶慌忙收拾行囊，快步逃出茅舍。

老太婆回來，看到屋內空無一人，石室門敞開，便怒不可遏地說：「那傢伙竟偷窺了我的祕密，可惡！哼，應該逃不遠……」

於是，老太婆開始在荒野中追逐。

佑慶自恃是男人腳力，老太婆肯定追不上，但他不熟悉這一帶地形，腳步踉蹌，沒多久，老太婆的叫聲就已逼近身後。

佑慶只得停下腳步，卸下行囊，取出觀世音菩薩尊像，雙腿盤坐，口唸咒文。

他重複唸了三次咒文，尊像突然飛向上空，明光四照，把荒野照得通亮。

只見觀世音放出手中的金剛杵，刺中了老太婆。

臨死前，老太婆斷斷續續說出自己的身世。

她名叫岩手，年輕時是京城某大戶人家的奶媽，對自己親手撫養的小姐視如己出，感情深厚。後來，小姐得了怪病，一個占卜師說只有孕婦肚子裡胎兒的活肝臟才能救小姐。為了得到占卜師說的藥方，岩手四處尋找。

一天，她經過安達原附近，恰好遇見一對年輕夫婦，而那個女人偏偏就是一位孕婦。岩手與他們結伴同行，夜宿荒野。

當天夜晚，孕婦陣痛來臨，馬上要生產，丈夫請岩手幫忙，自己去尋大夫。岩手一心想求「孕婦胎兒的活肝臟」，認為機不可失，就用柴刀剖開孕婦肚子，取出胎兒肝臟。豈知，孕婦斷氣前竟說，她此行是來尋找自小離散的母親。

岩手從孕婦行李中，找出一個護身符，正是當年她離開京城前，交給親生女兒的信物。岩手嚎啕大哭，一下子就瘋了，原來她殺死了自己的親生女兒和外孫。

從那以後，岩手就化為鬼婆婆，專門嗜殺旅人。

觀音菩薩見鬼婆婆已死，又變回了尊像。佑慶感激地將菩薩像請回行囊，繼續行路。

Tips

後來，佑慶在鬼婆婆的喪身之地建造了觀音堂，正是目前的天臺宗真弓山觀世寺。寺內有鬼婆婆當年居住的石窟，放著鬼婆婆的柴刀、煮人肉的鍋、裝肝臟的瓶子等遺物。寺外還有鬼婆婆的墳墓——「黑塚」。

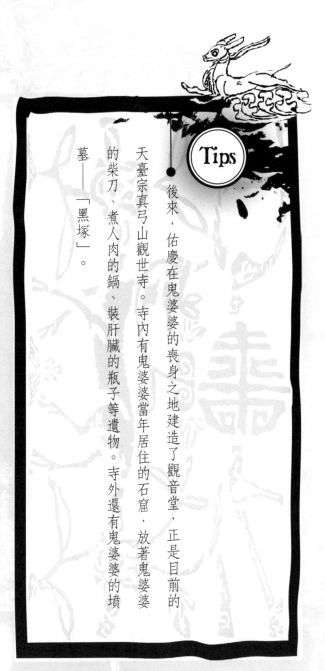

64 提燈小僧

能夠提前預知凶殺案的無害小妖

這個故事發生在日本幕府時期的江戶城——

深夜，刑部省少丞岩田佐衛門看完了最後一個百姓的上書，長長地吁了一口氣，挑了挑油燈的燈芯。

燈光一下明亮了許多，照亮了岩田佐衛門那張蒼白而且嚴肅的臉。

他在刑部省擔任少丞一職有十幾年了，還從沒有遇到過如此棘手的案件。

在短短的一個月裡，有六個人被殘忍地殺害，死狀都一樣，先是被繩子勒死，斷氣之後心臟被掏走。

江戶城的百姓人人自危，而犯人卻一直逍遙法外，這刑部省大輔非常生氣，勒令岩田盡快破案。

今天夜裡，岩田在眾多狀紙中發現一封特別的請願書，一個叫「宗五郎」的百姓在請願書上寫道：「江戶城中出現了妖怪，希望政府能組織神官為百姓祈福，驅妖除魔。」這樣的請願書，在不久前別的百姓也曾投遞過。

岩田凝神沉思良久，突然聯想到最近的凶殺案，覺得二者可能有所關聯。

第二天一早，他帶著隨從去江戶城附近的村莊，把曾經投遞請願書聲稱「撞妖」的幾個百姓找來詢問。

第一個百姓說，六月十八晚上，他吃過晚飯在織染房附近散步，突然看見一個孩子提著燈籠，與自己擦肩而過。黑暗中，他看見孩子的臉特別紅，就猜測是個妖怪。

第二個百姓說，今年六月初，他在晚上看見一個手裡提著青色燈籠的孩子在街上來回跑，無論他怎麼問話，那個孩子都不理不睬。

第三個百姓說，五天前，他去米店買米，回來時看見一個紅臉的孩子提著冒著藍光的燈籠向自己走來，他嚇得拔腿就跑回了家。

岩田佐衛門回到了刑部省官邸，將三份紀錄中提到的「撞妖」的時間地點，與命案發生的做了比對，不禁倒吸一口冷氣！

六月十八日晚，染織房附近的草屋中發現一具女子屍體。

六月四日晚，村中酒館附近發現一具青年男子屍體。

五天前，米店後面發現一具青年男子屍體。

時間與地點如此吻合，絕對不是巧合。

岩田佐衛門將三個百姓的口述與宗五郎的請願書、妖怪的行為綜合在一起，反覆思考，得出了一個大膽的推測。

他叫來手下，說：「選一百名兵卒，這幾日入夜後在城中巡視，務必注意手持燈籠的孩子。發現後，不要驚動他，立刻向我報告即可。」

在第三天的晚上，一個士卒飛奔進來，上氣不接下氣地稟報：「大人，在城北私塾附近看到了提燈籠的紅臉男孩！」

岩田立刻召集人馬，搜查私塾附近所有的房屋。

沒多久，幾個兵卒押著一個中年壯漢走了過來。

「大人，這個惡人正在私塾後院打算用繩索勒死一個年輕人，好在被我們及時發現了。」兵卒報告道。

岩田騎在馬上低頭看著那個壯漢，大喝道：「宗五郎，你還不從實招來！你殺了那麼多人居然還賊喊捉賊地投遞請願書，想讓提燈小僧為你頂罪，對嗎？」

那壯漢抬起頭，驚恐地看著岩田，渾身顫抖說不出話。

岩田說：「我早已斷定，近日出沒的妖怪是『提燈小僧』，牠可以提前感知凡人作奸犯科，並且會在凶案現場附近出現。你不想讓『提燈小僧』揭穿你的罪行，可是憑你一己之力又無法對付牠，所以想讓政府來幫你鎮妖，方便你作案。」

這時，圍觀的人群已經非常憤怒，人人都在唾罵宗五郎殘忍。

那麼，宗五郎為什麼要殺人剜心呢？

原來，大夫說他的心臟在慢慢衰竭，所以他想吃心補心。

岩田一揮手，喝令：「帶走！」

當他正要揚鞭返程時，突然看見街角拐彎處，有一個提著燈籠的孩子正微笑著看著他。

岩田策馬奔了過去，那孩子突然不見了。

Tips

傳說中的提燈小僧有兩種形態：一種是「赤顏提燈」的男童，另一種做為「人燈一體」的形象出現，也就是「頭即為燈」，類似西方的南瓜頭怪物。

65 小江山的妖王

住在鐵宮殿裡的食人怪

在「一條天皇」時代，小江山的妖王時常在京都出沒。牠變成人的模樣，偷偷地來到城裡把許多人家的兒女捉去，帶回山裡的堡壘和同伴一起把這些可憐的孩子吃掉。

一開始，牠只禍害普通人家，後來竟然連神聖的宮廷也不放過。有一天，大臣君高的女兒突然在夜裡失蹤了，街頭巷尾議論紛紛，都說是被妖王捉走了。

天皇聽到這個消息，立刻召集群臣來商議如何殺死為非作歹的妖怪。有的臣子推薦說，賴光是一個勇猛的武士，可以承擔這個危險而艱鉅的任務。

天皇聽後，將賴光召來，給他挑選了五個同伴，讓他們喬裝成山林中的和尚，把武器和鎧甲藏

在行囊中，背在身上。

這些英雄在臨出發前，分別到八幡大神廟、觀音堂、權現廟去祈禱，希望各路神明保佑他們一路平安，順利將妖怪剷除。

隨後，六位武士踏上了征程。經過一段時間的跋涉，他們到達了丹波州，小江山就出現在了面前。

那個妖怪的巢穴隱藏在最險峻的山林裡，周圍都是巨大的岩石和無底的深洞，一不小心，就會有性命之憂。

這些勇敢的武士在山腰找遍了所有的角落，也無法找到妖怪的巢穴，到了最後他們都想放棄了。

正在這時，有三個老人忽然出現在眾人面前，他們就是武士們在出發前所祈禱的三位天神。老人們贈送他們一甕魔酒，叫賴光想辦法引誘妖王喝一點這種酒。只要妖王喝了就會立刻癱瘓，那時就很容易被殺死。老人們還告訴賴光，妖王的巢穴不在山腰，要到山頂去尋找，隨後就消失不見了。

有了神仙的幫助和指點，賴光和他的武士們大受鼓舞，繼續登山。他們來到一條山溪邊，看見一個美麗的少女邊哭泣，邊在溪水裡洗衣服。賴光問她是誰，少女回答說自己是公主，被妖王捉來關在這裡的。

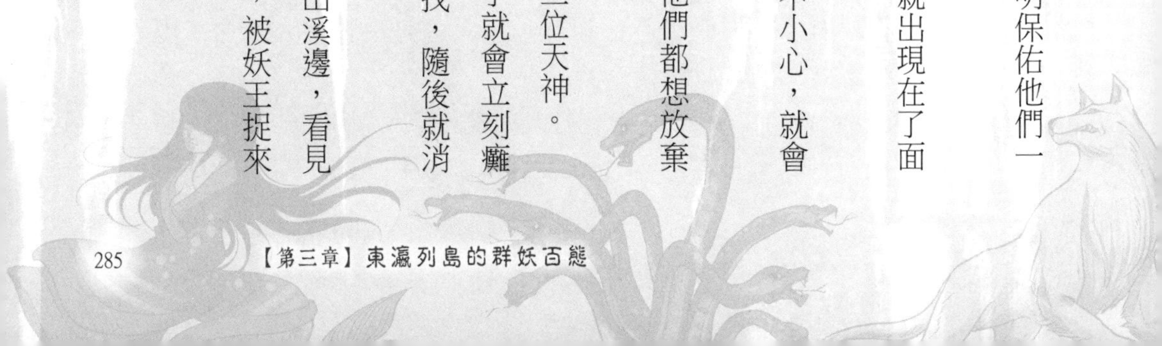

當她得知站在自己面前的就是有名的武士賴光，頓時高興起來，請求賴光將自己救出去。賴光告訴公主，他們不僅要把她救出去，還要殺掉妖王，希望公主為他們帶路。

公主帶著他們來到山頂，對著一座山峰說了一句咒語，只見山峰從中裂開，一座高大的鐵鑄的宮殿出現在眾人面前。

守門的士兵見幾個貧苦的和尚前來，就大聲問到這裡做什麼，公主回答說，這些人是來給大王進獻美酒的。士兵們相信了，就讓他們進去。

賴光和他的武士們走過一條長長的走廊，來到一個寬敞的大廳裡。只見裡面坐著一個可怕的妖王，牠身材魁梧，皮膚鮮紅，頭上有一叢白髮。

賴光謙恭地對妖王說，他們得到了神仙賜予的一甕美酒，不敢獨自享用，特來獻給大王。妖王眼珠一轉，說：「我憑什麼相信這是美酒而不是毒酒？」賴光聽了，就打開酒甕，倒一碗自己先喝了。妖王聞到撲鼻的酒香，又見為首的和尚已經喝了，頓時放下心來，讓他們全都坐下來和自己一起喝酒。

只見妖王拍了拍手，立刻有許多美麗的少女走了進來，手裡端著美味佳餚，依次放在桌上。這些女子，都是妖王從京都搶來的。

妖王喝了一點魔酒，覺得味道好極了，一連喝了好幾杯。喝到高興處，牠還叫來所有的妖怪都來嚐嚐這些從來沒有喝過的美酒。

這種魔酒，凡人喝了可以延年益壽，妖怪喝了就會全身癱軟，很快就會昏迷。

果然，過了不久，妖王和牠的妖怪同伴們都昏迷了。

賴光和他的武士們立刻打開行囊，拿出鎧甲穿在身上，然後手持武器來到妖王的面前。

這時，那三位天神又出現了，對賴光說：「妖王的手和腳都被我們施法緊緊地束縛住了，你來砍妖王的頭，你的武士們砍牠的四肢，然後再殺死其他的妖怪，任務就完成了。」天神們說了這些話後，又不見了。

賴光提著刀，對著妖王的脖子用力砍去。只見刀砍在妖王的頸上，發出「格格」的響聲。妖王的頭一離開身體，就升到空中去，鼻孔裡發出火焰，欲燒賴光。賴光再用刀來砍那頭，這一下，那可怕的頭落到地上，再也不動了。

其他武士把妖王的四肢砍下來之後，把其他的妖怪也都殺死了。

隨後，賴光和他的五個同伴提著妖王的頭，帶領著一群少女，踏上了回京都的路。

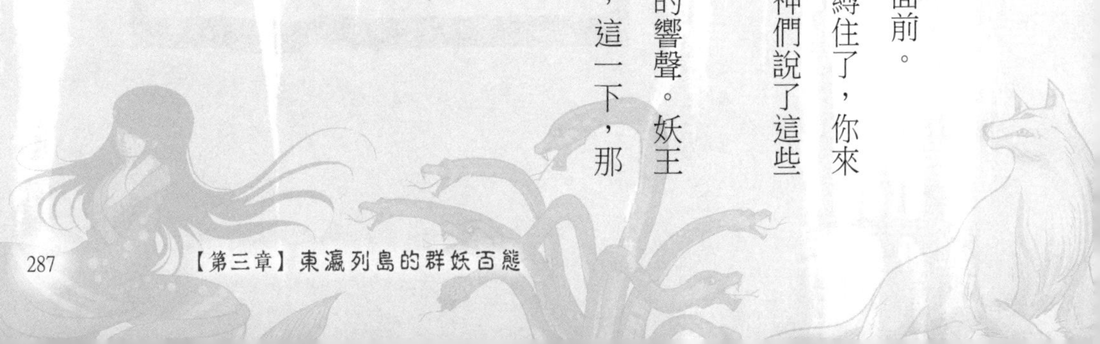

Tips

賴光出生於天曆二年（西元九四八年），後因勇武著稱，擔任禁軍統領，守衛宮禁，其麾下鼎鼎大名的「賴光四天王」，隨其南征北伐，後世流傳著很多關於他們降服妖魔的傳說。

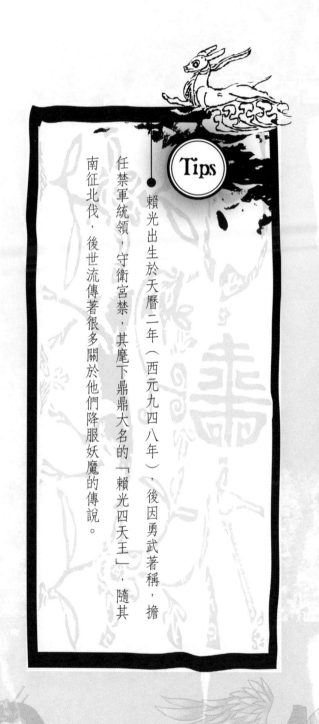

66 天狗

隱居山裡的劍術大師

吉常的父親吉部在一次與平族的戰鬥中喪失了生命。

平族的首領清森擔心吉部的後人復仇，就想殺掉他所有的孩子。

吉部的妻子常磐帶著孩子們躲到山裡，但不幸還是被發現了。清森見常磐長得十分標緻，就想娶她為妻。常磐強忍著悲痛，答應做仇人的妻子，條件是清森要保全她孩子們的性命。

清森只允許吉常陪在他母親的身邊，吉部其餘的孩子全都處死了。

在之後的日子裡，母親經常對吉常悄悄地說：「你要快快長大，為你的父親報仇，他就是死在平族手裡的！」

吉常七歲時，被送到一所寺院裡做和尚。

他拿著木劍，經常到一個山谷裡去練習劍術，希望有一天自己能成為一個偉大的武士，為家族雪恥。

某日晚上，吉常正在山谷裡揮劍擊石的時候，突然看到了一個強大的巨人，牠長著長鼻子，有鳥一樣的爪子和翅膀。

吉常並不害怕，鎮靜地問這個巨人是誰。巨人告訴吉常，牠是天狗族的國王，十分佩服吉常的堅忍和勇敢，前來傳授他劍術。

天狗族是山林中的一種小仙怪，常常玩各種怪異的把戲。

從這之後，吉常跟隨天狗王學習劍術，變得十分厲害，很多天狗都不是他的對手。

後來，山上來了一個很凶猛的和尚，名叫弁慶，經常襲擊那些路過京都五條橋的武士。

吉常對弁慶的殘暴極為不滿，決心用天狗王所教他的劍術，來殺死弁慶。

一天晚上，吉常背著寶劍，裝出滿不在乎的樣子，吹著口哨向五條橋走去。剛走到橋的另一端，他就被一個身穿黑色盔甲的人攔住了去路。這人不是別人，正是弁慶。

弁慶看了看眼前的這個少年，認為他是一個弱者，即便是自己戰勝了也有失身分，態度頓時傲慢起來。

吉常很生氣，一腳就將弁慶手裡的戟踢落在地。

弁慶發出一聲憤怒的吼叫，拔出腰刀向吉常砍來。

吉常閃轉騰挪，一會兒出現在弁慶的身前，一會兒出現在弁慶的身後，弁慶的腰刀不是砍在空中，就是砍到地上，永遠都砍不中他的敵人。

最後，弁慶疲倦了，吉常趁機把腰刀從他的手裡奪了過來。

這個打敗了九百九十九個高手的和尚，看到自己現在居然敗在了一個毛頭小子的手裡，很驚奇。可是當他知道打敗他的人不是別人，正是吉部的兒子時，他不僅勇敢地承認失敗，還請求這個年輕的劍客收留他為侍從。

從這時候起，吉常和弁慶這兩個名字就連在了一起，兩人聯手打敗平族，獲得一連串的勝利。

後來，吉常和弁慶乘船由攝津到西國去。當他們到達壇浦時，遇到了大風暴，從洶湧的波浪上出現一群平族的鬼兵，伸出像水氣一樣的手臂來阻止吉常的船前進。

吉常看到這些平族的鬼兵，立刻叫喊著去復仇，弁慶攔住了他，取出一串佛珠，唸起佛來。這一大群鬼兵立刻平息下去，漸漸消失在海中。

Tips

據說天狗會把迷失在森林裡的人拐走，所以古人稱被拐走的小孩叫做「神隱」，顧名思義，就是被神明藏起來了。

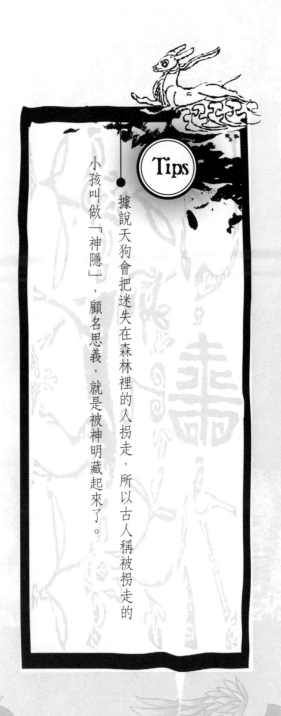

67 雪女

無法忍受男人失信的冰雪精靈

這是在很久以前，發生在北國的故事——

在那裡住著一對樵夫父子，名字分別叫做茂作和小野吉。

有一天，父子倆像往常一樣入山砍柴，不料遇上了大風雪，無法回家，只好在山裡的一間小屋裡暫時躲避。

他們在小屋裡生火取暖，吃了一點乾糧，也許是因為白天的勞累，不知不覺間竟睡著了。

到了半夜，強勁的風吹開了窗戶，雪花飄了進來，火爐裡的火突然間熄滅了。

小野吉醒了過來，發現父親還在熟睡，就站起來準備到屋外取一點木柴生火。誰知，他剛打開屋門，就發現一位容貌美麗的女子正站在門外。

她是一個女妖，自稱雪女，絕對不能讓任何見過她的人活下去。

小野吉立刻退回屋裡，只見雪女像影子一樣飄了進來，對著熟睡的茂作吐出一口白氣。茂作的臉一碰到白氣，整個身體便慢慢變白了。接著，雪女朝著小野吉走了過來。

「救，救命！」

不知為何，雪女卻溫柔地對他說：「只要你不對任何人說起今天的事，我可以免你一死！」

小野吉點頭答應，緊接著就失去了意識。

天亮了，小野吉醒來，發現父親茂作已經被凍死了。

一年之後的一個雪天，一個女子站在小野吉家的屋簷下。

「請您讓我在這裡避雪好嗎？」

心地善良的小野吉將女子帶到了家中，問她為什麼一個人出來。

女子說她的名字叫小雪，自幼父母雙亡，無以維生，只好到城裡，想要打工謀生。

小野吉覺得她很可憐，說：「我家中只有一個老母親，妳暫且住到我家裡吧！」

就這樣，女子在小野吉家住了下來，她很能幹，把家中裡裡外外都整理得乾乾淨淨。

後來，小野吉和小雪結為了夫妻，還生了幾個可愛的孩子，日子過得雖然清貧但很快樂。

然而，有點讓小野吉擔心的是，每次一遇到強烈的陽光，小雪就會暈倒在地。

一晃十幾年過去了，在一個雪天，小雪坐在火爐旁邊縫衣服。小野吉看著妻子的側臉，突然想起了很久以前的事，就自言自語說，長得真像。

小雪問他像什麼，小野吉跟妻子說了很多年前和父親去上山砍柴遇到雪女的事。

當小野吉說到這裡的時候，小雪傷心地說道：「我們明明約定好的，你為什麼要說出來？」

「怎麼了，小雪！」

小雪的和服不知什麼時候變成了白色。

既然那晚的話被說了出來，小雪就不能放過小野吉。

她突然變了臉色，非常生氣地說：「你曾經答應過我，不跟別人說的，你現在說了，我就要殺了你！可是看在孩子的份上，我就放了你吧！」

這時，窗戶忽然開了，一陣冷風吹進，小雪消失得無影無蹤。

Tips

雪女是日本民間傳說中的一種妖怪，又名「雪姬」、「雪女郎」、「雪媛」。她擁有雪白的肌膚、漂亮的外貌、賢慧的性格，卻可以在人違背誓言的瞬間毫不留情地取其性命，美麗而又恐怖。若遭遇雪女，你很可能會有一段充滿豔情的恐怖經歷。

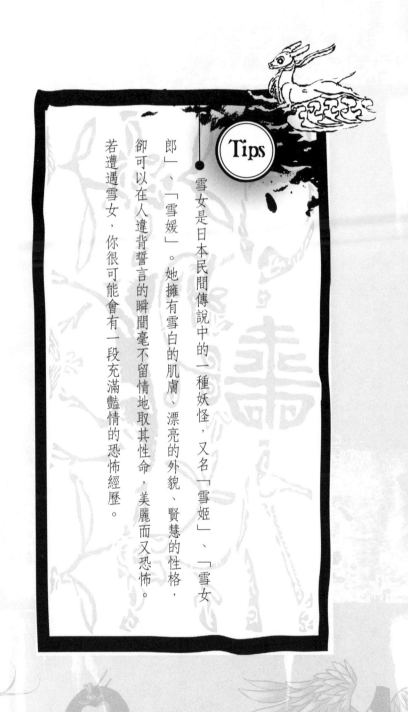

68 北海道的小人族

喜歡在款冬葉下避雨的樂善好施者

在很久以前，北海道有一小人族，因為喜歡在款冬葉下避雨，當地的原住居民阿伊努村人稱其為「款冬葉下之神」。

小人族喜歡惡作劇，當然，都是善意的。

話說阿伊努村人中有位捕兔名人，只要是他所設的圈套，一定能抓到兔子。

某天，有個少年慕名來學習設圈套的本領，名人看其心誠，就答應了，帶少年入山。

兩人爬坡時，少年發現枯草中隱約可見兔耳朵，以為兔子中了圈套，開心地往前飛奔。不料到設置圈套的地方一看，兔耳朵竟變成了細長的野百合。

名人很納悶，前往第二個設置圈套的地方，只見圈套在半空搖來搖去。第三、第四個圈套也是

如此，最後一個圈套竟留下兔子糞便。

名人與少年百思不解，冷不防，四周吹起一陣風，樹枝沙沙作響。

少年恍然大悟，說：「師父，我知道了，應該是小人族的惡作劇，聽，風聲中有笑聲。」

名人傾耳靜聽，果然聽見風聲中夾雜竊笑聲。

原來是「款冬葉下之神」把所有兔子藏起來，躲在一旁偷看名人失望的模樣。

名人無奈地笑了，他想起上回到山中撿柴時，明明將乾柴聚集在一處，回家前，乾柴竟不翼而飛。他很納悶，找尋半天，也不見乾柴，就垂頭喪氣地回家了。到了家門口，居然發現了門口就堆著那些遺失的乾柴。

當天夜晚，果然有人從名人家門縫隙伸進小手，放下所有中了圈套的兔子。

「款冬葉下之神」不僅愛惡作劇，也時常分食物給阿伊努人。

一次，連續幾天都是暴風雨，人們無法到山中狩獵，正擔憂明天開始糧食會短缺時，就會有隻小手悄悄打開窗戶，送進魚肉或果核。雖然有人看過那隻小手，也時常聽聞他們的竊笑聲，卻沒人目睹他們的身姿。

某天，村裡的一個青年到河中捕魚。以前，河裡的魚很多，可是不知怎麼回事，這次河中卻不見任何魚。青年覺得很奇怪，往下游走去，結果在淺灘發現一群鱒魚。

青年興高采烈，正欲往前，鱒魚群卻突然轉變方向，逃到對岸。

既然如此，那就自下游追趕，青年小心翼翼地接近，魚群竟像與他開玩笑似的轉變方向又逃走了。

青年暗忖，這應該是小人族的惡作劇，不由得內心湧起想親眼看看小人族的好奇心。於是，他故意在河中追來追去，甚至故意摔倒，讓自己全身濕透，假裝很認真捕魚卻一無所獲的樣子。最後，他垂頭喪氣地回家了。

當天夜晚，青年把門打開一條縫隙，在床上佯裝熟睡。

夜深了，縫隙中果然伸進一隻小手，居然還握著幾條鱒魚。

青年悄悄地從床上起來，一把抓住那小手，用力將對方拉進屋。只見眼前是一個膚色白晰、模樣美麗、全身一絲不掛的少女，身高不到一米，嘴唇及手背，都有美麗刺青。

少女無力掙脫，既羞恥又憤怒，只能放聲大哭。

小人族聽到消息後，集齊全族力量，半夜來到青年的屋外，順利搶回少女。

從此以後，善意的惡作劇不再發生，阿伊努村人也聽不見小人族的笑聲了。

寒冬來臨，當人們陷入糧食短缺的困境時，視窗或門縫也不再出現救援小手了。

Tips

「koropokkuru」（コロポックル）是北海道的代表傳說，阿伊努語發音為「kor-pok-un-kur」，意思是「款冬葉－下面－居住－神」，也就是在款冬葉屋頂下豎穴住居的民族，另一解釋是「款冬葉下的小人族」。所謂豎穴住居，是在地面往下挖洞、鋪平，再用柱子撐著屋頂的半地下室住居。

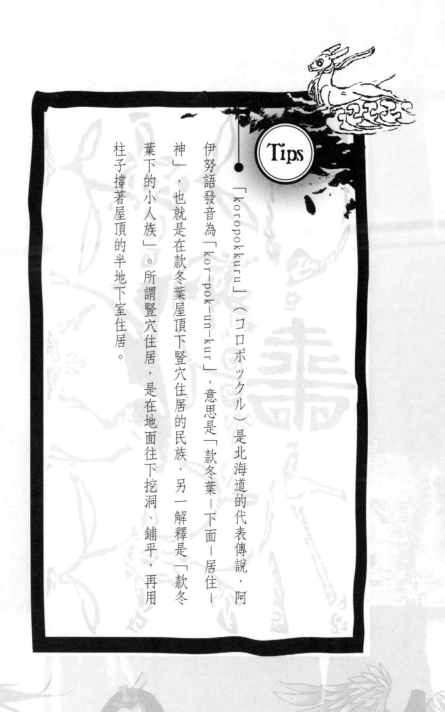

69 軲轆首

頭可以離開身體的妖怪

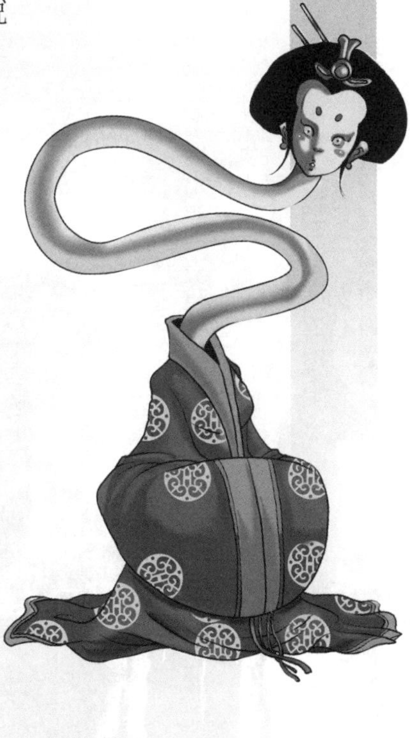

五百年前，有一個和尚叫回龍。據說，他曾是一位大名的家臣，英勇無比，膽量過人。後來，大名敗落，他就成為雲遊四海的僧人。

一天，回龍來到肥厚國（現在日本的熊本縣）的一座深山。當時天已經黑了，附近沒有可以借宿的村莊。

回龍連日趕路，感覺疲憊，索性找了一塊平坦的地方休息，打算等到天明再趕路。

這時，一位樵夫路過，就熱心地提醒他說：「這位和尚大人，天氣寒冷，野獸出沒，怎麼能睡在這裡？您若願意，請到我家裡休息吧！」

回龍睜開眼睛，見是樵夫，又聽到邀請，也沒多想，就跟著樵夫走了。

沒過多久，樵夫帶回龍來到了一間茅屋裡面。回龍發現，裡面還有四個人，雖然穿著像樵夫，但是氣質高雅，談吐不凡。

回龍感到奇怪，就問其中年齡最大的老人：「請問老人家，我看你們面相不俗，不像山林之人吧？」

這位老人微笑著回答：「您說得沒錯，我們都是一位京城大名的家臣，因為曾經做過不少壞事，就來這深山裡面懺悔，希望可以幫到過往行人，也好讓我們早日贖罪。」

回龍聽到老人的回答，欣慰地說：「那太好了，今晚我在這裡打坐，為你們誦經超渡。」

這時，房間已經準備好了，回龍來到房間，盤腿打坐，開始誦讀經文。

到了深夜，回龍感到非常睏倦，本想直接睡覺，但口渴難耐，就手輕腳地下床找水喝。

回龍來到屋外，藉著月光，找到了院子裡飲水的地方。他喝了水返回房間的時候，經過一間燈火明亮的房間，居然發現了五具無頭屍體。

回龍嚇了一跳，以為有盜賊闖入，但仔細觀察，屋內沒有任何血跡。他躡手躡腳地來到屍體面前，竟然沒有在屍體上看到任何斬殺或者砍斷的痕跡。

回龍想到之前的茅屋裡面，剛好見到的五個人，腦海裡便浮現出以前聽過的軲轆首怪事。

據說，有一種妖怪，白天與常人無異，但到了晚上，牠們的頭可以脫離身子，飛到外面去吸食人的精血。在肢體和頭顱分開後，如果將肢體移往別處，頭顱就不能和肢體復合。

想到這裡，回龍趕忙將其中一具屍體拖到屋後扔掉。再回屋內，他發現屋子的窗戶緊閉，唯獨天窗開著，暗忖，這應該是頭顱來回的通道。

回龍膽子大又好奇，就在一棵大樹後面躲了起來，想要看個究竟。

過了不久，回龍聽見有隱約的說話聲，循聲望去，發現在不遠處的半空懸浮著五顆頭顱，仔細觀察，正是之前的五個人。

只聽那帶路的樵夫說：「我帶回來的那個和尚可真是又白又胖，夠我們好好吃一頓了。都怪你們說什麼懺悔的事，他整夜誦經，害得我無法下手。」

說到這裡，另一顆頭顱應聲道：「都過了這麼長時間，想必那和尚也該睡了。你們等著，我回去看看。」

一眨眼，那顆頭顱就飛了回來，慌張地叫著：「大事不好，那個和尚不見了，而且，老大的身體也不見了。」

這些頭顱一聽，非常震驚，那個老大的頭顱大怒道：「肯定是那個可惡的和尚做的，等我找到他，一定要把他撕碎吃掉！你們分頭找，這麼大的山林，諒他也跑不遠。」

果然，回龍還沒來得及跑，就被這幾顆頭顱發現。

頭顱們合力圍攻回龍，回龍慌忙應戰，並開始誦讀經文。

這些頭顱一聽到經文，就沒有了力量。那四顆頭顱逃回屋裡，與肢體復合後，逃得無影無蹤。

只剩下那顆被拋棄了肢體的頭顱，用盡最後一點氣力撕咬回龍的衣袖，任憑他怎麼甩動，也甩不掉這顆頭顱。

後來，回龍將頭顱埋在了發現軲轆首的山林裡，為其立了石碑，誦經為其超渡。

Tips

轆轤首，就是傳說中的長頸妖怪，最早起源於《搜神記》中提到的「落頭氏」。

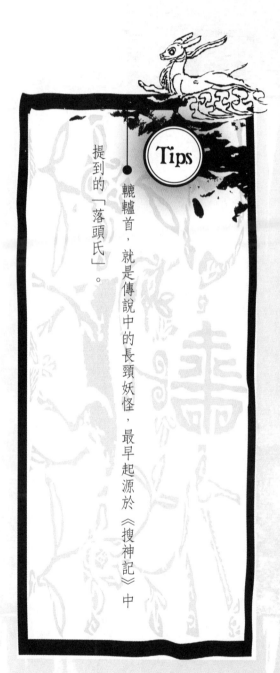

70 無頭鬼

腦袋能脫離身體襲擊人類的妖怪

江戶時代，岐阜縣有個叫岩村的小村莊。

秋天的一個傍晚，岩村村長小野忙碌了一天，睡覺前來到女兒木子的房間。看著已經熟睡的木子，小野皺起眉頭，無奈地嘆氣。他一直守在女兒身邊到深夜，忽然，木子的臉頰開始淌汗，表情看起來很痛苦，小野趕緊擦去女兒臉上的汗水，輕輕起身來到窗前，推開窗戶。

也就在今天，一個叫絕岸和尚的行腳僧人來到了岩村，他停住腳步，站在村子中央，環顧了一下四周，不禁倒吸了一口涼氣。他感覺在這個寂靜的村子角落裡，隱藏著一種莫名詭異的東西。

絕岸和尚眺望西下的落日，霞光好像鮮血一樣，很快，村莊被黑暗籠罩，角落裡詭異的東西發

出狂躁的聲音。他搖了搖頭，緩步走進岩村，此時天色已完全黑下來，村子看起來很平靜，村民們也都已經伴隨著各種鼾聲進入夢鄉，但在絕岸和尚聽起來，有種讓人打冷顫的絲絲的怪聲，也摻雜在人們的鼾聲中。

第二天清早，村長小野被村民們嘈雜的喊叫聲吵醒，他趕緊起來披上衣服出去了。這時，街上已經聚集了好多人，一個村民面帶恐懼，對小野說：「村長先生，我們一大早準備進山伐木，走到這裡時看見北條躺在地上，我們把他扶起來才發現，他已經沒氣了。」

小野聽了連忙擠過人群，來到死屍旁，蹲下來仔細查看，只見死者雙眼瞪得像牛眼睛一樣大，就要冒出來了，嘴也張大到極限，嘴角被撐裂，舌頭已僵硬，挺立在口中。

小野不忍心再看，用手輕輕拂過北條的臉，將其眼睛合上，隨後命村民們將屍體用草簾捲起，抬到神社，挑個日子再下葬。

正當村民們抬著北條屍體離開時，小野又看了一眼北條，這一看不得了，差點把他嚇得癱坐在地上。只見已經閉眼的北條又睜大眼睛，惡狠狠地盯著小野看，像要吃了他似的。

小野還沒回過神來，村民山口的妻子美惠驚悚地叫了聲：「村長先生！」小野轉過身，看著惶恐不安的山口夫人，問：「怎麼了？」

「這已經是第四個人了，村長先生，北條的死和之前死的那三個人如出一轍，眼睛、嘴，還有舌頭，都是一模一樣的，難道真的是巧合嗎？」

「不要亂說，山口夫人！」小野打斷她的話。

這時，又有一群婦人聞聲湊過來打探，小野說：「北條是個好人，如今得了怪病身亡，大家多幫忙，不要再議論了，不然他的靈魂不得安生，還是快散了吧！」婦人們這才散去。

小野神色慌張地又向神社方向望了一眼，猛然發現有一個光腳的僧人正在不遠處盯著自己看。

小野禮貌性地向和尚鞠了一躬，轉身準備回家看看女兒。

這時，那個和尚叫住了他，「村長先生請留步。」

小野緊張又疑惑地看著和尚，和尚施禮說：「在下絕岸，雲遊到此地，本意是造福生靈，可是昨日到貴村莊，卻發覺此地到處瀰漫妖氣，恐怕是有妖孽在此處荼毒百姓。」

小野聽了，心裡一驚，神情更加緊張，但還是故作鎮靜地回答道：「大師，我們村子百姓安居樂業，家家戶戶都人丁興旺，怎麼可能有妖孽呢？我還有事，就不奉陪了。」說完，就要離開。

絕岸和尚拉住了小野的胳膊，說：「在下聽說貴千金不久前得了怪病，我剛從中國歸來，對漢方醫術也很精通，不如讓我給貴千金診治吧！」

小野更加慌亂，說：「小女的病不勞煩大師了，告辭！」說著，就要逃走。

絕岸和尚用力拉住小野，說：「我早就注意你家了，那濃重的妖氣就是從你家屋子散出的。你的女兒就是飛頭蠻，頭顱半夜飛出來吸活人的陽氣，北條和其他三個村民就是被你女兒害死的！而且你也早就知道，還半夜給她開窗放她出來。」

小野一聽瞞不住了，就招了，說這不是木子的錯，她到晚上睡熟了根本不知道自己所做的一切，如果不飛出頭顱吸取活人陽氣，木子就得死，他願意替女兒承擔一切。

絕岸和尚也很難過，但是人已成妖，不能容許妖怪再去害人，於是拿出一顆黑色藥丸交給小野，說：「這是魔散，妖怪吃了會立刻消失而且沒有任何痛楚。」小野接過藥丸，含淚向家裡走去。

絕岸和尚誦完佛號，望向小野家，見妖氣已經減弱，知道木子已服下藥丸。

他正在暗自傷神，突然見小野家濃煙滾滾，原來小野與女兒共赴黃泉了。

Tips

傳說中的飛頭蠻多為女性，但江戶時代的隨筆《蕉齊筆記》中，也有男性「頭顱離體」的記載。也有一種說法稱「飛頭蠻」並非妖怪，而是真實存在的，是一種體質異常的人類。

71 酒吞童子

殘忍的「處女殺手」

根據室町時代的《御伽草子》記載，酒吞童子長著一張赤紅的臉，近禿的頭頂留著幾縷凌亂的毛髮，有五根大角和十五隻眼睛，身高在六米以上，虎背熊腰，穿著格子外衣，腰間繫著野獸皮，當然這是其做為惡鬼的樣貌。

《御伽草子》中還說，酒吞童子原本是越後寺裡的小和尚，因為容貌過於清秀俊美而招人嫉妒和陷害，心中逐漸產生惡念，不料被高僧察覺，被趕出了寺廟。他出走後來到了丹波國大江山上，糾集了一大幫惡鬼，並以此為據點開始在周邊地區作惡生事，而且還會吃掉婦女和兒童，在民眾中引起相當大的恐慌。

為此，酒吞童子的傳說也就流傳開來。

酒吞童子在人間做壞事時往往化身成英俊少年，最擅長勾引女子，得手後會吃掉她們的肉，喝光她們的血。一些長得特別美的女子則被囚禁在山寨的巢穴中，做為奴隸來使喚。

因為酒吞童子的目標大部分都是年齡不大的處女，因此又有「處女殺手」的稱號。

酒吞童子的惡劣行徑逐漸由郊區滲透進京都城中，就連池田中納言的女兒也失蹤了。家人四處尋覓不到，請來大陰陽師安倍晴明占卜，得知又是酒吞童子所為。

天皇感到十分憂慮，聲明要討伐酒吞童子，派大將軍賴光，率領有「賴光四天王」之稱的渡邊綱、阪田金時、卜部季武、碓井貞光以及勇士藤原保昌等六人去征討酒吞童子。

賴光一行人經過艱難險阻，終於到達酒吞童子那個像宮殿一樣奢華的住所。

賴光假稱自己一行人是商人，在山間迷了路，希望能在此地借宿一夜。

酒吞童子信以為真，同意了這個要求。

夜裡，賴光將熟睡的酒吞童子捆綁在床上，渡邊綱、阪田金時、卜部季武、碓井貞光四人各斬其四肢，賴光斬頭。豈料就在賴光斬下酒吞童子首級的瞬間，它竟突然甦醒了過來，口裡吐出烈火。

賴光見狀，急忙拿出觀音菩薩所贈的聖水，將火澆滅，隨後將酒吞童子的頭顱裝在了鐵盒中。

隨後，他與勇士們把其他妖怪趕盡殺絕，將那些被酒吞童子掠來的少女解救了出來。

Tips

賴光砍下了百鬼之王酒吞童子頭顱的那把寶劍，被稱為「童子切安綱」，與鬼丸國綱、大典田光世、三日月左近和數珠丸恆次一起，被譽為室町時代的「天下五劍」。

72 五妖鬼

中國皇帝手下的蝙蝠妖

相傳中國漢武帝時期，國家富強，經濟繁盛。漢武帝為了尋求長生不老之術，一度到過日本的秋田縣男鹿半島，居住過一段時間。

當地人看到漢武帝騎著潔白的仙鹿，身旁跟著五隻化身為蝙蝠的妖鬼，它們分別叫做：眉間、逆頰、眼光、首人、押領。這五隻妖鬼相貌醜陋，猙獰嚇人，但是對漢武帝卻非常忠誠，任憑被呼來喚去，忙碌奔波，也無怨言。

每逢一月十五日，漢武帝就准許五妖鬼不用在自己身旁伺候，可以自由活動。這五妖鬼囂張跋扈，常去附近村子騷擾，肆意妄為，村民對此非常痛恨，但苦於沒有解決辦法，只能任其欺凌。

這一年，眼看又快到一月十五日了，村民們愁眉不展，擔心五妖鬼又要到村子裡搞破壞。

正當大家惴惴不安，議論紛紛的時候，一位其貌不揚的男子來到了村長家，說自己有對付妖鬼的辦法。

村民們覺得他信口開河，都不以為然。

於是，男子就講了自己的辦法，眾人聽了，覺得可以試一試。

十五日晚上，五妖鬼如往年一樣，來到了村外。它們正欲胡作非為，這個男子首先站了出來，對五妖鬼說：「既然你們覺得自己很有本事，敢跟我打個賭嗎？如果你們贏了我，以後就按照你們的意願辦事，無論做什麼。」

五妖鬼看到有人敢與自己打賭有點吃驚，可是它們根本沒把這個男子放在眼裡，輕蔑地問打什麼賭？

男子指著村外的一座山，說：「很簡單，如果你們可以在明天天亮之前，用石頭在此山上鋪設一千級臺階的話，我們全村人對你們俯首稱臣。每年一月十五日，我們都會提前準備好充足而豐盛的食物，恭候你們。即使你們有其他的要求，我們也一定辦到。」

「但是，」男子說到這裡，環視了一下五妖鬼得意的神色，用嚴肅而低沉的聲調說：「如果你們沒有辦成這件並不困難的事情，就請不要再來我們這裡騷擾了！」

五妖鬼聽後，覺得這個賭並不難，它們也想讓村人們見識一下自己的本事。如果這樣贏了村裡的人，它們以後就可以安枕無憂地享受村裡的招待和服務，於是就信誓旦旦地答應了。

之後，五妖鬼全部化身為朱紅色的蝙蝠，體型巨大無比，叫聲非常恐怖，伸展著有力的翅膀，揮舞著結實的爪子，施展各自的法力，開始著手鋪設石階。

一些膽大的村民，來到村外，觀看這五妖鬼行動，過了一段時間，很多級石階就出現在村外山上的山脊上。

就在五妖鬼忙著完成最後十個石階的時候，天色已經開始發白，但是還沒有完全亮起來，這讓村民們很著急。

這時，只見男子偷偷學起了公雞叫，村子裡的公雞聽見後，都跟著叫了起來。

村民們高興的呼喊：「太好了，天亮了！太好了，天亮了！」本來還以為能夠在天亮前鋪完這一千個石階，可是聽到響亮的公雞叫聲，五妖鬼知道天亮了，也無可奈何，只好認輸。

按照與男子的約定，它們放棄在村子裡胡作非為的念頭，離開了村子。

男子帶領村民們，踏著石階，輕快地登上了山頂，望著從山頂到山腳那一排整齊的石階，歡呼道：「有了這樣堅實的石階，我們再也不用為下雨或是下雪而不能上山苦惱了。」

五妖鬼懊喪著離開村子，聽到村民們的歡呼，意識到自己是上當了。但是它們已經答應了不再回到村子搗亂，惡氣無處發洩，就將村子附近的一棵千年杉樹拔了起來，然後氣呼呼地回到了漢武帝身邊。

Tips

元稹《長慶集》十五《景中秋》詩：「簾斷螢火入，窗明蝙蝠飛。」蝙蝠簡稱「蝠」，因「蝠」與「福」諧音，人們以蝠表示福氣，福祿壽喜等祥瑞。民間繪畫中畫五隻蝙蝠，意為「五福臨門」。

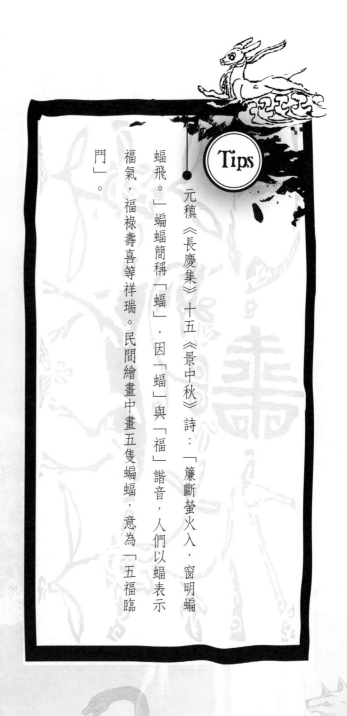

73 人魚

下半身長有魚尾的海中生物

相傳很久以前，在日本的若狹（神井縣），有一個叫小濱的村子。村裡新搬來一個叫高橋的漁夫，他和附近的村民熟識了，就親自下廚做菜，邀請村民到家中做客。

其中有一個村民發現他的鍋裡烹煮著一條魚，那條魚的頭居然像人的頭一樣。這個村民很驚訝，就告訴了其他人。當魚煮好端到飯桌上時，大家都不敢夾到嘴裡吃。趁高橋又去廚房忙碌的時候，其中一個人將魚藏了起來，帶回家給他的妻子食用。

據說，他的妻子吃下人魚後，足足活到七世孫的年紀，而且臉上還保持著青春美麗的模樣。

這位神奇的女性因為長壽，被人稱為八百比丘尼，比丘尼是佛教中對僧尼的敬稱。

這個故事的版本有很多，最早的紀錄已經不可考究，但是相關內容都是大同小異。有的故事說，其實偷魚的男子是到了另一個世界，就是脫離了日本島以外的地方，從那裡帶回的特產。吃下人魚的肉而長生不老的比丘尼，其實過得很痛苦，雖然她周遊列國，受人尊敬，但身邊的親人、朋友、鄰居，都一個一個死去了，她孤苦伶仃，嚐盡了世間冷暖。到了晚年，她就一直待在若狹的尼姑庵裡，不與外界接觸，在將近八百歲的時候，她就獨自來到一個山洞，絕食而亡。

有記載說，人魚是一種海中生物，下身像魚一樣有尾巴，有鱗片，有尾鰭，腰部以上像人的上半身，半人半魚，就叫做人魚。

人魚也分雌雄，平時描述多是雌性的，叫做美人魚，上身像一個赤裸著身體的美麗姑娘。

關於美人魚，流傳著不同版本的故事，有的神奇，有的浪漫，有的誘惑，有的凶險。

相傳，日本有一種人魚，名字叫磯姬。她的下半身是魚形，上半身是女人，但是臉部卻裂開一個口子，從口一直裂開到耳朵，口中有尖銳的牙齒，頭上還長著兩隻像鹿角的東西，如此相貌，是不能叫美人魚的，應該叫海妖。磯姬平時藏匿在海岸邊的岩石附近，一旦有人靠近，就乘浪襲擊，咬住人的頭，扭轉自己的身體，將人翻轉至死。磯姬的身長有二十到三十公尺，一旦被她咬住，無論是多麼強壯的男人都招架不住，最後成為她的腹中之物。

西方希臘神話裡也有美人魚的故事，名字叫賽倫，住在位於喀耳克和斯庫拉之間的海島上，她經常唱優美的歌曲，來迷惑航海者，使他們如癡如醉，不能自制而將船隻開向該島，然後撞上礁石，導致船毀人亡。於是，這個地方就叫死亡島。

特洛伊戰爭的希臘英雄之一奧德修斯，在戰爭結束後返航途中，經過死亡島，奧德修斯聽從了巫師的建議，採取了謹慎的防備措施，他命令所有人都緊緊將耳朵塞住，才避免聽到那懾人的歌聲，躲過了災難。

古代的中國人把人魚稱為「鮫人」，在《太平廣記》中曾記載說：「海人魚的上身和頭像美麗的女人，皮肉白得像玉石，身上沒有鱗，有細毛髮，毛髮分五種顏色，很輕很柔軟，毛長一二寸，頭髮像馬尾巴一樣，長五六尺。陰部的形狀和正常男女的一樣，靠海的鰥夫寡婦，大多都會捉海人魚，放在岸邊的池沼中養育。與其交合時，感覺與人沒什麼兩樣，海人魚也不會傷害人。」

Tips

現實中，還沒有人魚的科學記載。目前也有科學家主張人魚是古代水手們誤認儒艮、海牛而來的幻想生物。據說目前只有日本大阪市瑞龍寺收藏一具人魚標本。

74 河童

神祕詭異的水下怪物

河童是日本流傳的四大妖怪之一，其他三個分別是妖鬼、天狗、妖狐。

據說，河童個子不高，身高一米左右，遠看像一個正常的孩子，只是鼻子跟嘴巴連在一起，頭頂頂著一個盛水的盤子，有手有腳，手腳黏連有蹼，是兩棲動物，大多住在河川和湖泊。

一般來說，河童比較善良，但也有河童喜歡惡作劇，甚至害人。

第二次世界大戰後的日本，經濟蕭條，民不聊生。在農村，普通農民憑藉家裡的幾畝薄田，勉強能夠吃上飯。

有一天，村民麻生太郎勞作結束，回到自己的小屋裡，吃完飯想要抽根菸，卻發現只剩半包菸。

他盤算著只需等上兩個星期，田裡的黃瓜熟了，就可以拿到市集上賣掉，然後就有錢買菸了。

想到這裡，他捨不得抽，藏到枕頭下，午睡休息。

忽然，響起了急促的敲門聲，「是誰？」麻生太郎有點不滿地問。

「是我，麻生先生，鄰家的藤原，請問我的兒子正雄在府上嗎？」一個女聲著急地應道。

麻生太郎打開門，望著一臉焦急的藤原美紀，搖了搖頭。

藤原美紀聞言，臉色更難看了，哭了起來。原來她的孩子正雄很貪玩，有時候夜不歸宿，但第二天早上肯定會回家，但是這次卻沒有，到處找也找不到人。

麻生太郎不喜歡正雄，這個孩子淘氣頑皮，常常偷他家未成熟的黃瓜，但是看到藤原美紀的可憐樣子，他決定和村民一起幫助她尋找。

麻生太郎找到了河邊，望著河水，產生一種不祥的預感。

一個漁夫打扮的老人過來，提醒他遠離河岸，說有河童出沒，會被吃掉。

聽到正雄走失，老人也唉聲嘆氣，原來他自河的上游追趕河童來到這裡，沿途的村子，已經有好幾個孩子不見，都是被河童給吃掉了，正雄恐怕也難倖免。

麻生太郎感到害怕，不知如何是好。

老人說：「河童喜歡吃黃瓜，如果每天往河水裡投幾根黃瓜，河童吃飽了就不吃人了。可是這饑荒年頭，誰又捨得投黃瓜？」老人喃喃地說完，特意叮囑，一定要遠離河水。

麻生太郎回到村子，將河童的事情告訴村民，提醒他們不要接近河水，唯有河童吃黃瓜的事情，他半點也沒有提。

次日，老人在河裡撿到了孩子的一隻紅鞋，事實證明正雄永遠也回不來了。藤原美紀抱著孩子的鞋子，哭得暈了過去。

麻生太郎心中悲痛，想將黃瓜一事告訴村民，但最後還是忍住了，搖頭嘆氣地回家。

這之後，村中寂靜得嚇人，沒有人敢外出。

麻生太郎更是如此，他不僅懼怕河童，更擔心他家的黃瓜被人盯上，可是越是怕，越覺得有人在注意。

昨天，江川經過麻生太郎家，與其閒聊時，眼睛盯著黃瓜看，麻生太郎心裡感覺不安。不只如此，長谷家的兩姐妹，經過他的田裡時，誇他的黃瓜長得好，這讓正在勞作的麻生太郎惶恐，難道村裡的人知道黃瓜的事情？

惶惶中，兩週時間就將要過去了，明天他就可以將黃瓜收割，拿到市集上賣掉，然後就可以買自己喜歡的香菸，以及其他的生活必需品。

麻生太郎想到這裡，鬆了一口氣，放心地睡了。

半夜時分，他聽到有人在喚他：「麻生先生……麻生先生……」

這聲音如此熟悉，好像是正雄的聲音！麻生太郎仔細分辨聲音的方向，竟然是從自家的井中傳出。

正雄掉進井裡了？麻生太郎大驚，衝到井口向下張望，漆黑一片，什麼也看不見。

焦急之下，他伸出手，對著井底喊：「正雄，是你嗎？快抓住我的手！」

然而，井中一片寂靜，沒有聲息。

麻生太郎感覺事有蹊蹺，遲疑間，突然他的手被握住了。

那來自井底的手，冰冷萬分，力量奇大，絕不是正雄能做到的。

手，慢慢向井底縮去，麻生太郎抬頭望了一眼田裡的黃瓜，來不及呼喊，瞬間就被拖進井裡。

從這之後，麻生太郎家的黃瓜，始終沒人來收割，枯萎在田裡。那半包香菸，一直藏在枕頭下，誰也不知道。

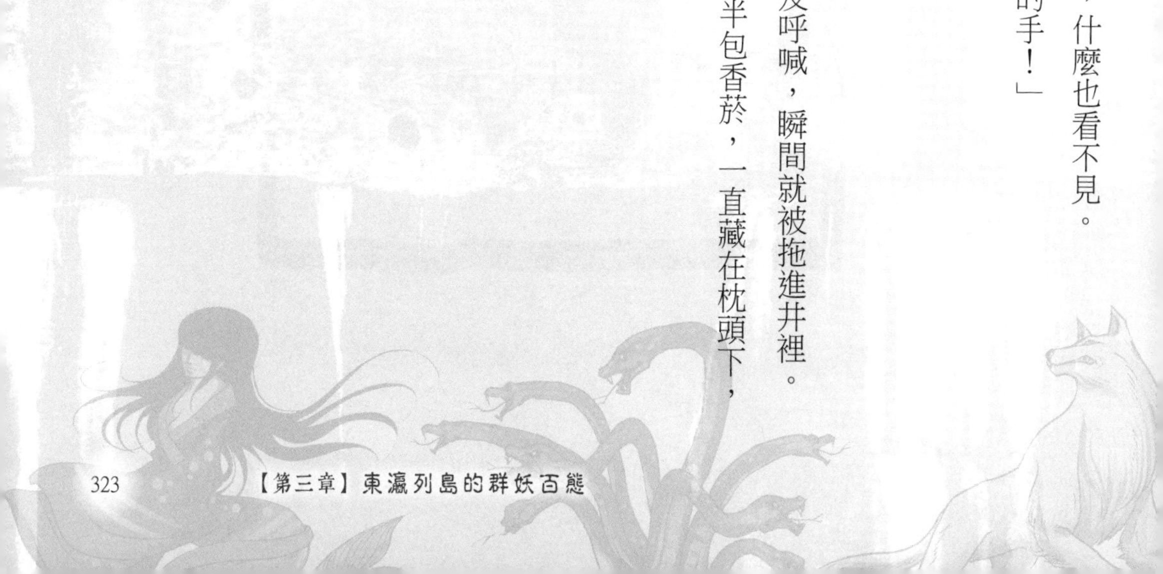

Tips

在現代日本，河童與野隆蛇並稱為日本兩大「未確認生物」。中國古典名著《西遊記》在日本家喻戶曉，住在流沙河中吃人的沙悟淨，常常被冠以河童的形象。所以在日本，河童成了沙悟淨的代名詞。

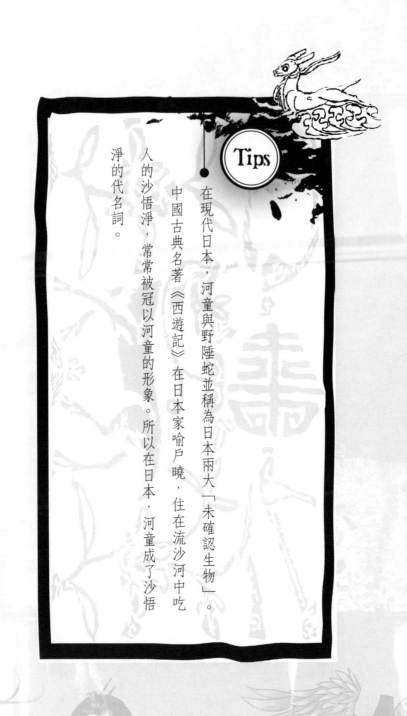

75 八岐大蛇

睡眠能夠持續數百年的嗜酒蛇妖

素盞嗚尊是日本開疆拓土之神伊邪那岐命之子，因為在姐姐天照大神的領地高天原觸犯戒律，闖下大禍，惹怒眾神，而受到身體和財務的雙重懲罰，被逐出了高天原。

素盞嗚尊忍受著身體的疼痛，無奈地離開了高天原。

有一天，他來到了出雲國境內，停下來望著肥河的河水發呆，思考著未來的去向。

忽然，他看見一雙竹製的筷子從河的上游漂流而下，心想，既然有吃飯的筷子，那上游一定有人家，就沿著上游走去。

他邊走邊休息，很快身體就調養好了。

也不知走了多久，果然看到了人影。一對老夫婦和一個年輕的女孩，正在抱頭痛哭。

素盞嗚尊感到奇怪，就上前打聽原因。原來老人是山神之子，奉命統治眼前這片名叫足名椎的土地。以前這裡很平靜，誰知在高志這個地方，出現了一個妖怪，名字叫八歧大蛇，紅紅的眼睛就像紅色的蘋果，全身長了八顆腦袋，體長可以連接八個山谷和八個山崗，巨大無比。

這妖怪作惡多端，根本不把山神之子放在眼裡。不僅如此，妖怪還看中了山神之子的女兒，在八年前，將他的大女兒吞進肚裡，以後每年都吃他的一個女兒。

老人總共有八個女兒，如今被妖怪吃得只剩下最後一個小女兒。眼看小女兒也要被吃掉，全家沒有辦法，只能痛哭。

素盞嗚尊義憤填膺，當即答應老人，要除掉妖怪。

老人看到素盞嗚尊那無所畏懼的神情，轉悲為喜，承諾素盞嗚尊，只要除掉妖怪，就將美麗嬌弱的小女兒嫁給他。素盞嗚尊看著女子眉清目秀的樣子，滿口答應，並告訴了老人自己的真實身分。

接著，他讓老人一家先釀出了又香又烈的好酒，然後在家門外築起一座高大結實的籬笆牆。並且在築好的籬笆牆上留出八個大洞來，在每個洞口前擺放一個放置酒器的架子，酒器中裝滿剛剛釀好的香濃烈酒。

一切準備就緒，到了晚上，妖怪果然來了。

牠很快就嗅到了酒香，來到籬笆牆外，將八個巨大的腦袋鑽進籬笆牆的洞中，各自對著一個酒器，瘋狂地喝起酒來。不一會兒，酒力發作，這個妖怪就搖搖晃晃栽倒在地。

素盞嗚尊見妖怪醉了，急忙來到妖怪面前，拔出腰間佩帶的寶劍，從容地將妖怪的八顆腦袋一顆一顆砍下來。然後，他又轉到妖怪的身旁，舉起寶劍，將妖怪巨大的身子斬斷成數段。最後，他來到妖怪的尾巴處，準備將這些粗大的尾巴全部切掉。

素盞嗚尊揮舞著寶劍，砍下了其中三條尾巴，當砍第四條尾巴時，寶劍居然彈了回來。他小心地撥開蛇尾，發現裡面藏著一把鋒利的寶劍。

見妖怪已經被殺死，老人欣喜地跑出來，向素盞嗚尊道謝，並提出一定要將自己的小女兒託付給他。

素盞嗚尊本來就對美麗乖巧的小女兒有愛慕之心，聽到老人的話，連連點頭，答應了下來。素盞嗚尊和這個女孩結婚後，帶著妻子雲遊各地，除暴安良。

據說，素盞嗚尊斬殺妖怪獲得的寶劍，轉手就送給了自己的姐姐天照大神，也算是彌補自己在高天原犯下的錯誤。

這把寶劍就是後來被稱為天叢雲劍，是日本神話故事裡三件著名的兵器之一。

Tips

八岐大蛇是日本神話中的怪物，擁有八頭八尾的巨大的蛇，牠被認為是水害的象徵。

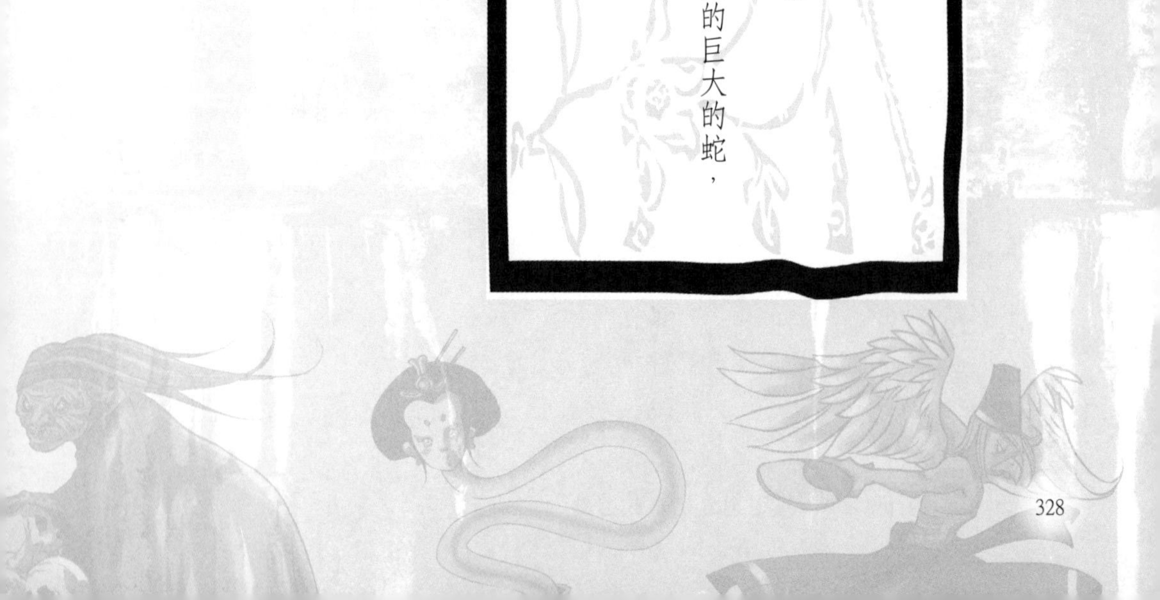

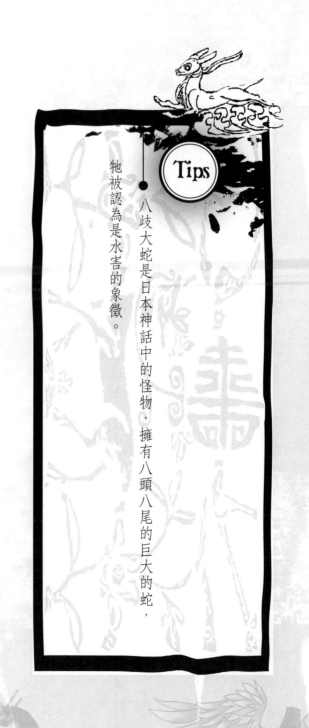

76 山童

人臉猴身的獨眼怪物

在一個與世隔絕的小島上，住著一個白鬍子老爺爺。年輕時的一次意外，他漂流到了這個山石密布的島嶼。剛開始他感到非常孤獨，但對周圍環境熟悉了以後，他發現這個地方非常神奇有趣。

一次，老人四處採摘野果，遇上了一個山童。

這個妖怪體毛濃密，長得像猿猴，只有一隻眼睛，愛捉弄人，但絕對沒有惡意。老人好奇地停了下來，跟山童交談起來。

山童非常聰明，而且熱情開朗，給老人平淡無聊的島上生活，增添了無窮的樂趣和希望。

這一天傍晚，老人吃過晚飯，來到海邊釣魚，這是他最喜歡的一項運動。正當他拿起釣竿準備

出去的時候，被一陣銀鈴似的笑聲吸引了。

老人停了下來，走到聲音發出的地方一看，原來是山童這個淘氣鬼在跟他開玩笑。

老人看到山童，也開心地笑了起來，詢問牠怎麼會在這裡。

山童說一個人很無聊，想看看老爺爺有什麼好玩的事情。

老人邀請這個搗蛋鬼跟他一起去海邊垂釣。山童一聽，釣魚這種事情牠還從來沒有做過，因此很好奇地一路蹦蹦跳跳地跟著老人到了海邊。

因為天氣晴朗，夜晚的月色又亮又柔和，初夏的島上吹襲著令人陶醉的海風。很快，老人就釣到了一條大魚。山童很興奮，直誇老人技術高。老人把釣到的魚交給山童保管，山童擺弄著釣上來的大魚，喜上眉梢。

看到山童對釣魚這麼感興趣，老人就另外做了一根魚竿送給山童，還耐心地教其如何垂釣。

山童非常聰慧，很快也可以釣到魚了。

就這樣，老人和山童成了無話不談的好朋友。每天晚上，山童都會準時帶著魚竿，來到老人家門前，讓老人帶著他前去釣魚。等到要回家休息的時候，山童就會把自己釣的那些魚的左眼挖出吃掉，然後全部贈送老人。

一天，老人問山童：「我看你總是笑口常開，難道就沒有讓你討厭或是煩惱的事情嗎？」

山童微笑著回答說：「能夠看到嶄新的太陽，呼吸到新鮮的空氣，能夠蹦蹦跳跳地來去自如，我就覺得很開心了。說到不喜歡的事情，我最討厭看到海裡面張牙舞爪的章魚，難看死了；我最不想聽見清晨的雞鳴，那時候我正在做好夢呢！一聽到雞叫，我的美夢就被打斷了。」

老人聽了山童的回答，就打算和牠開個玩笑。

到了第二天的傍晚，老人在自家的門上掛了一隻好大的章魚，然後藏在門後觀察山童的反應。山童蹦跳著來到老人家的門外，正準備敲門，突然發現眼前有一隻好大的章魚，頓時顯得特別生氣。牠對著屋子喊道：「這是怎麼回事？」卻聽到一陣雞叫聲，氣得轉身返回。

老人看到山童生氣的樣子，剛開始覺得很有趣，後來又覺得對不起山童，打算天亮之後向其道歉。可是他再也沒有機會了，因為他很快就暴斃而亡。

Tips

山童經常出現在九州一帶，因為與河童有眾多的聯繫，所以也有山童即河童的說法。目前，較為普遍的看法是，春秋兩季山童來到河邊變為河童，秋冬回到深山即為山童。

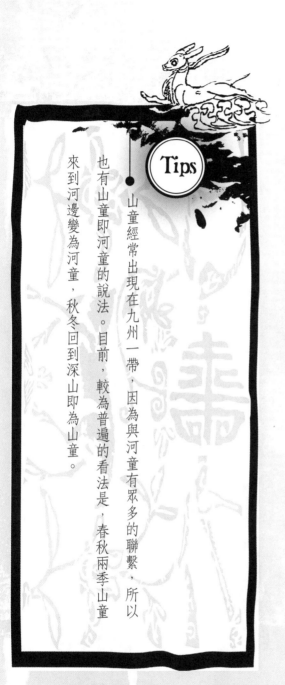

77 木精

樹木中衍生出的精靈

有一個名叫鮫殿的漁夫，習慣深夜出海捕魚。

一天晚上，他駕著漁船到海上捕魚，發現離他不遠的地方也有一個人在捕魚。

那時，突然颳起大風，鮫殿急忙向岸上划去，卻見那個人依舊從容地捕魚，非常驚奇。

很快，風就停了，鮫殿又回到原來捕魚的地方。沒過多久，他就成功地捕獲了很多魚。等到他決定划船回家的時候，回頭一看，那艘本來還在的漁船，竟然神奇地不見了。

更奇怪的是，在以後的日子裡，只要有那艘漁船陪伴，鮫殿就能有意外的收穫，可以捕到很多魚。

時間一長，這兩個喜歡在夜裡捕魚的人就認識了，並成為了好朋友。

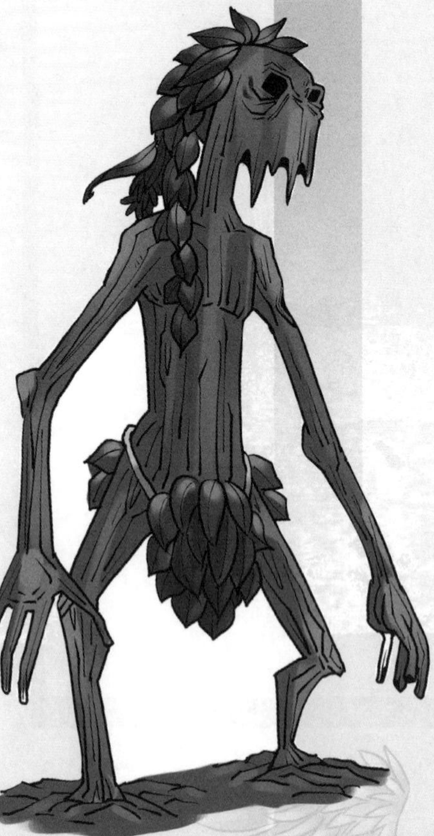

鮫殿發現，這個人長相跟自己不一樣，說話的口音也不像島上的人，每次問到他的名字，他總是支支吾吾地含混過去。這讓鮫殿的心裡有些懷疑。

這天深夜，鮫殿和那個人一起捕魚之後，各自回家。為了弄清朋友的身分，鮫殿沒有直接返回家中，而是迂迴到那個人的身後，偷偷觀察。

他跟著那個人來到村子，以為很快就找到他的家，沒想到穿過了整座村子，那個人還在往前走。穿過荒涼的樹林之後，那個人來到一株很大的桑樹面前，消失不見了。

鮫殿原以為自己是眼花了，但是又記得清清楚楚，這個人是在這裡不見的。他滿懷疑惑地繞了好遠的路，才回到了家裡。

鮫殿對妻子說了自己的奇遇，但始終不明白，那個人怎麼就在一棵大樹前消失了。

妻子聽後，隨口說了一句：「難道他住在樹上？」

鮫殿受了啟發，覺得妻子的話不無道理，就對妻子說：「明天白天，我帶妳到那個人消失的桑樹處。等到晚上，我們還會一起出海捕魚。我離開家以後，妳就趕快到那棵樹下，找來可以燃燒的東西，把那棵大樹點著，看看會有什麼情況發生。」

妻子點頭答應。

第二天白天，鮫殿帶著妻子指明了路途和大樹的位置，一切安排妥當。晚上的時候，他和那個人一起划船出海，並肩捕魚。

就在捕魚的過程中，那個人突然驚慌起來，他自語道：「我怎麼聞到一股燒焦的味道？我的家不會被燒掉了吧？」

鮫殿嗅了嗅，感覺什麼味道也沒有，但是，他想到妻子燒樹的事情，就有點心虛。

為了證明自己的清白，他故意安慰那個人說：「我只聞到了海水的腥味，其他什麼味道也沒有聞到，不會是你的錯覺吧？」

那個人停了下來，匆忙跟鮫殿道別，將船划向了岸邊，頭也不回地走遠了。

鮫殿回到家後，得知妻子正是在那個人驚覺的時候點燃了大桑樹。

以後，鮫殿再也沒有看到這個人出海捕魚。他和妻子都確認那個人就是島上傳說的木精。

讓鮫殿後悔的是，他所捕的魚也越來越少了。

幾年之後，鮫殿到沖繩縣城辦事，在大街上遇到以前的老朋友。

他無意間提起了自己捕魚的奇遇以及妻子燒桑樹的事情，友人聽到後，勃然大怒，大呼自己看走了眼，罵鮫殿是個忘恩負義的小人。

鮫殿被友人的反應震驚了，正在他發愣的時候，發現這個老朋友竟然就是那個木精。

木精一臉憤怒，拔出隨身攜帶的刀刺向了鮫殿，鮫殿當場死亡。

Tips

木精，是一種古樹精靈，跟日本本土的「河童」相似，屬於寵物妖怪，其傳說流傳於整個沖繩群島。在日本，有的木精造型非常現代，長有一頭濃密而長的紅色頭髮，耳朵又長又尖，眼睛大而明亮，十分惹人喜愛。

78 靈犬

懲惡揚善的山犬

很早以前，在日本的靜岡縣盤田寺，有一個見付天神社。每年秋天來臨，見付天神社都會如期舉行祭祀活動。所謂的祭祀，就是選出一個年輕的小姑娘，躺在準備好的白木棺材內，抬至正殿，等待社內神明的享用。

在秋祭來臨的前一天，一支箭會莫名其妙地從遠處飛來，射到一個年輕女孩家的屋頂。看到這支箭的人家，就意識到自家女兒必將成為該年祭祀的貢品。

這一年的秋天，又到了秋祭的時間。這時，有一位行腳的僧人來到神社，暫時在這裡寄居。他聽說村裡祭祀的怪事，就向村民自薦，代替女孩躲在棺材裡，一看究竟。

這天夜裡，村民們將已經藏了僧人的棺材抬至神社的大殿，因為害怕鬼怪的出現，棺材剛一落地，眾人就紛紛逃離了。

見村民們離開了，僧人就開始在棺材內誦唸經文。

不知道過了多久，僧人感覺疲倦了，開始似睡非睡。突然，一陣狂風颳過大殿，緊接著，一隻巨大的怪物走了進來。這隻怪物跳到棺材上，並不急於打開，而是手舞足蹈，唸唸有詞道：「信州光前寺有個早太郎，這件事情一定不能洩露出去。」

躺在棺材裡面的僧人聽得清清楚楚，並牢記於心。

當僧人意識到怪物要打開棺材時，就高聲誦唸經文。怪物聽到經文，大為震驚，立刻落荒而逃。

第二天，村民們來到神社大殿，好奇昨晚到底發生了什麼事情，不知道僧人是不是還活著。

當他們發現僧人完好無損地坐在殿內誦經時，紛紛上前問他到底發生了什麼事情。

僧人將事情的原委一一講述，眾人非常震驚。因為僧人昨晚偶然聽得怪物的祕密，就告別村民趕往信州，也就是現在日本長野縣。

走在通往信州的路上，僧人想起信州有一座古寺叫善光寺，因為善光寺的附近都是盆地，附近被稱為「善光寺平」，幾年前，僧人曾經雲遊經過此處。

僧人首先來到了善光寺平，四處打聽光前寺的下落。奇怪的是，僧人向附近的村民一連詢問了三天，也沒有問出光前寺的所在。當僧人說出「早太郎」這個名字時，這裡的居民更是一頭霧水，表示從來沒有聽說過這個名字。

僧人一路走到信州，遍訪該地居民，沒有打聽到有關「光前寺」或是「早太郎」的任何消息。無奈，他只好離開此地，向南行進。

一天，僧人來到天神善山腳下的一座寺院，向住持打聽。住持說光前寺位於木曾駒嶽山麓下的一處村落附近，是創建於西元八六〇年的古寺。因為該寺位置非常偏遠，很少有人知道。

經歷不少波折，一年之後，僧人終於來到光前寺。

來到寺院，僧人向該院住持告知了自己的來意，希望可以求見早太郎。住持聽到僧人千里迢迢來到這裡，竟然是為了見一見早太郎，立刻表現出一臉迷惑的神情。

他來到寺院的窄廊下，呼喚道：「早太郎，早太郎！」只見一隻灰色的山犬跑了過來。

看著僧人驚訝的表情，住持解釋道，幾年前，寺院裡來了一隻駒嶽山犬。等寺院裡的人發現牠時，這隻山犬正臥在寺院的正殿窄廊之下。本來以為牠是生病了，後來發現這是一隻即將生產的母山犬。來到寺院沒多久，母山犬就生下了三隻小山犬。住持看牠非常虛弱，就不斷供給牠及小山犬們食物。

母山犬很快就變得強壯了，三隻小山犬在住持的悉心照顧下也成長得很快。

等到小山犬逐漸長大之後，一天夜裡，這隻母山犬帶著兩隻小山犬悄無聲息地離開了寺院。

第二天早上，住持像平時一樣來到山犬待的地方，只見一隻小山犬留在那裡，其他山犬全不見了蹤影。

看著眼前的這隻小山犬，住持明白，這應該是母山犬特意留下來的。

從此，住持對這隻留下的小山犬更加照顧，和僧人們親切稱呼牠為「早太郎」。

聽完住持的解釋，僧人意識到這隻山犬肯定非同一般。

這時，住持想起僧人所講的祭祀之事，就問他今年村裡的秋祭具體是哪一天。僧人這才意識到剛好就是下個月。他向住持詳細了講述自己遇到怪物的事情，並推測早太郎一定是那隻怪物的剋星，懇請住持能夠同意自己帶著這隻山犬前去除妖。同時請求在秋祭前天晚上，住持一定要為早太郎頌經直至天亮。

住持滿口答應，囑咐僧人一定要保護早太郎的安全，希望這隻神奇的山犬能夠回到寺院。

隨後，僧人帶著早太郎往村子趕去。經過日夜不停地長途跋涉，他終於在秋祭前一天的夜裡返回。

回來之後，僧人向村民們講述了自己一路上的見聞，並把尋到神犬早太郎的前因後果說得一清二楚。

村民們聽了之後，都非常高興，祈禱這次早太郎可以順利地將可惡的怪物剷除。

按照商量好的計畫，村民們將早太郎放進白木棺材裡，合力將棺材抬進神社的大殿。在遙遠的另外一個地方，光前寺的住持也早早坐下為早太郎誦唸起了經文。

這一夜，村民們和僧人都沒有合眼，不知道會有什麼未知的事情發生。

第二天一大早，大家就來到了神社的大殿。只見白木棺材已經被打開了，旁邊有一隻大狒狒的屍體，被撕咬得遍體鱗傷。

這時有人叫道：「早太郎怎麼不見了？」無論僧人和村民怎麼尋找，也沒有找到牠。

光前寺的住持在為早太郎誦讀經文直至天亮，他起身來到門外，發現早太郎奄奄一息地躺在地上。看到住持之後，牠就斷了氣。

住持和寺院的僧人將早太郎的屍體埋在了以前母山犬和小山犬們所待的地方旁邊，並為早太郎的離去傷心了很長一段時間。

從這之後，到了秋天，見付天神社再也沒有舉行過所謂的祭祀活動。村民們都在家裡供起了早太郎的牌位，希望可以保佑家裡一年平安無事。

Tips

今天的日本，光正寺的正殿前有早太郎的木雕像，見付天神社參道有早太郎的銅塑雕像，有些地方還有「早太郎神社」。

79 螢姬

會吹笛子的螢火蟲精靈

在日本埼玉縣一帶，曾經有一個巨大的沼澤帶。沼澤旁邊住著一個小女孩，名叫小笛，吹的笛聲特別好聽。

這一天，小笛來到沼澤附近，一邊沉醉於迷人的夜色，一邊吹著笛子。就在這時，她突然聽到遠方傳來更加動聽的笛聲。

小笛循聲走去，發現這優美的旋律竟然是從一口古井中傳出來的。她小心地向井邊接近，驚奇地發現井裡面閃閃爍爍，有一群藍色的螢火蟲在井中飛上飛下。

這實在是太美了！就在小笛心生感嘆的時候，一隻比較大的螢火蟲自井底飛出。牠在小笛的身邊飛飛停停，似乎在招呼她到一個地方。於是，好奇的小笛就一路跟著這隻螢火蟲走。

走了一會兒，小笛發現自己來到了一片竹林裡面。就在她疑惑不解的時候，眼前突然出現了一座金碧輝煌的宮殿。

這時，一個侍女裝扮的女子來到小笛面前，施禮說：「我家的主人螢姬已經等候您很長時間了，請您跟我來吧！」

小笛跟著侍女來到宮殿的大廳，只見裡面各種物品排放得整整齊齊，散發著藍色的幽光，似乎被一群螢火蟲包圍著。大廳的中央位置坐著一個清麗脫俗的女孩，全身散發著更加明亮的幽藍色光芒，如同仙子一般。她周圍侍立的女孩也都非常秀氣，只是身上的藍色光芒沒有她的明亮。

這個引人注目的女孩就是螢姬。

她看到小笛，微微點頭，臉上露出靦腆的微笑。當她看到小笛面露疑惑之色時，開口說道：「我就是螢姬，經常聽到妳吹奏的笛聲，非常悅耳，一直想跟妳認識，但不知道怎麼相見。今天就想出了這樣的辦法，請妳不要見怪。」

小笛聽後，笑了一下，問道：「我剛才聽到的那首曲子，是妳演奏的嗎？」螢姬點點頭。

就這樣，兩個女孩很快就熱絡起來。

小笛問起螢姬的身分，螢姬便講了一個故事——

很久以前，這裡建有一座城堡，城堡裡的人們安居樂業，彼此非常和睦。但是，戰爭不知道從什麼地方爆發了，城堡裡的人紛紛被捲入。為了保衛自己的家鄉，保護自己的家人不受傷害，城堡中的男人們紛紛拿起刀劍，前去打仗。戰爭是無情的，大部分的男人都是有去無回，城堡中到處可以聽到夫妻、父子或是父女分別的痛哭。最後，這座城堡中的男人都戰死了，留在城內生活下來的都是老弱婦孺。

沼澤裡面的龍神知道此事，非常同情城堡內人們的遭遇。

一日，龍神來到這裡，見處處是孤苦無依的老人、婦女與孩子，就施展法力，將這些人點化成為了螢火蟲。

螢姬向小笛解釋道：「變成螢火蟲的我們非常高興，彷彿重新獲得了生命一般。雖然不能像正常的人類一樣生活，但我們仍會經常聚在一起，用笛子吹奏一家人平安相愛的樂曲。可惜的是，我們現在每個人可以吹笛的時間非常短，大多是在我們變成螢火蟲，開始發光的一瞬間。」

聽到這裡，小笛對螢姬的遭遇既驚奇又憐憫，流下了同情的眼淚。之後，小笛和螢姬又交談了很久，才依依惜別。

小笛回家時，螢姬派出自己很多螢火蟲姐妹做小笛的嚮導和旅伴。這些小小的螢火蟲，紛紛點起自己的那一盞幽藍色的小燈，時而飛在小笛的前面，時而飛在右右兩側。

小笛高興地和牠們說話，牠們身上的藍光一閃一閃，似在回答。

回到村子後，小笛就向父母和其他村民介紹了螢姬家族悲慘的遭遇。

人們聽後，無不唏噓感嘆。

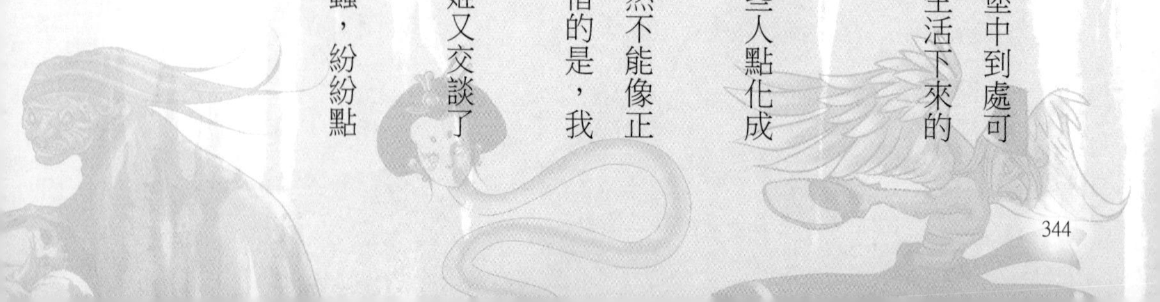

為了幫助這些不幸的螢火蟲家族，村民們在村子和沼澤帶之間建起一座供養塔。每到晚上，人們就可以聽到這座供養塔內傳出悠揚的笛聲。

Tips

現在，這座供養螢火蟲的神社還在，名為鷲神社拜殿。因為這個神社在位階上只是屬於「村社」，裡面連普通神社所備的喚神要鈴也沒有。

80 千歲松

視人類爲知音的松樹怪

奈良時代，京城裡面有個名叫藤原豐光的貴族男子。

這一年，他奉命到遠方的陸奧國做國司，就帶上了女兒阿古耶姬一起上任。

來到陸奧國，藤原豐光在千歲山的山腳選了一間房屋住下。

阿古耶姬來到這裡之後，每天的生活都很平淡，加上沒有朋友，父親公務繁忙，就開始懷念起京城繁華熱鬧的生活來了。

她從小學習古箏，每逢無聊的時候，總是彈奏古箏，在優美熟悉的樂曲裡面尋找安慰和寄託。

這天晚上，阿古耶姬像平時一樣，邊回憶，邊彈奏，一個人沉醉其中。

突然，一陣優美的笛聲傳到了她的耳朵裡，而且那笛聲時而婉轉，時而豪放，似乎正是為了配

合她的演奏。

阿古耶姬抬頭一看，只見自家後院的籬笆牆外站著一個年輕男子，手握橫笛，正專心致志地吹奏。奇怪的是，他吹奏完畢，就消失不見了。

第二天晚上，年輕男子又出現了。

阿古耶姬仔細觀察，覺得這個男子的裝扮不是當地人，但是他究竟是誰？為什麼會到自己家門口演奏，而且應和著自己的古箏？阿古耶姬心裡冒出一連串的問題。

以後的日子，男子每天晚上都會出現在阿古耶姬的視線裡，專心地合奏，就像跟約定好了似的。

一天晚上，阿古耶姬抑制不住好奇來到男子的面前，詢問他的身分。

年輕男子面帶微笑地回答：「我叫左右衛門太郎。」

可是，當阿古耶姬問起男子的身世時，他便故意含混，始終不願透露。

既然這樣，阿古耶姬心想，可能他有自己的祕密和苦衷，我也就不要勉強他了。

此後的每天晚上，阿古耶姬和男子都約定好見面的時間和地點，彈琴、說話，異常甜蜜。

一次，阿古耶姬的父親藤原豐光忙完了公事回家，見女兒沒在屋內，就找到後院。他看見女兒正在黑暗中專心彈奏，便上前詢問。一向乖巧聽話的阿古耶姬害羞地向父親道出了實情，並吐露出對左右門太郎的愛慕之情。

藤原豐光覺得這個男子的行為非常可疑，告誡女兒，婚姻大事要認真對待，要求她不要再跟男子見面。

阿古耶姬表面答應了父親，但一到晚上，還是偷偷地來到後院，跟男子交往。而且，在不久之後的一個深夜，阿古耶姬瞞著父親和左右衛門太郎做起了夫妻。

原本可以這樣一直相處下去，讓阿古耶姬沒有想到的是，一天晚上，左右衛門太郎對她說：「以前妳問我的身世，我一直不敢告訴妳。現在，我對妳坦白，我是千歲山山頂上的一棵千年老松，吸收天地精華成為了精靈，孤伶伶地生活在這深山裡面。為了可以經常聽到妳的演奏，我就化身為男子接近妳。」

阿古耶姬雖然懷疑過丈夫的身世，但聽到他說自己是精靈，還是大吃一驚。

只聽他繼續說道：「我們相處的日子非常幸福，但是，我要抱歉地告訴妳，我們很快就要分開了！」

阿古耶姬抱緊了男子，急切地說：「請不要離開我！」

男子傷心地說：「妳可能不知道，千歲山上的很多樹木都被砍掉了，明天就會輪到我，聽說是為了造一座橋。我們緣分已盡，妳一定要多保重！」

說完，只見一陣輕煙升起，他就不見了。

第二天，阿古耶姬很早就起床了，急匆匆地爬上千歲山的山頂。

當她看到一群人正在合力搬運一棵砍倒的大松樹時，當即明白丈夫所說的都是真的，頓時肝腸寸斷。

事後，阿古耶姬向父親說清楚了發生在自己和松樹精之間的故事。接著，她來到千歲山，在那棵千年老松樹的樹根處，蓋起了一間草屋，並重新種植了一棵松樹。

從此，阿古耶姬就一直居住在這裡，直至死去。

Tips

阿古耶姬死後，為了祭奠這對戀人，人們將阿古耶姬的屍體埋在了她親手種植的松樹下，還將這棵松樹命名為「阿古耶姬」。

81 嚐女

喜歡舔男人身體的貓妖

下城町內的一家酒店，在黃昏的時候總是熱鬧無比。

今天，酒店裡的年輕男子們正在談論福田家的女兒。

小泉說：「告訴你們一個祕密，福田的女兒幸子有一個怪僻，喜歡舔男人的身體。」

宮本表示懷疑，「這麼漂亮的女人，怎麼可能……」

小泉抿了一口酒，舔了舔嘴唇，笑著說：「千真萬確，是吉田親口告訴我的，他就被那個女人舔過！」

井村哈哈大笑，說道：「吉田是個色鬼，肯定會喜歡女人舔自己的腳趾。」

宮本不屑地哼了一聲，將杯子裡的酒一飲而盡。

「吉田可是好久都沒有來這裡喝酒了……」一旁許久未說話的佐藤突然說道。

宮本皺了皺眉：「你這麼一說，我也覺得好多天沒見到他了。」說著，問小泉：「你最後一次見到吉田是在什麼時候？」

小泉的臉頓時就變了，結結巴巴地說：「他跟我說……說了福田家女兒的事當天，從那之後……就……就再也沒見到他。」

聽到這話，這幾個人突然沉默了。

此時酒店的角落裡，有一個叫山木的年輕人，把他們的談話一字不漏地聽到了耳朵裡。

山木暗戀福田家的幸子很久了，可是自己是平民百姓，對那樣的豪門望族實在無法高攀，但又想那幸子早已成年，卻久未出嫁，是不是真有那樣的怪僻？雖然不知道小泉說的話是真是假，山木還是想試一試。

次日一大早，山木找到了町裡最有名的媒婆，讓她去福田家提親。

原本，山木是想碰碰運氣，沒想到媒婆竟帶回來一個好消息：福田同意了這門婚事！只是提出了兩個條件，一是以入贅的方式加入福田家族；二是只許在福田家裡終老一生，婚前需要立下生死憑證，如不遵守諾言，就要以死謝罪。

山木聽後一愣，暗想這兩個條件怎麼如此怪異，但一想到幸子的美貌，就答應了下來。

過了幾天，福田家舉辦了町內最體面的婚禮。山木和幸子在結婚儀式過後，來到了洞房。他看著嬌媚的幸子，立刻張開雙臂撲了過去。

幸子沒有說話，卻拉長聲音叫了一聲：「喵嗚——」

山木一怔，撐起身體俯視幸子。誰知，他居然看到了一張毛茸茸的貓臉！山木嚇得大叫一聲，倒在了榻榻米上。

幸子一件件地脫掉了山木的衣物，然後俯下身子，在山木的身上貪婪地舔舐……

許久，她似乎累了，身子蜷縮成一團，在山木身邊睡著了。

這時，山木醒了過來，見幸子的臉又恢復成那張絕好的面容。但他不知道這張臉何時又會生出恐怖的絨毛，變成一隻貓妖！

生死憑證上已簽了自己的名字，就此離開福田家的話只有死，但留下來的話，就要……想到每晚都要忍受這隻妖怪的舔舐，山木的心中泛起一陣寒意。

最後，他打定了主意，推開窗跳出了屋子，然後翻過圍牆，消失在夜色中。

第二天一早，整個城內都在流傳一件趣事：福田家的女婿在婚禮當晚逃跑了！

福田惱羞成怒，派人沒日沒夜地搜尋山木，揚言要將他殺死。

幾天後，山木的屍體被發現了，皮包著骨頭，如同被吸乾了精血一般。

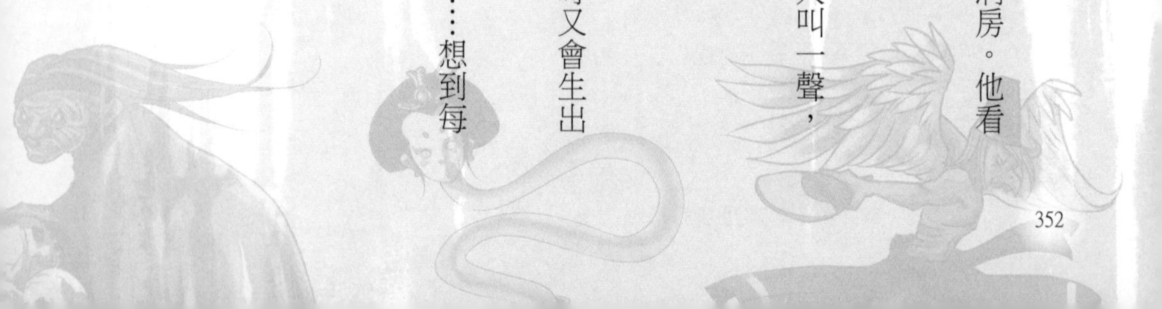

Tips

「嚐」字，在日本漢字中即為「舔」之意，所以「嚐女」也可作「舔女」，日本的資料中也記作「貓娘」。《鬼太郎》作者水木茂先生曾說，有些女人有時也會稍稍舔一舔自己喜歡的男人，但一直胡亂地舔下去的話，那可能就是嚐女。

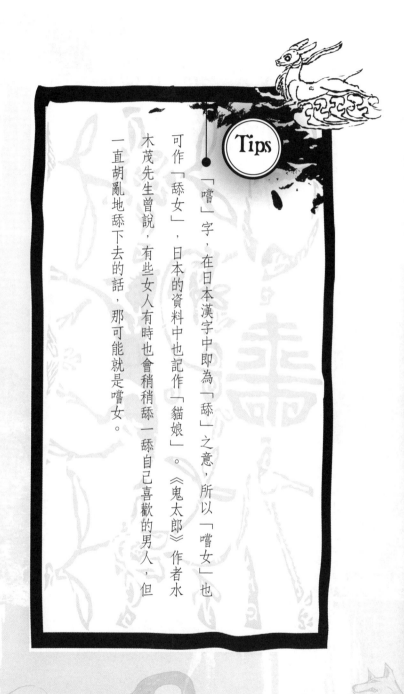

第四章

印度、中東和東南亞各國的妖怪傳說

82 羅波那

史上最厲害的羅剎王

羅剎首領有一個女兒名叫凱凱西，她的美貌可以與女神拉克什米不相上下。一天，她離開地府外出遊走，剛巧遇見了舉行火祭的維什拉瓦斯。

二人一見鍾情，心中互生愛意。

凱凱西向維什拉瓦斯央求道：「請您憐愛我吧！」

維什拉瓦斯溫和地拒絕道：「美麗的姑娘，妳來的有些不是時候，我正在舉行火祭。如果與妳歡愛，恐怕會生下一個面目猙獰、生性殘暴的孽種。」

「不會的！我們的孩子一定乖巧聽話、善良正直，請您珍惜我們在一起的時間吧！」凱凱西苦苦哀求。

維什拉瓦斯禁不起誘惑，只好答應了凱凱西的請求。

不久，凱凱西果然生下一個恐怖的羅剎之子。牠長著十個腦袋和二十隻手，青面獠牙，十分猙獰，維什拉瓦斯為牠取名叫羅波那。

羅波那在母親凱凱西的寵愛下逐漸長大，變得非常驕橫。

維什拉瓦斯還有一個兒子叫俱毗羅，是夜叉的領導者，被梵天封為財神。

一天，俱毗羅帶著梵天賞賜的雲車回到家中，興奮地對維什拉瓦斯說：「父親，我得到了可以日行千里的雲車，這樣就可以直達楞伽！」

「等一等！」維什拉瓦斯對俱毗羅說，「我的孩子，楞伽本來屬於吃人妖魔羅剎的地盤，雖然大神毗濕奴將牠們驅趕到了地下世界，但牠們仍舊幻想著收復失地，你到了那裡一定要小心！」

「我一定謹遵教誨！」俱毗羅拜別了父親，飛向楞伽，當上了那裡的國王。

凱凱西聽說俱毗羅來到了楞伽，就對羅波那說：「孩子，楞伽是你的故土，卻被你同父異母的兄弟佔據，你應該從他手中奪回來！」

羅波那為了爭這口氣，開始了刻苦的修練：夏天，牠躺在熊熊烈火中；冬天，牠泡進冰河裡，如此這般堅持了五千年。

在修行的過程中，羅波那因為憤怒於梵天的無視而將自己的頭切下來，但每次剛切下時都會從中生出新的頭，如此重複十次後梵天終於顯靈，在牠的肚臍注入不死甘露並賜予牠不受凡人以外的神魔所傷的祝福。同時，又順手將全部被切下的頭都接回牠的頸上。

獲得神力的羅波那來到楞伽，對俱毗羅叫囂道：「這個國家屬於羅剎，你憑什麼奪他人土地，揚自己威風！我要與你比試一下，誰贏了誰就來統治楞伽。」

俱毗羅一來畏懼羅波那的威猛，二來也不想手足相殘，就帶著手下離開楞伽，搬到了吉羅娑山。

羅波那佔領了楞伽，釋放了地下的羅剎，成為牠們的國王。

後來，羅波那來到了喜馬拉雅山，從濕婆大神手中獲得了一座神聖的石雕。這座石雕威力無比，不管它立在哪裡，都會獲得人間的祭品。

臨分別的時候，濕婆叮囑羅波那，在回楞伽的路上一定不要讓石雕觸碰大地。

羅波那拜謝了濕婆，抱著石雕趕回楞伽，一路上，他不敢有一絲一毫地鬆懈，生怕石雕觸地。

天帝因陀羅擔心濕婆的聖物立在了楞伽，前去禮拜獻祭的人就會日益增多，天神們的祭品反而越來越少，從而威脅到自己的統治，就和水神伐樓那一起，半路搶奪石雕。

此刻，羅波那正抱著石雕乘船渡海。

伐樓那藉助浪花拍打的力量，輕而易舉地鑽進了羅波那的身體中。羅波那頓時全身水腫，痛苦不堪，身體變得越來越沉重，最後連向前邁腿都十分艱難。但是，牠依然用十雙手緊緊抱著石雕，

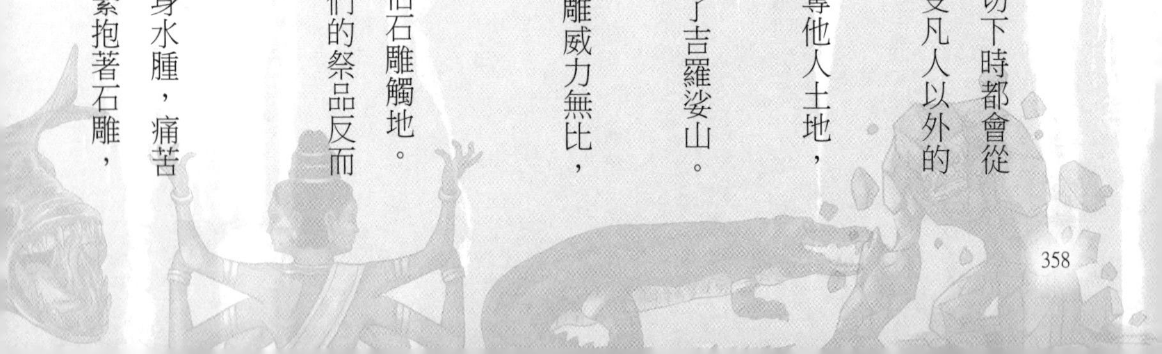

毫無鬆懈之意。

這時，因陀羅變成的婆羅門出現在羅波那的船上，祂故作關切地說：「這不是十首魔王嗎？您怎麼看起來如此痛苦？」

羅波那被水腫的疼痛折磨得無言以對，牠的十張大嘴同時嚎叫著，悽慘的聲音使大地都跟著顫抖起來。

因陀羅見他還是不肯放下石雕，就上前一步，假惺惺地攙扶著羅波那，溫和地說：「十首魔王啊，我看您的樣子太痛苦了。這樣吧！我幫您抱一下這塊石頭，您趕快用手施法，為自己治病。」

羅波那看了一眼「婆羅門」，十分信任地將石雕交給了祂。

當羅波那將身上的水腫除去，伸手想要接過石雕時，抱著石雕的因陀羅卻將聖物插在海中。

羅波那被天神們欺騙，心中升起了一團怒火，牠將自己的全部精力都放在了與天神的戰鬥中，並用殘酷的手段與強大的武力征服了四方。

Tips

羅波那是印度史詩《羅摩衍那》中登場的反派，名字帶有「以暴力讓人痛泣」的含意。

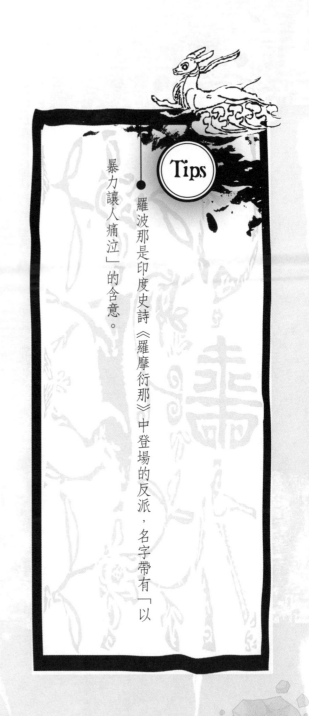

83 彌迦那陀

刺殺天帝的魔王之子

一天，十首魔王羅波那在楞伽遠方的森林中狩獵，遇到了阿修羅的建築大師摩耶和祂的女兒。

羅波那見摩耶的女兒身材婀娜，臉龐清秀，就色瞇瞇地說：「尊敬的建築師，這個大眼睛的姑娘是誰？」

摩耶答道：「這是我和仙女生下的女兒，名叫曼度陀哩，我正帶著她旅行，想為她找一位好丈夫。請問你是誰？」

羅波那回答道：「我是十首王羅波那，我的父親是偉大的苦行者維什拉瓦斯，我的祖父是梵天

的第四個兒子。」

摩耶聽後，十分高興，提議將自己的女兒嫁給十首王。

羅波那欣然接受了這個美麗的妻子，將她帶回楞伽。

在這裡，曼度陀哩為羅波那生下了一名男嬰，男嬰剛一出生，就發出了震耳欲聾的哭叫聲，連大地都跟著顫抖，羅波那為兒子取名叫彌迦那陀。

在兒子出生後，羅波那依舊是色心不改，只要牠遇見了漂亮的姑娘，就會毫不猶豫地將她抱上自己的雲車。牠從來不管姑娘是否出嫁、她的家人是否願意，只是一味地滿足自己的慾望。

天帝因陀羅見狀氣憤不已，決定發兵攻打羅波那，奪回這些無辜的女人。

再說羅波那，只要牠一回到楞伽，就會扔下路上搶來的姑娘們，去看兒子彌迦那陀。

一天，羅波那向宰相詢問兒子的近況，宰相稟告說：「大王，您的孩子和牠的導師烏沙納斯正在聖林中進行刻苦的訓練與修行。」

羅波那來到聖林，看見地上排列著上百個祭壇，壇中燃燒著熊熊的祭火。只見彌迦那陀身穿鹿皮長袍，在烏沙納斯的教導下，準備完成一場祭典儀式。

見父親來了，彌迦那陀立刻上前行禮，恭敬地說：「導師正在教我進行一場祕密祭典，如果我能按照牠的要求完成獻祭，那麼我將會獲得一種前所未有的魔力。」

「什麼魔力？」羅波那問烏沙納斯。

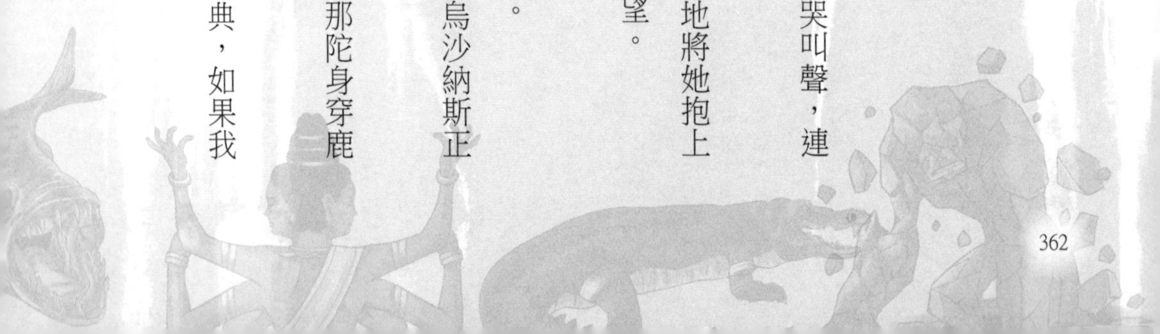

「這種魔力不僅可以讓彌迦那陀飛上天空，隨意變形和隱身，還能迷惑敵人的心智，使其喪失理智。」

羅波那聽後大喜，站在一旁，觀看彌迦那陀的獻祭儀式。

在烏沙納斯的指導下，彌迦那陀果然獲得了如導師所說的種種魔力。

羅波那嘉獎了導師，對彌迦那陀說：「來吧，兒子，看我帶回來了什麼。」

彌迦那陀跟隨著父親來到後宮，看到了一屋子神色慌張、滿臉淚痕的美女。牠對羅波那說：「父親，這些姑娘被您粗暴地搶來，她們的親人怎麼活下去？如果我被別人劫持，您會做何感想？」

聽了兒子的話，羅波那有些觸動，就吩咐屬下將姑娘們送回去。

就在這時，一個羅剎慌慌張張地跑進後宮，跪在羅波那面前說：「陛下，因陀羅帶著許多天兵天將，攻到城門口了！」

羅波那火冒三丈，抄起利劍衝出後宮，彌迦那陀緊隨其後。

因陀羅見羅波那出來了，大聲說道：「惡魔，快來受死吧！我今天要奪回那些被你強佔的女人，還人類一個公道！」

「天帝且慢！」彌迦那陀從羅波那的身後走了出來，說：「我是羅波那的兒子彌迦那陀，就在剛才，我的父親已經答應送回人間的那些女子了。」

因陀羅覺得自己被一個小孩子哄回去有失顏面，沉聲說道：「你的父親經常違背承諾，牠說的話簡直無法讓人相信。」

「不，我的父親從未騙過我，我相信牠的話！」彌迦那陀堅定地反駁，惹得天神們一陣嘲笑。

這一舉動徹底激怒了羅波那和彌迦那陀，牠們父子開始大開殺戒。

戰鬥中，彌迦那陀用獻祭所得的魔力，變幻出各種形態，將因陀羅牢牢迷惑住。接著，他拔出匕首，對著因陀羅的胸膛猛刺過去，因陀羅發出了震天的哀嚎，倒了下去。

天神們見狀，慌忙抱起因陀羅逃回天界。

後來，多虧雙馬童阿濕毗尼妙手回春，才保住了因陀羅的性命。

Tips

彌迦那陀又名因陀羅耆特，是印度神話中有名的妖魔，「彌迦那陀」的意思是「雷鳴」，「因陀羅耆特」的意思是「戰勝因陀羅者」。

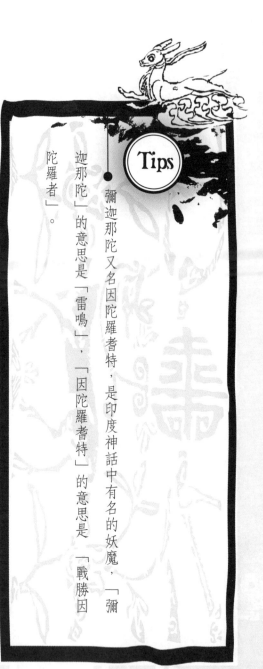

84 夫利特拉

囚禁雲牛的旱龍

旱魔夫利特拉是一條龍，牠把能夠行雲佈雨的「雲牛」全都關進了自己的城堡，造成人間大旱。

沒有了雨水，大地被曬得乾裂，河流也斷流了，人和動物面臨著饑荒的威脅，在難熬的炎熱氣候中等候解救。

可是眾神都不是夫利特拉的對手，只好任其胡作非為，直到因陀羅的降生，才改變了這一局面。

因陀羅是女神阿底提的兒子，剛生下來就是一副威嚴之相，皮膚黃裡透紅，就像個金娃娃。牠呱呱墜地後並沒有哭鬧，而是好奇地望著眼前這個陌生的世界。牠發現母親腰間佩著一把寶石鑲嵌的匕首，便伸出稚嫩的小手，將匕首抓住，抱在懷裡，對著母親呵呵笑起來。

阿底提看見孩子的舉動，心想：「我的兒子一定能成為天界中最威武的神匠，必定大有作為。」

於是，她為孩子取名因陀羅，意思是戰勝與征服。

因陀羅在母親的精心照料下一天天長大，很快就長成了強壯魁梧的男子漢。

一天，妖魔艾穆沙變成一頭野豬，偷偷溜進天神的糧倉，盜走了準備用於獻祭的糧食。這一幕正巧被勇敢的因陀羅撞見，祂毫不猶豫地拉開弓箭，向野豬射去。鋒利的箭矢離弦而出，穿過了二十一座高山，狠狠地射入了野豬的心臟。艾穆沙哀嚎一聲，現出了原形。

就這樣，因陀羅消滅了狡猾的妖魔艾穆沙，將奪回的糧食送回倉庫。看管祭品的天神連連道謝，由衷地讚嘆了因陀羅的神勇無畏。

從此之後，憑著自己的勇氣與力量，因陀羅征服了許多黑暗勢力，打敗了無數危險可憎的敵人。眾神都對祂的正義與威武讚嘆不已，一致向梵天推舉因陀羅為天神之王。

梵天瞭解了因陀羅的事蹟後，鄭重地封祂為雷神與天帝，負責維持天上與人間的正義。

這一次，當因陀羅看到人們飽受乾旱的折磨，就勇敢地站了出來，向夫利特拉發起了挑戰。祂披掛整齊，飲下大量的蘇摩酒增強神力，然後拿起仙人骨製成了金剛杵，登上兩匹栗色馬所拉的金車。馬魯特兄弟跟在金車的兩旁，祂們是暴風和雷的精靈，頭戴著金盔，胸前掛著金胸甲，攜帶著弓箭、斧頭，以及閃閃發光的「閃電矛」。

夫利特拉看見因陀羅到來，大吼一聲，將整個天國都震得搖搖欲墜，眾神四散奔逃，女神阿底提也不禁為她的孩子擔憂起來。但是，因陀羅毫不畏懼，祂帶著馬魯特兄弟，勇敢地向前衝去。

夫利特拉以為自己是刀槍所不能傷害的，就放鬆了警惕，沒想到被因陀羅擲出的金剛杵刺瞎了一隻眼睛，立刻嚎叫著逃走了。

這時候，只見烏雲滾滾，電閃雷鳴，那些被關在城堡裡的「雲牛」被馬魯特兄弟放了出來，很快就下起了傾盆大雨。

乾枯的牧場變成綠色了，水稻得到了豐收，人們終於迎來了久違的雨季。

從這之後，每年因陀羅與夫利特拉的戰鬥都會重演一次，這也是旱季與雨季交替到來的原因。

Tips

金剛杵，又叫做寶杵、降魔杵、杵等，原為古代印度的武器。由於質地固若金剛（即鑽石），能擊破各種物質，故稱金剛杵。

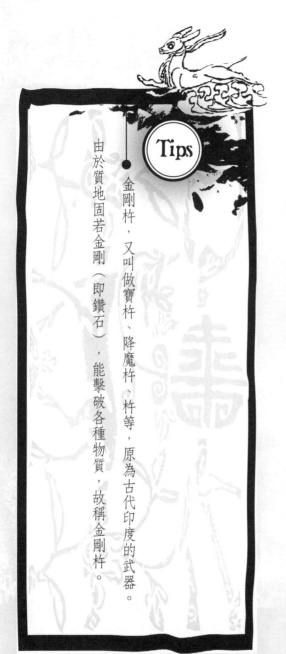

85 閻摩

亡靈的審判者

閻摩是太陽神的兒子，也是第一個死去並到達天神世界的人。

祂最常見的形象是：長著一張綠臉，身穿紅衣，騎在水牛的身上，一隻手拿著捕捉死者靈魂的套索，另一隻手握著沉重的釘槌。

每個人死後，靈魂都會到地府裡報到，閻摩會根據死者生前的是非功過，來判定靈魂升天堂下地獄，或者投胎轉世到人間。

閻摩居住的地府中沒有綠色的樹葉，乾枯的植物上長滿了針刺和利劍，不時地伸縮延長，扎在罪人的身上。鮮血流成的冥河中浸泡著許多罪人，他們在滾燙的河水裡拼命掙扎，慘叫聲不絕於耳。

頑強爬到岸邊的罪人還要面臨惡狗的撕咬，痛苦不堪。地牢中，被飢餓與乾渴折磨的罪人臉色慘白，瘦骨嶙峋，活像一具具骷髏死屍，橫臥在地上，悽慘地呻吟著。

在地府的另外一邊搭建了許多華麗的廳堂，這裡燈火通明，不間斷地傳來和諧優美的音樂。那些前世行善的好人們躺臥在床上，衣來伸手，飯來張口，身邊還有美女陪伴，十分愜意。

這天，閻摩正在地府中休息，兩隻各長著四隻眼睛、大張著鼻孔的狗跑進來報信：「主人，大事不好了，十首魔王帶領羅剎大軍殺了進來！」

羅波那為什麼要進攻地府呢？原來，牠是受了那羅陀仙人的慫恿。

那羅陀仙人見羅波那為害人間，就想藉助閻摩之手除掉牠，因為羅波那屬於時令之神，而時令之神又被閻摩掌管。

因此，那羅陀仙人對羅波那說：「偉大的羅剎之王，如果你想統治宇宙中的一切，就必須將掌管死亡的閻摩征服。」

羅波那聽後，輕蔑地哼了一聲，說道：「對我來說，沒有什麼是辦不到的，如果你想觀戰的話，就跟我走吧！」

就這樣，那羅陀仙人跟隨羅波那，衝進了地府。

雙方互不相讓，死傷無數。

羅波那見自己的隊伍與閻摩的部下勢均力敵，就拔出濕婆大神贈與的寶劍，狠狠砍去，片刻之間，牠就將閻摩的部下全部殺死。

閻摩氣得青筋暴跳，帶上死神，騎上水牛，殺向羅波那。

羅波那彎弓搭箭，射了過去，死神中了四箭，閻摩的頭上居然中了上百箭。

憤怒的閻摩口吐火焰，燒斷了頭上所有的箭矢，舉起熾熱的釘槌，向羅波那襲去。羅剎們看到釘槌，一個個嚇得倉皇逃跑。躲在一旁觀戰的那羅陀仙人急忙喊道：「羅剎魔王，你快逃跑吧，閻摩的怒火是三界中最恐怖的火焰，就連天神和阿修羅都會感到懼怕！」羅波那雖然有些恐懼，但還是咬緊牙關站在原地，準備與閻摩頑抗到底。

眼看釘槌就要擊中羅波那了，創造之神梵天突然出現，祂對閻摩說：「偉大的太陽神之子，我曾經答應過羅波那，不傷害牠的性命。做為我的臣子，祢不能違背我的意志，請祢熄滅怒火，放下武器。」

閻摩固執地說：「偉大的始祖，羅波那凶狠殘暴，不但殺死了我的侍從，還放走了罪人，不能寬恕牠！」

「閻摩，」梵天繼續勸慰著，「如果祢殺了十首王，那麼我所說的話就成了謊話，這個世界也將變成充滿謊言的世界。」

閻摩聽後，放下了釘槌，漸漸熄滅了怒火。

祂雙手合十，恭敬地對梵天說：「我聽從您的吩咐，放過這個惡魔。但是，請您幫我恢復地府

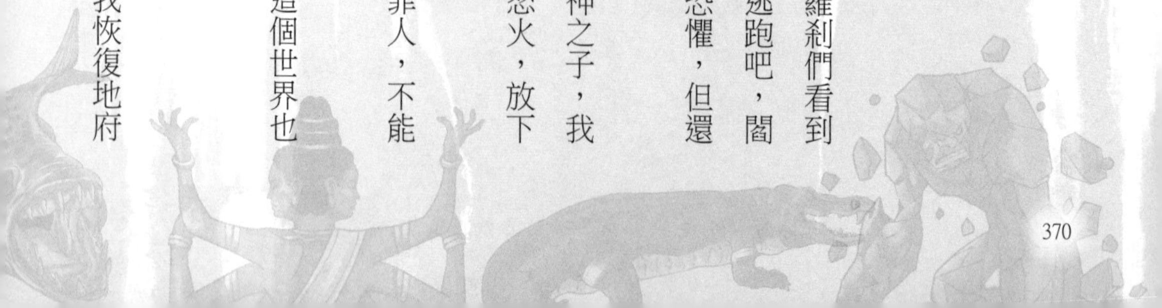

的秩序。」

梵天將地府中逃跑的罪人重新關進地牢，復活了所有的侍衛。

閻摩拜謝了梵天後，對羅波那說：「惡魔，請你記住，今天是梵天救了你，希望你懂得感恩，好自為之。」

說完，祂帶著死神回到地府，重新開始工作。

Tips

閻摩住在地下，都城叫做閻摩城，宮殿前的道路上有兩隻狗負責看守。這兩隻狗各有四隻眼睛，大張著鼻孔，做為閻摩的使者出沒人間，為主人傳令。

86 波尼

滿口謊言的妖魔

一天夜晚，妖魔波尼悄悄潛入天國，將天神的乳牛偷走，藏在山洞裡。

天神的導師祭主親眼目睹波尼盜走了乳牛，立刻向天帝稟報。

因陀羅聽後大發雷霆，對祭主說：「這種不入流的妖魔不值得我親自出馬，就讓我的神犬薩羅前去奪回乳牛吧！」

神犬薩羅接受了主人的使命，跟隨著波尼留下的氣味與腳印，一路追去。

薩羅剛到波尼居住的部落，就聽見了山洞中傳來的哞哞叫聲。薩羅確信乳牛就藏在那裡，便站在門口罵道：「裡面的竊賊快點給我滾出來！」

波尼聽到辱罵聲，飛奔出來，問道：「你是誰？為什麼到這裡來？」

薩羅嚴厲地說：「我是天帝因陀羅的神犬，奉命前來向你討回乳牛！」

波尼狡辯道：「你憑什麼說是我偷走了乳牛？我根本就不知道這件事！」

「哼！天帝無所不知，你的惡行都被祂看在了眼裡。」薩羅恐嚇道。

波尼對神犬的話半信半疑，試探著問道：「如果我不交出乳牛，你的主人又能把我怎麼樣呢？」

薩羅咬牙切齒地說：「你應該知道，我的主人神通廣大。不僅如此，善良威嚴的毗濕奴大神、正義的太陽神蘇利耶、冷峻的月神蘇摩，都站在我們這一邊。如果你不交出乳牛，我的主人就會率領天兵天將，踏平你的部落，把你和你的族人全部剷除。」

聽了神犬的話，波尼有些害怕，但牠仍然不想輕易交出乳牛，於是想出了一個好主意。

只見牠滿臉堆笑，溫和地說：「你從天國來到我的部落，一定很辛苦，請到屋裡休息一下。我這就命人幫乳牛洗澡，然後戴上花環交還給你。」

薩羅接受了波尼的邀請，來到了屋子裡。

波尼端來了鮮美的瓜果，還請來幾位漂亮的女妖，為薩羅唱歌跳舞。

薩羅一邊享用著美味佳餚，一邊欣賞著香豔的舞蹈。

這些美麗的女妖半裸著，在薩羅面前扭動著性感的身軀，還不時用充滿魅惑的眼神挑逗著牠。

薩羅並沒有被女色所誘惑，牠一把推開了女妖，露出了威嚴而憤怒的表情。

波尼見美人計不管用，就端來一碗白色的液體，恭敬地對薩羅說：「這是天國裡的乳牛產下的乳汁，我特意獻給你品嚐。」

薩羅在天國從來沒有機會飲用神牛的乳汁，對此十分渴望，牠端起碗，將乳汁一飲而盡。其實，薩羅喝下的並不是神牛的乳汁，而是波尼特製的魔奶，它可以混亂人的心智，使人發狂或發情。

薩羅喝下魔奶不久，臉頰就泛起了紅暈，牠看著搔首弄姿的女妖，心中升起了愛慾，一把抱起女妖，走進了臥室。

第二天，薩羅恢復了清醒，猛然發現自己躺在女妖的身邊，赤裸著身體。牠努力回憶昨天所發生的一切，卻什麼也想不起來了。

這時，女妖坐起身，依偎在薩羅懷中說：「今後你就是我的丈夫了，請你留在部落，我會讓你永遠快樂。」

薩羅悔恨地想：「就算我返回天國向主人認罪，也很難被饒恕，索性就留在這裡吧！」

因陀羅見神犬多日未歸，就用神通之力觀察情況，祂發現薩羅辜負了使命，就派天兵天將，向波尼發起了進攻。

正如神犬薩羅所說，天帝因陀羅所向披靡，祂高舉著金剛杵，殺死了波尼和牠的族人，將這裡踏為了平地。

神犬薩羅拉著女妖趕忙跪地求饒，因陀羅嚴厲地說：「你已經迷失了心智，不配向我請求寬恕！」說罷，因陀羅揮舞著金剛杵，將薩羅和女妖打死。

戰鬥結束後，因陀羅請安吉羅仙人用咒語劈開了大山，將神牛救出。

Tips

波尼是一種反覆無常、沒有信仰的怪物。在《梨俱吠陀》中，波尼之名被提到過二十次左右。

87 迦樓羅

以龍蛇為食的金翅鳥

在天神時代，梵天將女兒毗那陀和迦德魯全都嫁給仙人伽葉波為妻。

伽葉波很高興，就對兩個妻子許諾說，不管她們提出什麼願望，都會得到滿足。迦德魯說自己想要一千個兒子，而毗那陀只希望有兩個兒子。很快，她們的願望就實現了。迦德魯生下了一千顆蛋，經過五百年的孕育，孵化出了一千條大蛇，可是毗那陀下的兩顆蛋卻毫無動靜。

毗那陀求子心切，就動手敲開了一顆蛋，只見一個男嬰臥在蛋裡，上半身已長好，下半身還未成形。

這個畸形的男嬰對母親終止自己發育的行為十分氣憤，牠流著眼淚詛咒道：「母親啊！我詛咒妳淪為奴隸，直到妳的另一個兒子來解救妳。如果妳盼望牠有非凡的力量，還要耐心等待五百年。」

這個形體不全的嬰兒說完之後，就飛走了。

毗那陀悔恨不已，她接受教訓，再也不敢去碰另一顆蛋。

果然，詛咒變成了現實。

迦德魯和她的一千個兒子串通一氣，打賭作弊陷害了可憐的毗那陀，使她淪為了奴隸。

又過了五百年，毗那陀的第二顆蛋終於孵化成熟，一隻體魄強壯、身軀巨大的雄鷹破殼而出。大鷹的翅膀碩大無比，據說有三百三十六萬里長，上面長滿了耀眼的金色羽毛。當牠展翅翱翔時，太陽撒向大地的光芒都會被牠阻擋。

毗那陀一見到自己英勇非凡的兒子，淪為奴隸的痛苦立即減消了一半，她給兒子取名叫迦樓羅，希望牠日後將自己救出苦難的深淵。

一天，迦樓羅飛到海邊看望母親，恰好聽見迦德魯在刁難毗那陀：「大海中央有一個島嶼，非常適合蛇類居住，妳把我和我的一千個兒子馱到那裡吧！」

迦樓羅知道迦德魯在強人所難，就上前幫助母親。牠讓母親馱著迦德魯，自己馱著那一千條大蛇，母子二人一起飛上天空。

迦樓羅背著一千條蛇朝著太陽飛行，熾烈的陽光烤得這些蛇昏昏沉沉，有的竟然變得僵硬起來。迦德魯心疼不已，急忙向三界之主因陀羅求救。因陀羅用一片雲彩遮住太陽，還降下大雨，保護迦德魯母子平安著陸。

來到島上，迦德魯和她的兒子們盡情玩樂，並不時奚落毗那陀。

迦樓羅看著可憐的母親，憤憤不平地問：「我們為什麼要給蛇類當牛做馬？」

毗那陀說：「我賭輸了，才淪為這女人的奴隸。」

迦樓羅立刻去找迦德魯，讓她提出能使母親獲得自由的條件，迦德魯想了想說：「如果你找到仙露，我就放了你的母親。」

迦樓羅決心解救母親，就決定飛到三十三重天盜取仙露。

毗那陀虔誠地為兒子祝福祈禱：「親愛的兒子，你要小心謹慎。請風神保護你的雙翼，請月神保護你的背脊，請火神保護你的頭，請太陽神保護你的身軀。有了諸神的護衛，你一定會成功的！」

聆聽了母親的祝願，迦樓羅展開雙翅飛向三十三重天。

路上，迦樓羅遇到了父親伽葉波仙人，就向祂討取一些吃的，伽葉波仙人說：「離這裡不遠有一個湖泊，湖邊有一頭大象，湖底有一隻烏龜，你就以二者為食吧！」

迦樓羅聽了父親的話，飛到湖泊邊，伸出鋒利的爪子，分別將大象和烏龜抓住吞食了。

吃飽之後，迦樓羅繼續趕路，很快就飛到天宮門口。

天帝因陀羅預知迦樓羅要來劫取仙露，早就派眾天神守護在仙露旁邊，拿著武器，嚴陣以待。

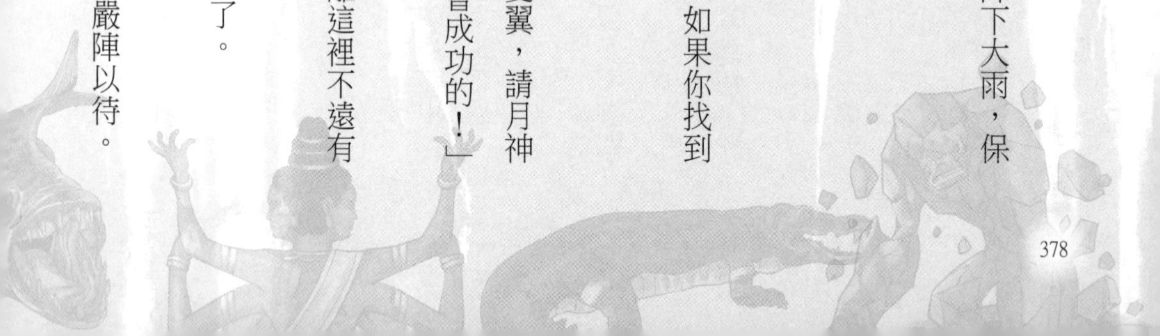

迦樓羅呼嘯而來，用巨翼扇起颶風，颳得整個世界漆黑一團，接著伸出巨爪猛地一擊，將眾天神的武器紛紛擊落在地。

因陀羅見狀，急忙應戰，迦樓羅從高空俯衝下來，用翅膀將因陀羅拍了一個跟頭，轉身向仙露飛去。

突然，仙露周圍升起了烈焰，頃刻間充滿了整個天空。迦樓羅迅速變化，長出了八千一百張嘴，吸來江河湖泊的水，把大火撲滅，奪走了仙露。

因陀羅不甘心，揮舞著金剛杵，追了上去。

迦樓羅不僅不逃，反而表情泰然地站立在原地，牠鎮靜地說：「天帝，我的翅膀能將整座大地背起，祢是鬥不過我的。如果祢願意與我化敵為友，就請跟我走一遭。」

接著，牠將母親受到詛咒淪為奴隸的事情告訴了因陀羅。

因陀羅聽後深受感動，就與迦樓羅一起回到蛇島。

迦樓羅見到迦德魯，對她說：「仙露我已經拿來了，就放在俱舍草邊，請釋放我的母親吧！」

迦德魯表示同意。

誰知，迦樓羅馱著母親離開時，因陀羅卻偷偷地將仙露揣進了懷中。迦德魯的兒子們聚在一起，舔舐俱舍草，結果舌頭都開了叉。而俱舍草沾染了蛇的毒液，變成了一種聖草。

Tips

根據佛教的說法，迦樓羅後來成了天龍八部之一，有種種莊嚴寶像。由於牠每天吞食一條龍王和五百條毒龍，體內毒氣逐漸聚集，最終無法進食，在飛往金剛輪山的時候毒氣發作，自焚而死，最後只剩一顆純青琉璃心。

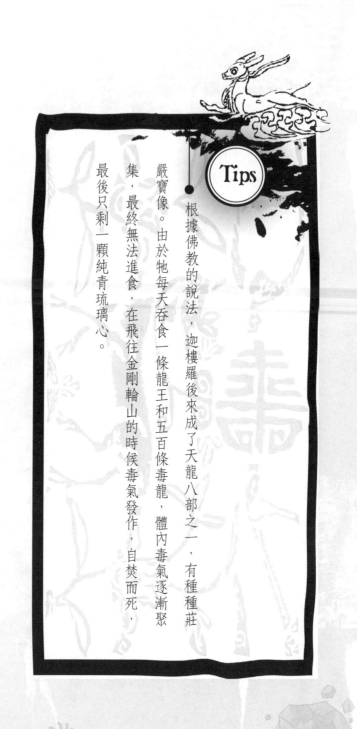

88 那伽

居住在地下世界的巨蛇

仙人伽葉波的大妻子、二妻子分別為他生下了天神和阿修羅，其餘的幾個妻子則生下了各式各樣的飛禽走獸。

蘇羅薩生下了奇異的巨龍，阿裡塔生下了烏鴉等飛禽的始祖，蘇洛毗生下乳牛和馬匹，毗那陀下了兩顆巨型鳥蛋，其中一顆孵出的嬰兒就是毗濕奴大神的坐騎——神鳥迦樓羅，牟妮生下了天界音樂家乾闥婆，迦德魯生下了蛇妖那伽。

那伽是一些蛇身人首的怪物，長有一個頭或數個頭，一直與迦樓羅為首的鳥類為敵。牠們的呼吸有毒，目光可致人死命，可以任意變形，經常幻化成嫵媚多姿的少女，勾引國王和各路英雄，所生下的孩子個個都是俊男美女，令人賞心悅目。

那伽佔有地下世界，其中，三頭蛇、五頭蛇與十頭蛇屬於那伽中的貴族，頭戴璀璨的王冠，擁有享用不盡的財寶。那伽的國王是一條名叫瓦蘇基的大蛇，居住在首都婆伽瓦提。這裡堆滿了世間稀有的瓔珞寶藏，所有的宮殿都用金磚銀瓦搭建而成。

龐大的那伽族中，有一部分蛇類住在江河湖海之底，進入了水神伐樓那的領地。還有一部分蛇類生活在陸地上，守護著各種奇珍異寶。

毗娑婆蘇曾經率領乾闥婆攻打那伽族，將婆伽瓦提中的金銀財寶全都掠奪一空。

那伽國王瓦蘇基走投無路，只好向善良的毗濕奴大神求救。

當初，毗濕奴和阿修羅們攪動乳海的時候，瓦蘇基擔當了重要的角色。以濕婆為首的眾神與魔族阿修羅們為了獲得仙露，幾經爭鬥之後協議合作，以瓦蘇基的身軀為絞繩，一端由阿修羅站在岸邊執持，另一端由眾神站在對岸執持，蛇身中央纏著曼陀羅山，對乳海進行攪拌。期間，瓦蘇基受不住劇痛，吐出劇毒，幾乎隨著乳海的波浪流毒於眾生，幸虧濕婆將毒液喝光，才沒有釀成大禍。最終，眾神成功得到仙露，長生不老。如今瓦蘇基遇到了困難，毗濕奴當然不會袖手旁觀，祂來到地下城制伏了毗娑婆蘇，強迫祂歸還所盜的寶物。

瓦蘇基的兄弟舍沙，是一條最受人崇拜的千頭巨蛇。在與乾闥婆的對抗中，牠和毗濕奴成了無話不說的好朋友。從此以後，舍沙心甘情願為毗濕奴大神當牛做馬，在毗濕奴創世的間歇期睡於海洋時做其床榻。

在那伽中，也不乏一些邪惡的蛇妖，其中最著名的當屬弗栗多。牠在黑暗中長大，凶狠、狡猾，能操縱雷電，會降冰雹，會佈迷霧，經常藏在水中，只是偶爾在山上躺下來休息。

弗栗多有九十九個兒子，分別住在九十九座城堡中，世上所有的水源都被弗栗多和牠的兒子們堵住了。

天帝因陀羅為了降服弗栗多，先從工匠神陀濕多那裡獲取了金剛杵，接著向毗濕奴大神要求劃出由牠在宇宙踏出的三大步所構成的戰場。

在作戰之前，因陀羅飲下了大量的蘇摩汁以增強力量，一舉擊潰了弗栗多的九十九座堡壘，然後將其殺死。

因陀羅因此得名「弗栗多罕」，即「殺死弗栗多者」。

Tips

在佛教引進中國時，那伽被等同於中國傳說中的龍，或天龍。

89 哈奴曼

追逐太陽的靈猴

安闍那曾是一位美麗的仙女，由於犯下過錯受到天神們的詛咒，變成一隻母猴，嫁給了須彌山頂上的猴子首領吉薩陵。

一天，安闍那在鋪滿鮮花的山坡上散步遊玩，風神婆庾剛好經過此地，看到韻味十足的母猴，頓時春心蕩漾。

牠輕輕吹起安闍那的裙子，摟住她緊俏的臀部。

安闍那驚叫道：「是誰在侮辱我？」

風神在她的耳邊呢喃著說：「我的美人，妳別怕，我實在太愛妳了，妳為我生一個兒子吧！牠會像我一樣上天入地，飛沙走石，最終揚名天下。」

安闍那實在無法擺脫風神的騷擾，只好屈從了牠。

不久後，安闍那生下了一個猴兒子。

這隻小猴相貌不凡，一身純金色的皮毛在太陽下閃閃發光，四肢頎長，行動靈活輕捷，身後拖著一條長長的尾巴。

風神見了，喜不自勝，祝福兒子快快長大，隨自己去周遊世界。

可是牠萬萬沒有想到，剛出生的小猴很快就遭到了厄運。

為了不讓丈夫起疑心，安闍那把兒子丟棄在草叢中，轉身逃跑了。由於飢餓的緣故，小猴對著天空嗷嗷大叫起來，叫聲地動山搖，穿透了好幾重天，就連躲在天邊的仙人們都聽得清清楚楚。

太陽不知道發生了什麼事情，連忙跳到山頂觀望。

小猴看到又圓又紅的太陽，以為是熟透了的果子，就飛到了天上，伸出雙手去擁抱太陽。

風神擔心太陽灼傷自己的兒子，急忙向太陽吹去陣陣涼風。太陽見這個小猴超乎尋常，長大後必有所作為，就沒有傷害牠，反而小心地避開了。

恰巧此時，妖魔羅睺也在捉太陽。羅睺是一個阿修羅，在攪拌乳海的時候，牠扮成天神偷喝了一口永生甘露。太陽神與月神向毗濕奴揭發了羅睺的偽裝，憤怒的毗濕奴當即砍下了羅睺的腦袋。由於羅睺喝下了永生甘露，牠的頭得到了永生，被掛在天上。羅睺十分痛恨太陽神與月神，經常吞噬太陽和月亮，從而引起日蝕和月蝕。

牠看見小猴搶了牠的獵物，便氣憤地向因陀羅告狀：「天帝啊！太陽和月亮歷來是賜給我的法定食物，怎麼還有別人來爭搶？」

因陀羅聽後感到十分驚訝，就騎上神象伊羅婆陀，命羅睺帶路，一同向太陽趕去。

小猴看見飛馳而來的羅睺，以為又是一個成熟的大果子，就放棄了太陽，開始追逐羅睺。

羅睺受到驚嚇，趕緊轉身逃跑，一邊跑一邊向天帝呼救。

因陀羅威嚴地喝道：「不要怕，我這就打死牠！」

小猴順著說話聲傳來的方向望去，一眼就看見了神象伊羅婆陀，於是放棄了羅睺，向伊羅婆陀奔來。

這時，因陀羅揮舞著金剛杵，猛地向小猴砸去。

小猴被擊中後狠狠地摔在地上，把下巴摔碎了，牠傷心地哀嚎起來。

風神聽到兒子的哭泣聲迅速趕來，牠見因陀羅出手這麼重，頓時生起了強烈的報復慾望。牠把兒子抱到山洞中救治，命三界停止吹拂，世界頓時一片荒涼。沒有風，雨神無法降雨，生物們無法呼吸，炎熱的夏季沒有了清涼，人們的生活苦不堪言。

天神們知道這一切都是風神在報復天帝，便紛紛向梵天求救，希望梵天降下恩賜，調解因陀羅與風神的矛盾。

梵天不慌不忙地說：「傷害他人的兒子是天帝的過錯，解鈴還須繫鈴人，請祂主動向風神道

歉。」

於是，天神們陪同因陀羅一起來到山洞中，請求風神不計前嫌，原諒天帝的過錯。這時，梵天也出現在山洞中，賜予風神的兒子能放大縮小，以及隨意變形的幾種神力，還親自給牠取名叫哈奴曼，意思就是爛下巴。

長大後的哈奴曼聰明機智，武勇超群，擔任了須羯哩婆猴王的首席將軍。據說，哈奴曼是毗濕奴大神示現而成的，曾與羅摩國王交好。在十首魔王羅波那被羅摩殺死的那場戰鬥中，哈奴曼發揮了極大的作用，牠的豐功偉績盛傳三界，譽滿天下。

Tips

據說，在中國的經典神話小說《西遊記》中，美猴王孫悟空的原型就取自哈奴曼。

90 馬希沙

大鬧天國的水牛精

在天神與阿修羅的戰鬥中，阿修羅底提的女兒親眼看著哥哥們被天神消滅，就在心中升起了仇恨之火，變成一頭水牛來到森林中修行，以圖日後復仇。

她不吃一口食物，只飲少量的水，殘忍地虐待著自己的身體。

這一舉動感動了梵天，賜給她一個力敵千鈞的兒子，名叫馬希沙，意思就是水牛。

馬希沙長大後，母親對牠說：「我們阿修羅在攪拌乳海的時候受到了天神的欺騙，被祂們害得十分悽慘，你的幾個舅舅就是死在天神們的手裡。為了報仇，我才來到深林苦行。希望你能完成我復仇的願望，奪回三界的統治權。」

聽了母親一番話，馬希沙心中的仇恨種子開始生根發芽，牠組織了一支武器精良、驍勇善戰的阿修羅軍隊，向天國猛攻。

殘酷的戰爭一打就是一百年，最終，強悍的馬希沙驅散了天國的軍隊，搶奪了因陀羅的天帝寶座，奪回了三界統治權。

但是，牠的怒火並沒有就此得到釋放，每次一想起母親的話，馬希沙都會變得十分邪惡。牠把眾神當成奴隸，用繩索套住脖子，肆意打罵；還搶走眾神的妻子，帶到後宮中施暴，發洩自己的慾望。

天神們被殘忍的馬希沙折磨得遍體鱗傷，紛紛向梵天禱告：「偉大的始祖，請您降服馬希沙這個水牛精吧！牠騎著因陀羅的大象到處遊逛，把烏蔡什羅婆的天馬據為己有，用閻摩的坐騎水牛套車，還讓牠的兒子們騎著火神阿耆尼的綿羊玩耍。牠用自己的雙角掘地挖山，翻江倒海，來尋找寶藏，誰也無法與之抗衡！」

梵天聽後，大發雷霆。牠的怒火從嘴中噴射而出，形成了一朵燃燒的火雲，這朵火雲匯集了所有天神憤怒的力量，她的面容像濕婆一樣威嚴，頭髮像閻摩一樣橙紅，雙手充滿了毗濕奴的威力，胸脯像月神一樣冰冷，腰部蓄滿了天帝的能量。大地女神化身為她的雙腿，水神變成了她的雙腳，太陽神給了她有力的腳跟。她的手中握著所有天神的法寶武器，喜馬拉雅山神送給她一頭獅子當坐騎。就這樣，一位力超三界、充滿威力的女神誕生了。

梵天對她說：「從今天起，妳就叫卡利，妳是偉大的憤怒女神。集合了所有天神的威力，是不可戰勝的。請用妳的威力，除掉馬希沙。」

憤怒女神舉起千百雙手，向馬希沙的領地咆哮而去。

阿修羅立刻展開抵抗，牠們有的騎馬，有的乘坐雲車，有的潛入海底，對憤怒女神發起了三面攻擊。

偉大的女神無所畏懼，她像彈落身上的小蟲一樣，將攻上來的阿修羅一一打翻在地。她的坐騎發出一聲獅吼，豎起了渾身的金毛，這些毛髮變成了鋒利的箭矢，向四面八方的阿修羅射去。

憤怒女神所到之處，都變成了紅色的海洋，她殲滅了阿修羅的軍隊，就向馬希沙發起了攻擊。

憤怒的馬希沙變成一頭水牛，首先襲向了女神的坐騎。牠的鐵蹄踏在了獅子的身上，尾巴捲起洶湧的大海，準備將雄獅吞沒在海中。這時，憤怒女神向馬希沙拋出了繩索，緊緊地勒住了牠的脖子。馬希沙拼命掙脫，變成了一頭獅子。女神揮動寶劍割下獅頭，但就在這一瞬間，馬希沙又變成了人形，一手握權杖，一手持盾牌。女神一箭射中了馬希沙變的人，但牠又變成了一隻巨象，揮動象鼻朝著女神和她的坐獅襲來。女神用斧頭砍下了象鼻，馬希沙恢復水牛的原形，用角掀起大山和巨岩向女神拋去。

這時，女神騰空而起，升上了雲端。

正當馬希沙四下尋找之時，她突然俯衝而下，用天神們的武器割下馬希沙的頭，結束了這條充滿仇恨的生命。

Tips

阿修羅在佛教中是六道之一，是慾界天的大力神或是半神半人的大力神。阿修羅易怒好鬥，驍勇善戰，曾多次與提婆神惡戰，但也奉佛法，是佛教護法神天龍八部之一。

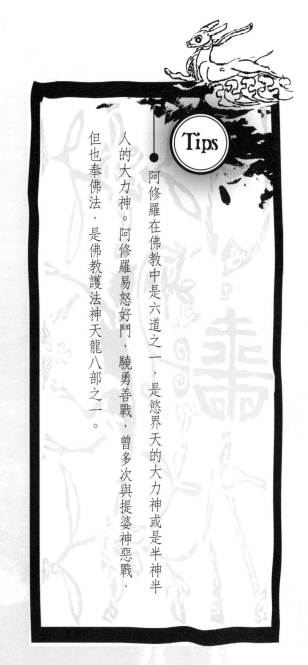

91 九色鹿

懲罰貪心鬼的鹿王

很久以前，印度的恆河畔有一片不為人知的森林，那裡沒有人煙，居住著許多飛禽走獸，牠們安定祥和地生活在一起。

森林中有一頭鹿，牠的兩隻鹿角像雪一樣白，在陽光下閃閃放光，全身的皮毛由九種顏色組成，多彩而又華麗。小鹿像人類一樣說話，與林中的動物們結成朋友，經常救助弱小的動物於危難之中，動物們都尊稱牠為「九色鹿王」。

一天，九色鹿帶領鹿群來到恆河邊飲水覓食，牠們在安全的範圍內自由活動著。九色鹿挺起身，順著恆河的流向眺望著遠方。河水順流而下，牠突然發現有個人在水中拚命地掙扎，那個人時不時地將頭露出水面，剛要喊叫，就被浪花捲進水中不見了。

九色鹿衝了過去，不顧一切跳進河中，試圖將溺水的人救出。牠反反覆覆努力了好多次，終於抓住了時機，用鹿角挑起溺水的人，將他安全地放到岸邊。

被救的溺水者喘著粗氣，望著九色鹿，好奇地說：「您是神仙嗎？我從沒見過這種顏色的鹿。」

九色鹿抖了抖身上的水，對溺水者說：「我是九色鹿，住在這片森林裡，你是誰？」

溺水者跪在九色鹿面前，帶著哭腔說：「恩人，我是一個波斯商人，名字叫調達，在河邊飲水時不小心掉進河裡。幸虧有您相救，我才逃過一死。我願意留在您的身邊，做牛做馬。」

「不，」九色鹿平和地說，「我不需要你留在我的身邊，你快回去和家人團聚吧。如果你真的想報恩，那就守住關於我的祕密，因為有些貪婪的人類，為了得到我的皮毛，不惜將我殺害。」

「恩人，請您放心，我一定保守祕密。」調達拜謝了九色鹿，告辭回到自己的家中。

當晚，波斯王后做了一個奇怪的夢。她夢見森林中有一隻神鹿，長著雪白的角、披著五光十色的皮毛，簡直漂亮極了。醒來以後，王后對夢中的神鹿念念不忘，十分渴望得到那美麗的鹿角與鹿皮，於是她佯裝得病，臥床不起。

國王得知王后生病了，前來探望，王后裝出一副嬌弱的姿態，依偎在國王懷裡，說道：「陛下，我在夢中見到了一隻舉世無雙的神鹿，我想用牠彩色的皮毛做衣服，用牠雪白的鹿角做飾品，如果您不滿足我的願望，我就會一病不起，魂歸西天的。」

國王趕忙安慰道：「親愛的，我一定滿足妳的願望。」

為了找到九色鹿，國王向天下發出昭告，凡知道九色鹿下落的人，我將賞賜他一生都花不完的金銀珠寶，還將三分之一的國土送給他。

告示一經貼出，百姓們奔相走告，街頭巷尾充滿了關於九色鹿的話題。

調達聽到了這個消息後十分驚喜，立刻被貪婪沖昏了頭，忘記了九色鹿的救命之恩和自己的承諾，手舞足蹈地奔向王宮，將九色鹿的下落告訴了國王。

聽了調達的話，國王喜出望外，他立即帶著大隊人馬，在調達的指引下，來到了恆河畔的森林。走著走著，調達一眼就看見了臥在巨石上閉目養神的九色鹿。

國王吩咐士兵們悄悄接近巨石，將九色鹿圍了個嚴嚴實實。然後，他對著九色鹿大喊：「神鹿，我準備把你的皮毛獻給王后，你有什麼話就快說吧。」

九色鹿被國王的一番話驚醒，牠說：「陛下，我對你的國民有恩，您怎麼可以恩將仇報呢？」

「什麼？你對我的國民有恩？」國王好奇地問。

九色鹿答道：「我曾經從恆河中救出了你的子民。請問陛下，是誰告訴你我的下落？」

「是他告訴我的。」國王伸手指向遠處縮頭縮尾的調達。

九色鹿一看，那人正是自己捨命相救的波斯商人，心中頓時一陣悲涼，落下了晶瑩的眼淚。牠痛心地說：「你們人類喪盡天良，背信棄義，這個人一天前還信誓旦旦地答應我保守祕密，今天就出賣我。我拼了命救他，還不如撈起一塊木頭。」

聽了九色鹿的話，國王頓時羞得滿面通紅。他拔出寶劍，結束了調達的性命，然後對九色鹿說：

「我要替人類做出個榜樣。」

最後，國王並沒有捉九色鹿，而是帶兵回到了王宮，教訓了貪婪的王后，下令任何人都不許打擾森林中萬物生靈的安靜，如果有人傷害九色鹿，就砍頭示眾。

Tips

九色鹿的故事繪於莫高窟二五七窟的西壁，畫面線條清晰，中心突出，主次分明，構圖嚴謹，是中國北魏時期的經典作品之一。

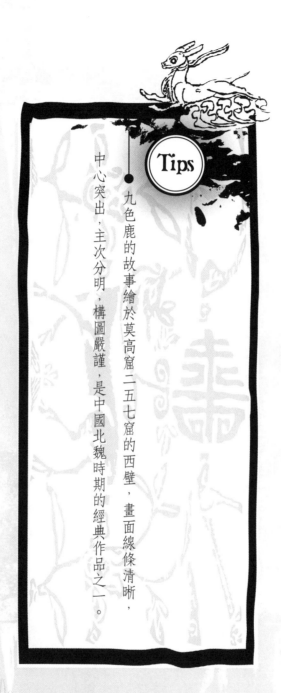

92 餓鬼

地獄裡痛苦不堪的吝嗇者

在印度，有一種鬼怪，叫餓鬼，由於生前貪心、吝嗇，加上嫉妒心強，死後便墮入餓鬼道，淪為餓鬼。

它們的形象一般都是腹大如甕，咽細如針，肚子大是因為長期飢餓造成的肚子膨脹，喉嚨細得像針一樣，就會永遠飽受飢渴之苦。這些餓鬼有會吐火的，有吃屎尿的，有吃腐肉的，有將吃下的東西又吐出來的，也有什麼都吃不進去的，不僅如此，它們還經常被鷲啄掉眼睛，咬破肚子吃掉。

《百緣經》中有一則公案，是講優多羅的母親墮為餓鬼，二十年沒飲到一滴水，沒吃進一口飯的故事。

優多羅的父親是位商人，老來得子，對優多羅非常疼愛。不幸的是，優多羅還沒長大成人，父

親就過世了，他只好和母親相依為命。

從小，優多羅就對經商不感興趣，倒是對佛法心生敬信，一心想出家修行，就向母親請求出家。母親堅決反對：「我現在只有你一個兒子，你怎麼捨得拋棄我出家呢？只要我活著一天，就不會同意你的想法，等我死了，你再按照自己的意願去做吧！」

優多羅得不到母親的同意，非常懊惱，便以死來威脅母親。

他的母親見狀非常害怕，只得軟化：「你千萬不要做傻事，孩子，我和你約定，從現在開始，只要你想供養修行人，我就為你準備所需要的，隨你的心願去供養，好嗎？」優多羅聽了母親的話，這才暫時打消了出家的念頭，經常邀請許多沙門、婆羅門等修行人來家裡供養。

優多羅的母親每天看到這麼多人在自己家進進出出的，很厭煩，就辱罵他們說：「你們這些人無所事事，終日靠信眾過活，看見你們我就生氣！」當時優多羅剛好沒在家，她便將已經準備好的食物全部倒在地上，還將來家中供養的修行人驅趕出門。

優多羅回到家後，母親騙他說：「孩子，你不在家時，我用上好的食物供養了好多修行人哦！」

優多羅信以為真，為母親的做法感到高興。

沒過多久，優多羅的母親去世了，死後因生前的惡行墮入餓鬼道中。

母親去世後，優多羅決定遵從先前的心願，出家修行。他非常用功，很快就得了阿羅漢果，斷了一切嗜慾和煩惱，跳出三界生死。

這一天，優多羅在河邊的石洞裡靜坐修行，突然一個嘴巴乾癟、樣貌醜陋的餓鬼，非常痛苦地來到優多羅面前，說：「孩子啊！我是你的母親。」

優多羅不敢相信，說：「怎麼可能？我的母親生前樂善好施，供養了許多修行者，不會墮到餓鬼道。」

餓鬼回答說：「孩子，因為我貪心，吝嗇不捨，你不在家時，我沒有供養修行人，還辱罵他們，死後便淪為餓鬼，二十年來沒有嚐過一滴水、一口飯。走到河邊，河水立刻枯竭，靠近果樹，果子瞬間乾枯，我受的苦真是難以形容啊！」

優多羅問：「那我怎麼幫妳呢？」

餓鬼回答：「你要時刻為我懺悔，廣設齋食供佛及僧眾，我才能脫離餓鬼的果報。」

優多羅聽完這些話，對母親的報應感到哀傷和同情，就努力為其設齋供佛和僧侶。在齋會結束時，餓鬼現身於齋會中，非常虔誠的向佛陀懺悔自己的過失。

佛陀親自為其講經說法，餓鬼聽了以後，心懷慚愧，當天晚上壽命到了盡頭，投生成了飛行餓鬼。

她再一次來到優多羅面前，說：「我的惡報還沒有完結，儘管頭戴天冠，身穿瓔珞，但還沒有脫離餓鬼之身，請你再設齋會並準備床榻來供養佛及僧人，我才能擺脫餓鬼之苦。」

優多羅聽後，再次設齋供養僧眾。

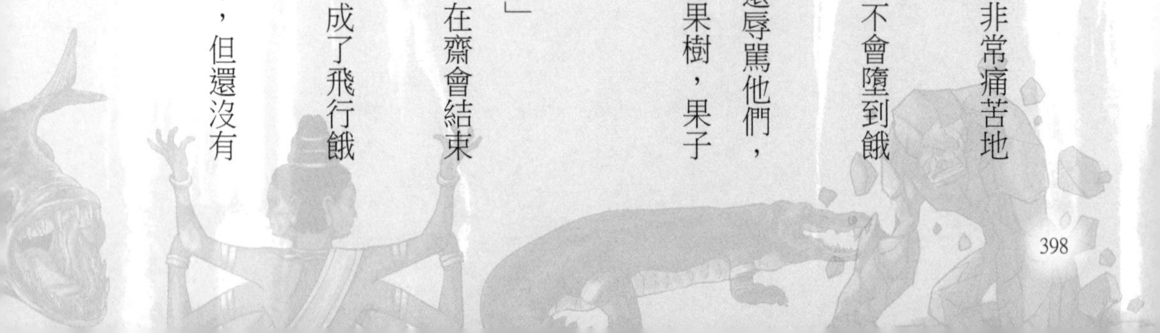

齋會結束時，餓鬼再度現身懺悔自己的罪過。當晚，餓鬼命終投生為天人。優多羅的母親成為天人之後，頭戴天冠，身著瓔珞，手捧香花，來到佛陀及眾比丘的住處誠摯供養，還和眾比丘聽佛陀講經開示，經過努力，得了須陀洹果。

至此，她才虔誠地繞佛三匝後，返回天上。

Tips

生於餓鬼道中的因緣，除了共通的不善業外，特別與不肯施捨助人、偷竊或見難不救之業因有關。這一道中的眾生壽量不定，有的餓鬼壽命可長達數萬年，長期受著因不善業力而感召之痛苦果報。

93 醜魔

喜歡變成影子的魔鬼

一天晚上，佛陀的大弟子目犍連尊者正在打坐，有一個醜魔化成影子進入到尊者的肚子裡。它自以為做得很隱蔽，沒想到尊者早就發現了。

尊者看到了醜魔的前世，說道：「你還是出來吧！干擾出家人修行，日後可是要墮入地獄受苦的！」

醜魔心想：「我做得這麼隱蔽，就算是佛陀來了，也不一定找到我的藏身之所，更何況只是祂的弟子。」

於是，就要賴不走，還想捉弄一下尊者。

「佛法無邊，你的心思我早已洞悉，你就藏在我皮膚的褶皺裡，還想打算惡作劇！」尊者看穿了醜魔的心思。

「糟了！真的被發現了。」醜魔一聽這話，頓時慌了手腳，知道自己被人察覺，立刻化成影子鑽了出來。

「你我有緣，既然來了，不妨聽個故事再走吧！」

醜魔出來後，尊者便對它說起二人之間的前世因緣。

尊者說：「在拘僂秦佛時代時，我也曾是一個魔鬼，名叫『瞑恨』。我的姐姐有一個名叫『黯黑』的兒子，常常和我一起遊玩。

一天，我與它到山上玩，看到一個出家人在林中打坐，心裡十分羨慕，就發願說轉世為人時，我也要出家修習禪定！黯黑聽我這樣說，就和我開玩笑說，舅舅如果出家修道，我就變成醜魔來干擾你！你就是那個愛開玩笑的黯黑，到這輩子你還是喜歡鑽到別人肚子裡開玩笑啊！」

醜魔聽了，覺得非常不好意思。

尊者繼續對醜魔說：「我轉世為人，當雙親去世後，就出家了。由於得到了世尊的親自教誨，以及自己不斷地認真修習，終於修得阿羅漢果，成為佛陀座下神通第一的大弟子。看在你和我有宿世因緣的份上，這一世希望你別再造惡業了，你還是變成人形，隨我出家吧！」

醜魔說：「出家有什麼好？我從來沒有見到什麼因果報應，也不會相信日後會遭受地獄之苦。」

尊者搖了搖頭，把醜魔叫到身邊，運用神通，讓它看地獄裡的情形。醜魔突然看到自己置身於地獄裡，一副餓鬼的模樣，飯菜剛到了嘴邊就化為了焰灰，頓時嚇得魂飛魄散。

尊者說：「這就是你日後到地獄裡所受的懲罰，只有隨我出家修行佛法，不再變成影子捉弄世人，才不必再輪迴生死。

醜魔聽了尊者的話後，當下悔悟，追隨尊者去修行佛法了。

Tips

相傳，被醜魔纏上的人就像中了蠱毒一樣，身體不舒服，心情也變得十分煩躁，卻找不到任何原因。

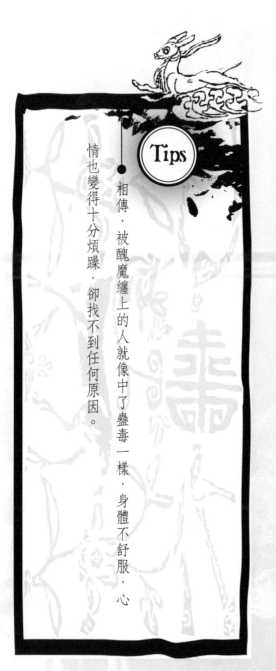

94 海鯰精

自作聰明的妖怪

有一條海鯰，修練數百年後成精，時常在今天的北部灣一帶出沒。

這個海鯰精身長五十丈，尾巴像船帆，大嘴一張可以吞下整條漁船。每當牠出現的時候，都會引來狂風暴雨，海上的那些船隻就會遭殃了。

海鯰精的洞穴上方是一道山嶺，將沿海地區一分為二，只留下一個狹長的水道。一旦聽到水道有行船的動靜，牠立刻浮出水面，把船拖入海底，然後將船上的人全部吃掉。

有一個仙人看到山嶺兩邊的居民被海鯰精折磨得苦不堪言，就決定開鑿大山，修一條陸路通道。

海鯰精見仙人在自己巢穴上面動土，非常生氣，可是忌憚於仙人的威力，也只好忍氣吞聲。

由於仙人忙著去天庭參加會議，雞叫時分就得離開，但這對祂來說，開鑿一條通道的時間足夠了。

海鯰精得知這一情況，想出一條妙計，來阻止仙人鑿山：牠變成一隻大公雞，在半夜的時候就叫了起來，頓時，山嶺兩邊村落裡的公雞都跟著叫了起來。

聽到雞叫聲，仙人惋惜地看了看開鑿了一大半山路，就匆忙地返回了天庭。

海鯰精沾沾自喜，以為這下自己就高枕無憂了，沒想到，要牠命的人很快就要來了。

龍君聽說自己的轄地有個海鯰精在作惡，十分生氣，決心為民除害，就乘船來到了北部灣。

海鯰精見有船經過，立刻從海底衝了出來，張著大嘴要吞掉龍君的船。

只見一些燒紅的鐵塊從船上投射出來，全都拋進了海鯰精的嘴裡。海鯰精被燙得疼痛難忍，加上第一次被人欺騙，就像瘋了一般拼命掙扎，不停地用尾巴拍打著海水。

海上頓時大浪滔天，狂風暴雨接踵而至，船很快就海浪打翻了。

龍君手持寶劍，跳入水中與海鯰精搏鬥。

海鯰精一開始很凶猛，可是時間一長，漸漸感到體力不支，加上五臟六腑被燒紅的鐵塊灼傷，最後只有招架之功沒有還手之力了。

龍君趁海鯰精不注意，揮起一劍將牠的腦袋砍了下來。

不料，海鯰精的腦袋變成了一隻海狗，吱吱地叫著向別處逃去。龍君追了上去，又將海狗的腦袋砍下來，扔到了岸上。這下，海鯰精才徹底死掉了。

Tips

相傳，龍君將海鯰精的尾巴砍下來，剝去皮放到海島上晾曬，這個島被後人稱為白龍尾島。

95 提阿瑪特之怪

苦水深淵裡的妖魔軍團

在創世神話中，宇宙萬物的締造者瑪都克，憑藉著自己的光輝業績，贏得了諸神的敬仰和擁護。而祂與提阿馬特大戰的故事，也廣為流傳。

相傳在遠古時期，整個世界一團混沌，沒有天地之分，更沒有萬物，唯有兩個在混沌中不斷湧動著的深淵——苦水深淵提阿瑪特和甜水深淵阿卜蘇。

經過漫長的歲月，提阿瑪特和阿卜蘇匯集在一起，產生了最早的神，並不斷繁衍增多。祂們看著自己成群的兒女，心花怒放。於是，將祂們之中的一部分派到很遠的空虛之處居住，並管轄著那裡，那就是高空；讓另一部分子女住在比較近的地方，這就是低地。這些神都各司其職，工作得很好。

日久天長，混沌的宇宙變得稍微晴朗了，高空裡建起了神的宮殿，低地上也出現了山川、河流及平原。隨後，河流裡又生出了大神阿努，智慧和法術之神伊亞就是她的兒子，協助阿努掌管上天之事。高處的神殿裡的神越來多，越來越熱鬧。

然而，平靜幸福的日子並沒這樣持續下去。

深淵裡的阿卜蘇和提阿瑪特，造了那麼多的神，疲憊萬分，就滿足地躺在溫暖幽暗的深淵裡，準備睡一個覺。可是高空諸神的喧鬧聲讓祂們飽受折磨，難以入眠。於是，阿卜蘇就提議把祂們除掉。

提阿瑪特雖然同受其苦，但終究捨不得毀掉自己的孩子，沒有同意。可是祂們沒有料到，祂們的談話被智慧和法術之神伊亞偷聽到了。

「什麼?眾神之父想毀掉我們?哼，一定不能讓祂得逞，我要先下手為強!」

當晚，夜色正濃，伊亞悄悄來到深淵，將一大桶瞌睡倒在阿卜蘇頭上。阿卜蘇很快就睡著了，伊亞趁機抽出長劍，將祂殺死。

阿卜蘇死後化為一潭清水，伊亞就在此建起了神廟和宮殿，接管了這裡的統治權。

有一天，平靜的清潭突然湧動起來，瞬間掀起層層浪花，在白如雪練的浪花中心，一位英俊強健的少年浮水而出。再看祂，金盔在頭，鎧甲在身，弓箭懸腰，戰靴裹足，一杆長矛執在左手，一柄大槌握在右手。

伊亞見了，大聲地向眾神宣布：「這是我的兒子瑪都克！」不知為什麼，眾神都感到一場巨變即將發生。

再說深淵裡的提阿瑪特，阿卜蘇的死，給了她沉重的打擊。從那之後，她就蓄意向高空諸神開戰，消滅祂們，為阿卜蘇復仇。

她挑選自己的長子克因古為主將，賦予祂決定諸神命運的的權力；母子二人又造出牙齒銳利的毒蛇，狂吠不止的野犬，張牙舞爪的毒龍，身含劇毒的蠍子等怪物，組建了一支凶惡狠毒的軍隊。祂們前呼後擁，嗷嗷怪叫，要與上界眾神決一死戰。

上界眾神聽到這個消息，非常恐懼，趕緊聚集在一起商討應對之策。面對如此強大的怪物軍團，眾神不知該讓誰率領軍隊迎敵。這時，瑪都克從眾神之中站起來，環視一周，大聲說道：「我可以領兵出征，但是，必須賦予我治理萬物的大權，我才有能力打贏這場仗！」

眾神聽後都非常高興，齊聲高呼：「您是我們最尊貴的神，我們願把治理萬物的大權交給您，絕對服從您的指揮！」

有了大權的瑪都克當即指派任務，諸神全部待命，隨時聽從調遣。

部署完畢，瑪都克全身披掛，乘坐戰車向下界深淵進發。只見戰車的前面電光閃閃，後面霹靂轟鳴，真是氣勢磅礴，威風凜凜。

深淵附近，提阿瑪特的怪物軍團早已等候多時。她站在深淵中央的波峰上督戰，神情自若，對

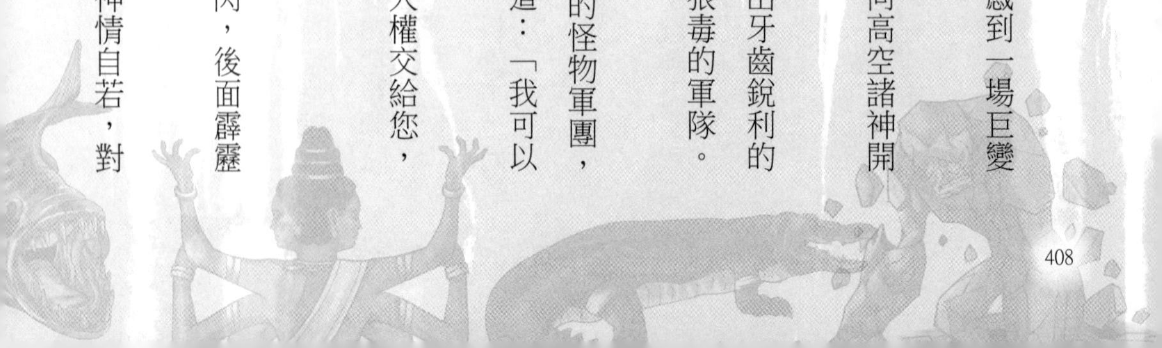

除掉瑪都克這個毛頭小子，勝券在握。可是令她意外的是，她的怪物軍團剛才還氣勢囂張，嗷嗷亂叫，見到威武的瑪都克，頓時嚇得屁滾尿流，東躲西藏，就連大將克因古也連連倒退。

提阿瑪特見此氣得渾身發抖，大吼一聲，化成一條巨龍，撲向岸邊。這條巨龍瞪著眼睛，張著血盆大口，齜著鋒利的牙齒，騰空而起，抖落一陣急雨，打在瑪都克的戰車上，叮噹作響。

瑪都克毫不示弱，飛身跳下戰車，揮舞長矛，直刺巨龍雙眼。巨龍擺頭甩尾掃向瑪都克，瑪都克一哈腰躲過巨龍的尾巴，再次刺向巨龍。兩個天神你來我往，不分上下，看得眾神和怪物軍團眼花撩亂，膽顫心驚。

突然，瑪都克抖開大網，一下罩住了提阿瑪特。接著，祂迅速放出風怪埃威爾，團團圍住提阿瑪特。

埃威爾狂吹提阿瑪特的臉，吹得她睜不開雙眼，她的臉上也被吹出千萬條皺紋，奇醜無比。提阿瑪特狂暴地張開血盆大口，想吞掉埃威爾。埃威爾在瑪都克的推動下順勢鑽進了提阿瑪特的喉嚨，並卡在那裡，憋得提阿瑪特透不過氣來，臉色青紫，張大的嘴巴怎麼也合不攏。再看她的身體圓鼓鼓，又長又粗，儼然一個巨形管道，直挺挺地臥在深淵邊上。瑪都克趁機射出一箭，只聽「嘭」的一聲，箭頭穿進提阿瑪特的身體，正中她的心臟。

提阿瑪特還沒來得及叫喊，就像洩了氣的皮球，扭動幾下身子，就一命嗚呼了。

怪物軍團見勢不妙，四下奔逃。

瑪都克大網一揮，將牠們全部罩住。

主將克因古也被拿下，瑪都克奪下祂的命運之牌，佔為己有。從此，祂便擁有了決定眾神命運的最高權力。

戰後，瑪都克用提阿瑪特的身體，創造了天空、大地、高山、河流、丘陵、樹林等萬物，還將克因古的鮮血滲入陶土，使陶土變得綿軟濕滑，如神的肌膚。

伊亞在陶土上面畫出神的模樣，造出了人類，接著又造出許多動物來陪伴人類。

Tips

瑪都克率領眾神把人類和動物放在大地上，使世間萬物有了秩序，還教會人類養活自己的各種本領，結婚繁衍下去。天神們親手建起一座神廟——伊撒哥拉神廟，獻給瑪都克以示感激。

96 希塔姆

被石像嚇走的黑妖

在柔佛的一個山洞裡，住著一個叫希塔姆的妖怪。牠長得比椰子樹還要高，渾身上下漆黑如炭，披著虎皮做的袍子，腰上繫著粗粗的草繩。

每天早晨，希塔姆都會走出洞穴找人吃。在牠洞穴的周圍，散落著數不清的骷髏屍骸，發出噁心的臭味。

這天，希塔姆到海邊的叢林中覓食，突然聽到一陣銀鈴般的笑聲。牠循著聲音望去，看見幾個如花似玉的女孩子正在海裡嬉戲。

其中，有一個女孩讓希塔姆十分動心，她就是新加坡國王的女兒柔茜塔公主。

希塔姆想把公主佔為己有，就大吼一聲，跳入海中。

公主和她的女伴們見妖怪來了，慌忙爬到船上，揚帆逃離了。

見到嘴的肥肉丟了，希塔姆十分生氣，把怒火全部發洩到了在沼澤裡曬太陽的幾條鱷魚身上，牠舉起拳頭，三下兩下就把這些鱷魚打死了。

再說柔茜塔公主，她回到宮中，正在向國王訴說自己的遭遇，突然衛士跑來報告說：「陛下，大事不好了！有一個黑色的妖怪爬上了拉朗干山，將頭探進城裡，讓您把公主交出去。」

國王聽後，趕緊走出王宮，只見黑妖希塔姆像一座山似的站在城門口，牠那張陰森恐怖的大黑臉彷彿是從九霄雲外探出來的。

國王問：「你來做什麼？」

希塔姆大笑一聲，說道：「請速速把你的女兒交出來，我要娶她做妻子！」

國王想了想說：「你要娶我的女兒也可以，不過，你得戰勝我手下的大力士才行。」

「大力士？他在哪裡？還不快過來與我比試一番！」希塔姆獰笑著，尖銳的牙齒時隱時現。

國王故作輕鬆地說：「我的大力士正在世界各地巡迴比賽，一個月後才能回來。到目前為止，他還沒有遇見過對手，如果你的膽子夠大，就等他回來，可以嗎？」

「我倒要看看你的大力士有什麼本事，一個月之後見！」希塔姆說完，轉身離開了，沉重的腳步震得地動山搖。

這時，大臣們圍了上來，對國王說：「我們到哪裡去找能與妖怪抗衡的大力士呢？」

國王笑而不語。

第二天，全國的工匠都被召到了首都，國王命令他們在海邊的岩石上雕刻一座巨大的石像。

工匠們廢寢忘食，日以繼夜地工作，用了整整二十九天，完成了工作。只見這個石像面目猙獰，手拿寶劍，腰上纏著棕櫚葉，栩栩如生。

第三十天，角鬥的日子到了，希塔姆如約前來。

國王指著遠處的石像說：「我國的大力士就在那裡，你去與他決戰吧！」

希塔姆順著國王指的方向望去，只見一個比自己大好多倍的惡魔站在那裡，他手持寶劍，正狠狠地瞪著自己。

由於雕像造的太逼真了，加上它與都城有一段距離，希塔姆真的以為那就是一個比自己還要厲害的角色，轉頭就逃走了。

從這以後，黑妖希塔姆再也不敢前來騷擾公主了。

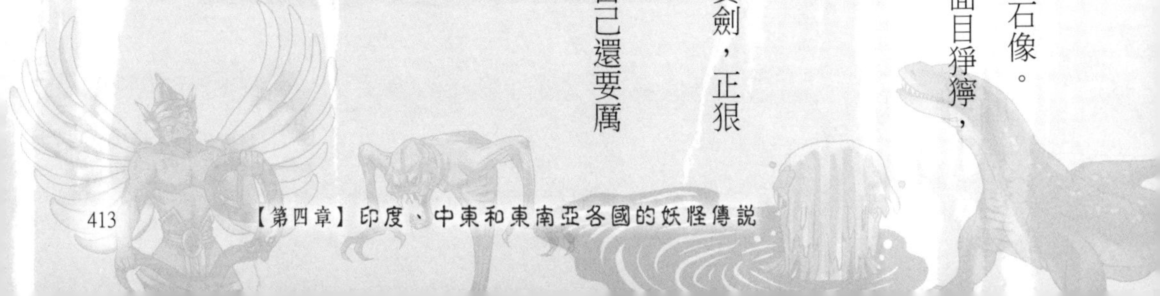

Tips

柔佛，是馬來西亞十三個州之一，首府為柔佛巴魯，是亞洲大陸最南端的陸地，東面是南中國海，西面是麻六甲海峽，南面隔著柔佛海峽與新加坡毗鄰。

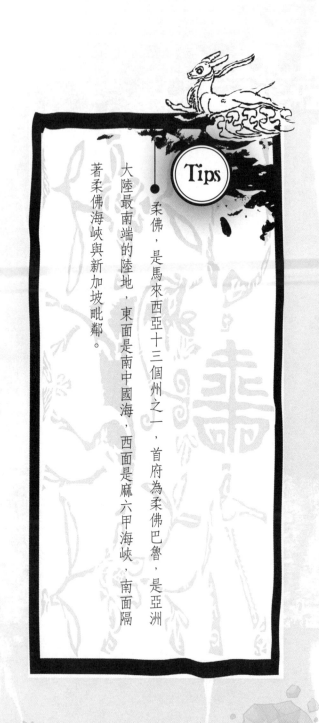

97 巨蜥精

吃掉自己一半身體的邪惡巫師

從前，在峇里島上住著一個巫師，他的巫術非常厲害，可以把人變成癩蛤蟆和鵝卵石，專門捉弄和折磨那些與他作對的人。

遠近的人都很怕他，紛紛獻上好吃的食物。

這個巫師其實是個巨蜥精，他不僅能變成人的樣子，還能變成各種禽獸，每到農曆的初一和十五，都會到村子裡害人。

一天，有個叫哈尼的獵手進山打獵，在山腳下看到很多村民拿著牛、羊等供品，跪在那裡祈禱。他好奇地問：「你們這是在拜山神嗎？」

人群中有一個白髮蒼蒼的老婆婆說：「我們是在向上天禱告，希望祂懲罰山裡那個作惡的巫

師。」

「什麼？有巫師？」哈尼問道。

「是啊，小伙子，他害得我們好苦啊！」老婆婆擦著眼淚說。

「鄉親們不要害怕，我這就去把他捉來！」哈尼胸有成竹地說。

村裡的長老站了起來，走到哈尼的面前，說：「小伙子，你不要意氣用事，那個巫師非常厲害，不如你先帶著幾個村民去探探情況，回來再從長計議。」

哈尼表示贊同，就帶著幾個膽大的村民，走進山裡去尋找巫師。

眾人來到一個洞口堆著好多骷髏的山洞旁，哈尼打了一個手勢，示意大家躲在草叢中。

這時，那個惡貫滿盈的巫師從山洞裡走了出來，跪在那堆骷髏面前，舉起雙手，口中唸唸有詞，霎時狂風四起，腳下的土地傳來轟隆隆的響聲。

躲在草叢中的那幾個村民，嚇得抱頭就逃，哈尼卻毫不畏懼，站起身來，彎弓搭箭對準了巫師。

不料，巫師突然騰空而起，變成了一條身長數十丈的巨蜥，對著哈尼噴出一口毒氣。

哈尼就像是被釘住一樣，無論怎麼用力，絲毫也不能動彈。

「哈哈，不自量力的傢伙，以後你就是我的奴隸了！」巨蜥變回巫師的樣子，洋洋得意地說道。

「我就是死了，也不會做你的奴隸！」哈尼不甘屈服。

「不做奴隸，難到你想做一隻醜陋的癩蛤蟆？」巫師威脅道。

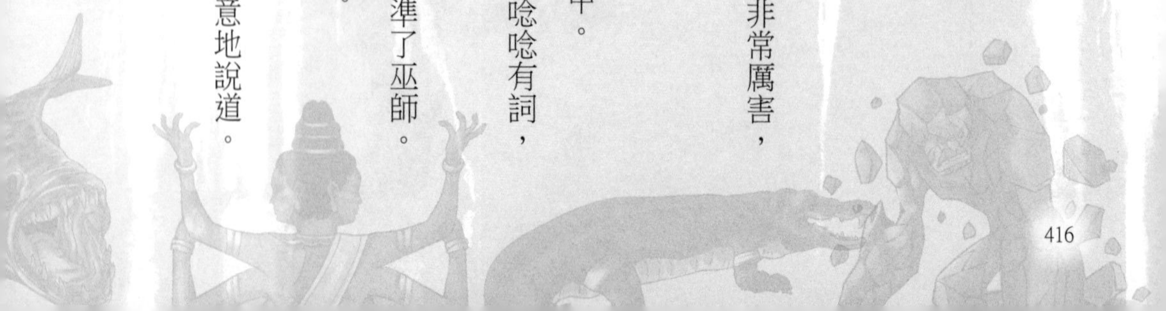

想到自己會變成癩蛤蟆，哈尼無論如何都無法接受，只好認輸說：「還是讓我做你的奴隸吧！」

從這之後，哈尼每天為巫師做飯、砍柴、整理屋子，累得要死要活的。

每當晚上睡覺時，哈尼都會冥思苦想，自己該如何逃離巫師的魔爪，可是想來想去，都毫無對策。

一天，巫師向哈尼炫耀說：「我不僅會變身，還會隱形，不信你來看！」說著，就像空氣一樣消失不見了。

哈尼靈機一動，想出了一個主意，說道：「這有什麼新鮮的，我認識的人比你厲害多了！」

巫師變回人形，不服氣地問：「他都能變什麼？」

哈尼說：「他能同時變成兩樣東西。」

巫師撇了撇嘴，說：「這有什麼難的？」

哈尼說：「那你能同時變成一隻雞和一隻蟲子嗎？」

巫師想也沒想，立刻變成了一隻雞和一隻蟲子。

有趣的是，那隻雞看到面前有一隻蟲子，立刻叼起來吃掉了。

這下有好戲看了，巫師把自己另一半身體吃掉了，再也變不回來了。

從這之後，峇里島上多了一種咕咕叫的野雞。

Tips

峇里島，行政上稱為峇里省，位於印尼，是著名的旅遊勝地。它還享有多種別稱，如「神明之島」、「惡魔之島」、「羅曼斯島」、「綺麗之島」、「天堂之島」、「魔幻之島」、「花之島」等。

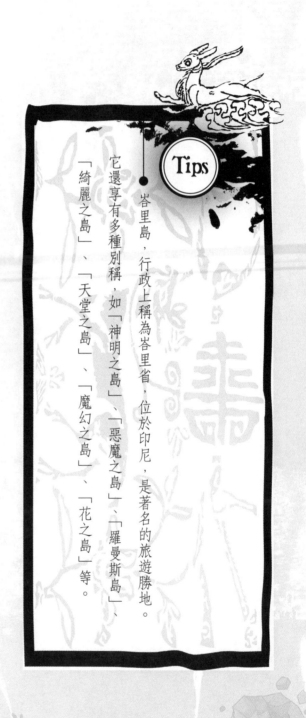

98 綠鱷

以鱷魚為伴的好心人

這一天，暹羅灣上空烏雲密布，眼看就要下雨了，漁夫們紛紛收網回家，只有年已花甲的洪森和他的兒子福爾迪仍然駕著船在捕魚。

「我們還是收網回去吧！眼看暴風雨就要來了。」洪森對兒子說。

福爾迪不以為然：「這點雨不算什麼，一整天都沒有捕到一條魚，我實在是不甘心。」

「立刻收網，晚了就來不及了！」洪森嚴厲地說道。

話音剛落，海面上颳起了狂風，傾盆大雨接踵而至，小魚船就像樹葉一樣，瞬間被波浪吞噬了。

洪森和福爾迪在海裡拼命掙扎，用手抓住小船，任憑風吹浪打，心裡默默地祈禱好運。

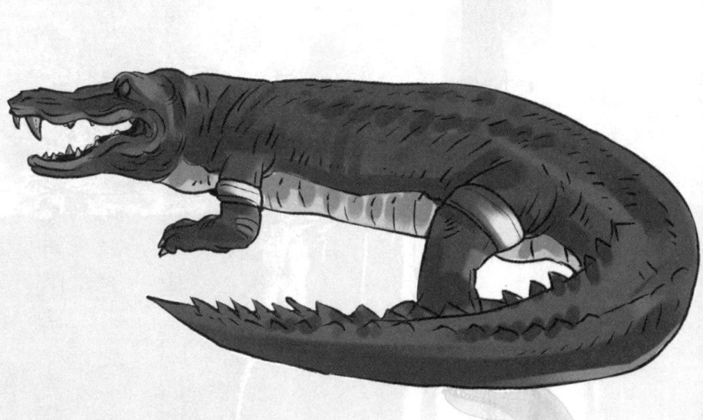

突然，前面有個龐然大物游了過來，像一根圓木浮在水面。

「是綠鱷！」洪森高興地叫起來。

只見這隻通體綠色的鱷魚游到兩人的身邊，說道：「不幸的人啊，快到我的背上來！」

洪森和福爾迪用盡全身的力氣爬到綠鱷的背上，之後就什麼也不知道了。

等他們醒來，發現躺在離自己家不遠的沙灘上。

回到家中，洪森給兒子福爾迪講了關於綠鱷的故事：

「從前，有一個隱士，在一個小島上種了很多蔬菜和果樹。與他為鄰的，是沼澤裡的數十隻鱷魚。隱士經常拿一些水果和蔬菜去餵養那些鱷魚，彼此相處得十分融洽。後來，一些海盜來到了島上，他們將隱士抓了起來，扔到沼澤裡。鱷魚們見老朋友受到了欺負，就向這些海盜發起了凶猛地襲擊。很快，海盜們都被撕成了肉塊，成了鱷魚嘴裡的美味。這是鱷魚第一次嚐到肉味，從這以後牠們就變成了食肉動物。

隱士被救起後，心裡十分感激，就向上天祈禱，讓自己也變成鱷魚。

說來奇怪，只見天空中一陣仙樂傳來，隱士立刻變成了一隻渾身綠色的鱷魚。

有一年，國王想在湄公河上架一座橋。他召來全國最有名的工程師和技術最高超的木匠，經過一年的努力，終於可以竣工了。誰知，當最後一塊木板鋪到橋面上的時候，大橋立刻坍塌了。起初，工程師還以為是木料問題，就換成了柚木，但大橋還是在剛放上最後一塊木板時瞬間坍塌。

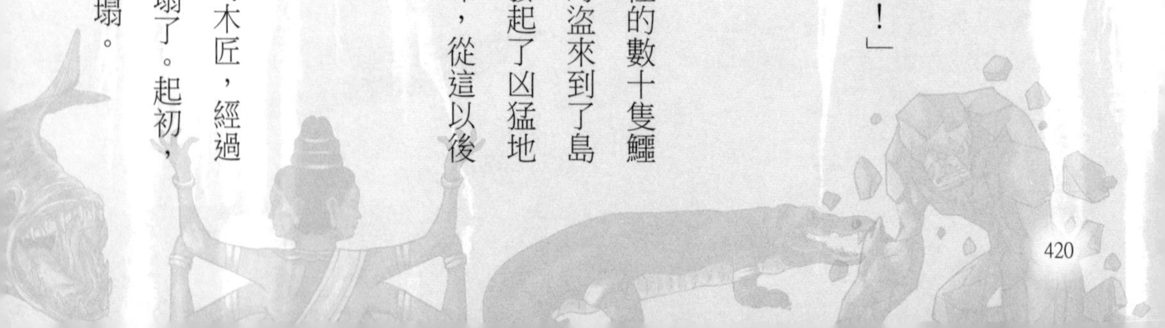

問題究竟出現在哪裡呢?釘子換了，橋墩換了，甚至橋的位置也換了，依舊是沒有用，大橋一連坍塌了九次。

後來，有個巫師占卜說，這裡的河神被一個惡魔所控制，只有安撫了惡魔才能解決問題。

國王聽後，就命人修建大壩攔截河水，然後將下游的河水排乾，看看河底是什麼情況。

這項工程花費了好幾個月的時間，當河水排乾的時候，人們驚訝地發現一隻綠色的鱷魚躺在河床上。

國王向綠鱷講述了修建大橋的必要性，請求牠高抬貴手，並以世代尊奉牠為保護神為條件。綠鱷想了想，同意不再為難人們，大橋果然建成了。

當綠鱷成為人們的保護神之後，牠經常救助在海上遇到危險的漁民；同時，牠也成了惡人的剋星，只要是作惡的人遇見牠，都會遭到懲罰……」

聽完故事，福爾迪又驚又喜。

洪森對他說：「兒子，你下次去暹羅灣捕魚的時候，要仔細找找這位保護神，好好謝謝牠，牠一定會保佑你平安無事的！」

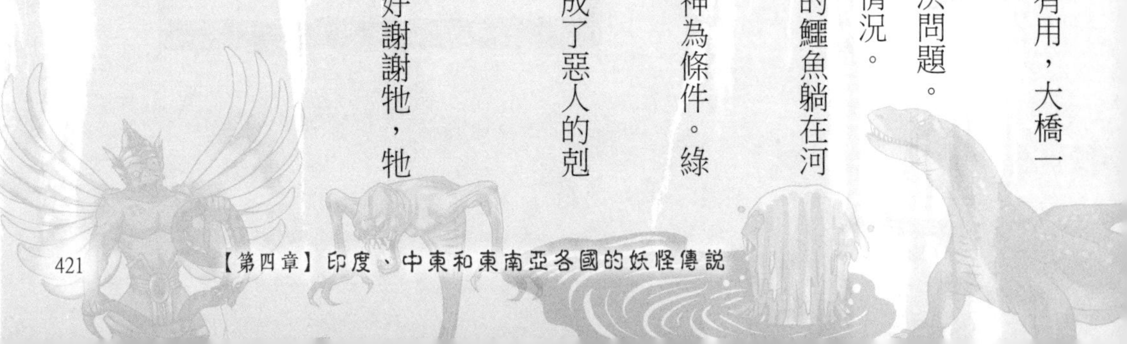

Tips

暹羅灣又稱泰國灣，是泰國、柬埔寨通往太平洋和印度洋的海運要道。

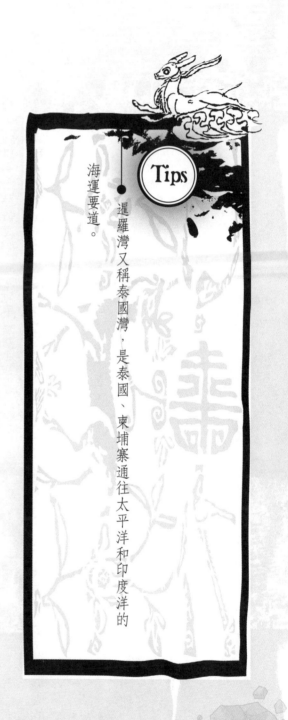

99 山精和水精

雨季來臨的神話演繹

在越南境內，有一座高聳入雲的大山，名為傘圓山，掌管此山的是山精。

山精是山間的妖怪，身高數丈，臉部漆黑如墨，腿上長滿了長毛，法術十分高超，可以移動山峰，推倒森林。

在山下有一個部落，首領的名字叫雄王。他的寶貝女兒玉花長得美麗動人，眼睛像秋水一樣明亮，眉毛像彎月一樣纖細，皮膚像象牙一樣潔白光滑。

在玉花十四歲的時候，雄王打算為她選擇一位如意的郎君。消息傳開，部落裡有頭有臉的人物

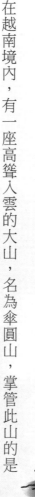

紛紛上門提親。

山精聽到了雄王為女兒選婿的消息，就前來拜見雄王，請求他把女兒嫁給自己。

碰巧，在江河湖海裡興風作浪的水精也來向雄王來提親。

水精是水裡的妖怪，人面魚身，可以吞雲吐霧，呼風喚雨。

看到山精和水精到來，雄王的頭都大了，他不想把女兒嫁給妖精，可是又不敢得罪牠們。再說了，自己就一個女兒，到底嫁給誰呢？

「這可如何是好？」雄王一時沒了主意。

這時候，部落裡的長老走到雄王的近前，說道：「大王不妨讓兩位神仙比試一下本領，勝者將成為你的女婿。」

這是個一石二鳥的計策，如果山精和水精兩敗俱傷，自己的女兒就不會嫁給牠們；如果有一方取勝了，以後就不用擔心失敗的一方來找麻煩，畢竟自己也算找到了靠山。

想到這裡，雄王心領神會，當場應允。

山精和水精聽後，立刻施展法力，各顯神通。一時間，整個天空黃沙和水氣瀰漫，山石和巨浪相互撞擊，天昏地暗，日月無光。

雄王見這兩個妖怪一時很難分出勝負，擔心這樣下去會引來地震和洪水，就改變了主意，說道：「兩位神仙都神通廣大，為了彼此不傷和氣，明日你們各自帶聘禮來，誰先到，我女兒就嫁給

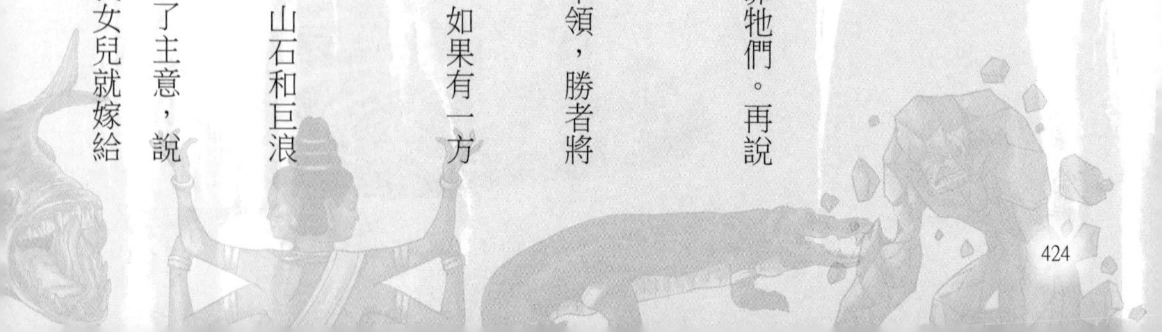

誰！」

第二天一早，山精就帶著金銀珠寶和珍禽異獸來了。

雄王遵從諾言，把女兒嫁給了山精。

山精和玉花走後不久，水精帶著珍珠、玳瑁、珊瑚，以及魚蝦等禮物也急匆匆趕來了。牠見自己晚來了一步，當即大怒，調集所有水族，引來大水，包圍了傘圓山，逼迫山精交出玉花。

山精見狀，立刻將群山移了過來，水漲一尺，山就增高一丈。雄王也帶著部落裡的人在海邊打下一排排木樁，來抗擊洪水，還敲鼓為山精助威。

山精越戰越勇，帶領手下人不停地向水裡拋石射箭，水面上漂滿了魚鱉和水蛇的屍體。大戰了幾天幾夜，水精見無法取勝，就退卻了。

Tips

每年的七、八月間，傘圓山附近常常會出現狂風暴雨。相傳，這是水精正在與山精交戰，搶奪美女玉花呢！

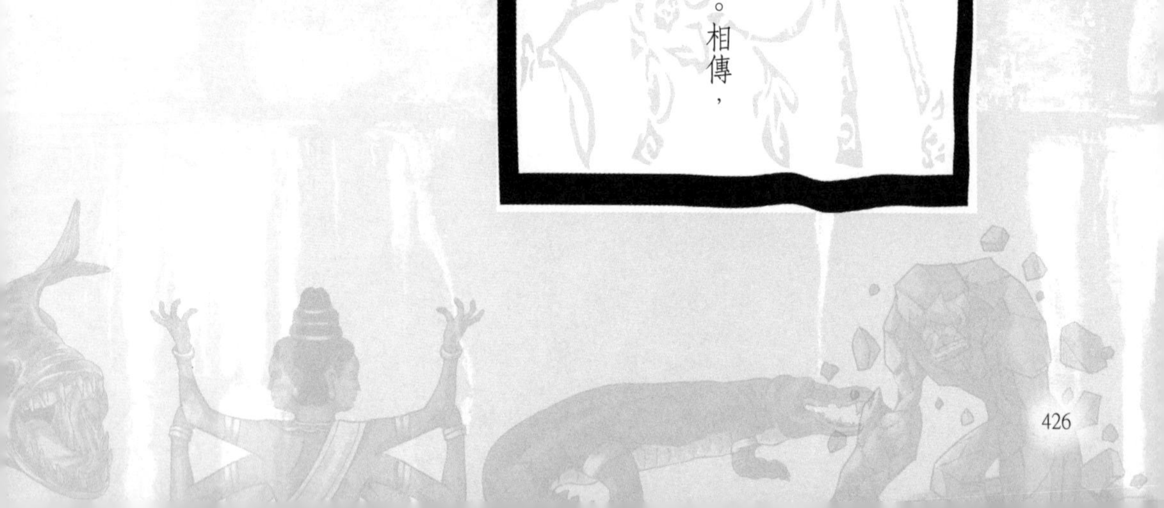

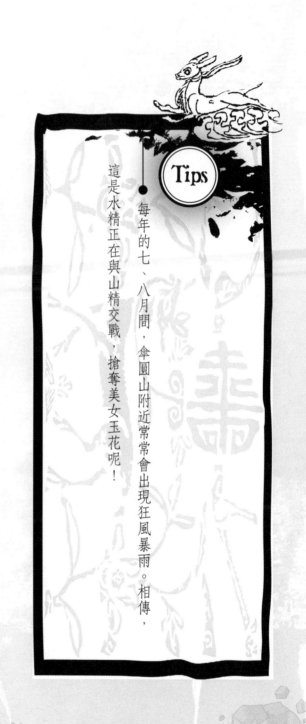

100 陶杳宏

善良的魔王

從前，泰國的國王陶阿派努拉有一個奇特的女兒，只要她一哭泣，黃蘭花就立刻凋謝。因此，她得名娘嘉巴通，意思是「金黃蘭花女」。

一天，公主在花園裡遊玩，看到了一顆鱷魚蛋，就好奇地捧到宮中孵化。誰知，鱷魚剛一出殼，就變成了成年鱷魚的模樣，在宮中到處吃人。

公主沒有辦法，只好把鱷魚趕到江河。可是鱷魚依舊不改殘忍的本性，不僅吞食了很多百姓，就連一些捕鱷人都被牠傷害了。

公主見自己闖了禍，就想一死了之，她來到城外，縱身跳進了水裡。恰巧，那隻邪惡的鱷魚游了過來，張開大嘴想把公主吞進肚子。就在這危急時刻，天帝因陀羅點化一枝荷花，讓其用巨大的花瓣接住了公主。當鱷魚想吃公主時，被荷瓣尖活活刺死了。

公主見鱷魚死了，就想回宮去見父王。她走著走著，感到十分疲憊，就坐下靠著一棵大樹睡著了。

阿薩格山上的一個叫儂脫的魔鬼去晉見魔王陶杏宏，正好路過此地。牠見樹下有一個美麗的女子，就走上前去調戲。公主醒來，見身邊有個魔鬼正在撫摸自己的頭髮，嚇得大叫一聲，逃進了森林。

魔鬼緊追不放，追到了一所修道院中，修道士出來干涉，救下了公主。從這之後，公主就住在了修道院中。

魔王陶杏宏一直都沒有女兒，一天夜裡，牠夢到一個來自森林裡的魔鬼，拿著一朵含苞欲放的黃蘭花獻給了自己。

醒後，陶杏宏請星相家圓夢。星相家預言說，魔王將會得到一個美麗的女兒。

這時，魔鬼儂脫來到，說牠在森林裡遇見了一個絕色美人，現住在修道院裡。

陶杏宏聽後十分高興，立刻帶著手下來到修道院，懇請修道士把公主交給自己做女兒。修道士答應了，陶杏宏就把公主帶回家，給她取名叫娘素維差。

另外一個鬼城的魔王隆納帕，還沒有妻妾，牠聽說陶杏宏有一個女兒非常漂亮，就派使者前來提親。牠還威脅說，如果不答應，就兵戎相見。

陶杏宏很生氣，斷然拒絕了隆納帕的要求。

就這樣，兩個魔王展開了一場大戰：隆納帕變成一頭公牛，挺著尖銳的雙角衝了過來，陶杏宏就變成一隻老虎迎了上去。隆納帕見狀，急忙變成一條長著七個腦袋的巨龍，張開七張大嘴來咬老虎。陶杏宏毫不畏懼，立刻變成了一隻專吃龍蛇的金翅大鵬鳥。隆納帕又變成一個羅剎鬼，手持鐵矛刺向金翅大鵬鳥的頭。陶杏宏隨即一變，變出了一個比靈斯納帕高兩倍的羅剎鬼，拿著寒光閃閃的巨斧，劈向隆納帕。

這下，隆納帕屈服了，跪在地上，請求陶杏宏原諒。

後來，陶杏宏將公主許配給了一個人間的王子，還把公主的親生父母請來過來，讓一家人相認。

人們都說，陶杏宏是最善良魔鬼。

Tips

羅剎，是印度神話中的惡魔，最早見於《梨俱吠陀》。男羅剎為黑身、朱髮、綠眼，女羅剎則是絕色美女，富有魅力，專食人的血肉。

國家圖書館出版品預行編目 (CIP) 資料

驚！東方妖怪全收錄：午夜，鬼學家最愛講的東方妖怪
故事 / 林品文著 .
-- 第一版 . -- 臺北市：樂果文化出版：紅螞蟻圖書發行，
2017.07
面；　公分 . --（樂生活；40）
ISBN 978-986-94635-1-5(平裝)

1. 妖怪 2. 通俗作品

298.6　　　　　　　　　　106005646

樂生活 40
驚！東方妖怪全收錄：午夜，鬼學家最愛講的東方妖怪故事

作　　　者 ／ 林品文
總　編　輯 ／ 何南輝
行銷企劃 ／ 黃文秀
封面設計 ／ 引子設計
內頁設計 ／ 沙海潛行

出　　　版 ／ 樂果文化事業有限公司
讀者服務專線 ／（02）2795-3656
劃撥帳號 ／ 50118837 號　樂果文化事業有限公司
印　刷　廠 ／ 卡樂彩色製版印刷有限公司
總　經　銷 ／ 紅螞蟻圖書有限公司
地　　　址 ／ 台北市內湖區舊宗路二段 121 巷 19 號（紅螞蟻資訊大樓）
電話：（02）2795-3656
傳真：（02）2795-4100

2017 年 7 月第一版　定價／ 320 元　ISBN 978-986-94635-1-5